2018年11月于北京家中

金陵大学校友在北京家中聚会，从左起翁永庆、相重扬夫妇、陈泽安夫妇、瞿宁康（1991年）

从左起瞿宁康、黄正华、王友钊、相重扬、李成章于新疆（1992年）

从左起瞿宁康、李树德、相重扬、王友钊、葛锦昭、黄慰庭、阮德成于台北机场（1993年）

在台北探访陈立夫老先生（1993年）

从左起李树德、蒋彦士、相重扬、马保之于台湾（1993年）

从左起葛锦昭、相重扬、赵耀东、陈炯松于台湾（1995年）

从左起第二人涂勋、涂夫人、相重扬、刘北桦、任爱荣、陈良彪于台湾（1998年）

从左起翁永庆、王友钊、相重扬、葛锦昭、涂勋、陈章真于江苏淮阴（1999年）

何康夫妇、王友钊夫妇、洪绂曾、相重扬于北京（2010年）

王友钊夫妇及家人、相重扬夫妇、徐莽、任爱荣、陈忠毅于北京（2010年）

两岸农业合作与台湾农业研究

LIANG'AN NONGYE HEZUO YU TAIWAN NONGYE YANJIU

相重扬 编著

中国农业出版社
北京

图书在版编目（CIP）数据

两岸农业合作与台湾农业研究 / 相重扬编著 . —北
京：中国农业出版社，2019.10
ISBN 978-7-109-24852-6

Ⅰ.①两… Ⅱ.①相… Ⅲ.①海峡两岸－农业合作－
研究②农业发展－研究－台湾 Ⅳ.①F321.4②F327.58

中国版本图书馆 CIP 数据核字（2018）第 247226 号

中国农业出版社出版
地址：北京市朝阳区麦子店街 18 号楼
邮编：100125
责任编辑：刁乾超 蔡 鸣 张凌云
责任校对：巴洪菊
印刷：中农印务有限公司
版次：2019 年 10 月第 1 版
印次：2019 年 10 月北京第 1 次印刷
发行：新华书店北京发行所
开本：700mm×1000mm 1/16
印张：24.5 插页：4
字数：350 千字
定价：68.00 元

审稿委员会

前　　言

　　2018 年是贯彻党的十九大精神、实施乡村振兴战略的开局之年，是以农村改革为发端的改革开放 40 周年，也是海峡两岸农业界正式恢复交流交往 30 周年。目前，两岸农业交流合作已经形成了全方位、宽领域、多层次的发展格局，人员交流、技术交流、展会交流、信息交流共"四大交流"拉近了两岸同胞心的距离，台农台商在大陆的涉农投资持续增加、呈现出"北上、西进、内移"的良好态势，海峡两岸农业试验区、台湾农民创业园等平台载体稳步拓展，两岸农产品贸易规模不断扩大，有力助推着中华民族实现伟大复兴中国梦的历史进程。

　　本书作者相重扬是海峡两岸农业交流合作事业的开创者、推动者和见证者。1988 年，随着两岸人员往来解冻和两岸形势有利变化，在中央有关部门的统一部署下，时任农业部副部长的他积极策划两岸农业界首次会晤，筹组中国农业交流协会（现名海峡两岸农业交流协会）并亲任 10 年会长，率领同仁们与台湾农业界有识之士戮力同心、相向而行，推动这一事业从无到有、从小到大、由点及面、由浅入深，终成今日的浩荡大势。

这一进程的记录，汇集于这本《两岸农业合作与台湾农业研究》。这是作者长达 30 年的研究心得，内容包含了对两岸农业交流合作历史的细节回顾，对台湾农业发展正反经验的准确把握，对两岸农业优势互补合作双赢的透彻分析，对大陆"三农"难题破解的有益启示……其史料的详实珍贵、研究的深度广度，都是一般的纯研究者无法企及的。

这一进程启动之时，作者已经年过花甲；今天，这位辗转病榻、遗憾与台湾老友相约小住淡水农家再无可能的耄耋老人，将本书的编撰出版视为工作生涯的一个句号，告慰曾经并肩合作的两岸农业界挚友。本书的字里行间，无不流淌着"度尽劫波兄弟在，相逢一笑泯恩仇"的巍巍气度和"两岸一家亲"的殷殷情怀。

这位先后就读于我国近代农业教学科研推广高等学府中央大学农学院和金陵大学农学院的作者，当年以国民政府教育部门政要之子成为中共地下党员，几十年后又成为连接两岸农业的天然桥梁。正是包括作者在内的两岸农业界前辈们，以胆识、智慧和谋略续上了中断近四十年的师生亲友之情、同窗同仁之谊，共同的国家民族情怀凝聚成"加强两岸农业合作、共同振兴中华民族"的强烈共识，才协力开启了两岸农业交流合作从融化坚冰到融合发展的历史进程，作出了难以磨灭的开创性贡献。

1988 年 11 月 28 日至 12 月 3 日，两岸农业界在香港实现首次正式会晤，在答谢宴上与会者自发合唱抗日救亡歌曲，少年时代因日寇侵略两度中断学业、颠沛转徙的作者多年后仍感热气扑面、激情澎湃。此后，他无数次接待台湾农业界人士乃至普通农民，以及三次亲赴台湾，以农科教资深专家的学养修为、农业部门领导朴实无华的工作作风，赢得了台湾同行的敬重和友谊，建立了两岸农业交流合作的稳定渠道。这种修为和作风，本书论文的亲撰亲选就是最好的佐证。

本书分为 5 部分共 49 篇论文，分别是：两岸农业交流与合作的总体回顾，6 篇论文；台湾的农业改革与农村建设研究，包括台湾农业发展阶段的演进，涉农重大政策和重大事件，13 篇论文；台湾农民组织及其功能研究，包括农会、信用社、农业推广系统、运销系统、产销班、合作社等各种各类组织及其体系，15 篇论文；台湾产业及食品安全研究，包括稻米、茶叶、水产这三个主要产业，以及农产品品质保证系统，7 篇论文；台湾休闲农业及精致农业研究，8 篇论文。内容全面覆盖了台湾农业发展、农村建设、农民福祉以及涉农政治经济社会生态的体制机制等重大问题，不仅是研究台湾农业和两岸农业合作极有价值的文献资料，更是实施乡村振兴战略所要求的"实现小农户和现代农业发展有机衔接"的鲜活借鉴。

　　青山依旧在，几度夕阳红。如同中国改革开放大潮，农村改革是跃上潮头的第一朵浪花；两岸关系发展中，农业交流合作起步最早、基础最好、成效最明显，对做好台湾农民工作成为祖国和平统一的"草根"基础影响最为直接。在纪念改革开放 40 周年、海峡两岸农业交流合作 30 周年之际，中国农业出版社策划出版本书，作为深入贯彻党的十九大精神和习近平新时代中国特色社会主义思想，深化两岸经济文化交流合作，促进两岸乡村共同振兴的实际行动；也以此向致力于两岸农业交流合作的前辈们致敬，以先驱燃薪之精神，共勉于后继的两岸仁人志士。

自　述^①

　　20 世纪 80 年代开始接触对台农业交流，参与组建并主持中国农业交流协会工作达十年之久。协会同仁团结协作，积极开拓，与财团法人农村发展基金会等单位建立联系，开展对口交流，广交台湾农业界朋友。工作中双方相识相知、相互交往、相互理解，坦诚相见，成为挚友。交流内容从无到有，由浅入深，共同推动两岸农业交流向深层次交流。交流协会及农村发展基金会分别换届后，老友们年事已高，相继退出，但难忘昔日开启交流之曲折艰辛，友情更浓；协作、谅解、推动的精神为来者丰富充实。光阴飞逝，昔日好友已是耄耋之年，远行不易，相见时难，时问佳音，以慰思念。有的已旅游天国，天上人间，友情难以淡忘。

　　我曾三次访台，拜谒前辈师长，会见亲朋故友。多年隔绝的不安悠然飘失，参访农村、农业科研教育推广单位及涉农企业，获益良多。此后继续收集有关台湾农业情况，形成文稿，散载于有关通讯中，并编辑了《馀力》及其续集。

　　《两岸农业合作与台湾农业研究》是继《馀力》及其续集

---

① 　此次复印增加一篇 2016 年写的文稿。

之后的第三本。其内容按问题分类编排，从两岸农业交流到依靠科技发展精致农业，涉及台湾"三农"诸多方面，有的参有一孔之愚。该书力求保留原貌，未做改动，谬误之处诚盼指教。编辑此类书籍初衷为自编自印，交流切磋。

已过耄耋之年，又遭骨折灾难，幸科技发达，医术高明，逐步康复，但毕竟垂垂老矣。花开花落，自然规律，形式转换，物质不灭，唯有淡定过好当下，颐养天年。

两岸农业交流普惠大众民生，特别是台湾农民及弱势群体。交流经历启动、发展、起伏、深化的历程，虽有波动但无碍前进洪流奔腾向前，使两岸民众分享交流的成果，生产、生活、生态步步高。

以本书表达对老友的思念和感谢以及对来者的希望。

相重扬

2018 年 10 月

出版说明

本书在编写过程中参考了诸多文献资料，在此表示衷心感谢！部分资料由于年代久远，无法查明具体出处且无法联系到作者，故未能进行全面标注，在此深表歉意！如有问题敬请联系出版社。

目　录

第三篇　农民组织及其功能

第四篇　产业及食品安全

第五篇　休闲农业及精致农业

第一篇
两岸农业交流与合作

25 年前的一次两岸
农业研讨会的回忆

(2013 年 10 月)

(与王前忠合作)

1949 年后，台湾海峡隔断了两岸往来，世人同悲，无不翘首以期早日探亲交流，促进祖国统一。1979 年元旦，全国人大常委会发表《告台湾同胞书》。1981 年国庆前夕，叶剑英元帅发表对台工作九条建议，建议国共两党对等谈判，促进祖国统一。1982 年，廖承志同志发表给蒋经国公开信，"度尽劫波兄弟在，相逢一笑泯恩仇。"说理动情，感人至深。这一系列的文告、文件表达了中国共产党"一国两制"的方针和两岸人民希望统一的共同心声，使台湾当局认识到"时代在变，潮流在变"[1]，并于 1987 年废除戒严令，开放台湾民众到大陆探亲。此时此刻，台湾当局从"不接触、不谈判、不妥协"的"三不政策"微调为"不鼓励、不支持、不压制"的新"三不政策"[2]，两岸民间交流往来呈现松动。

在此大的背景下，两岸虽未"三通"，香港也未回归，但大陆、台湾及香港的农业界人士仍有同行、师生、同窗的情谊，企希促进彼此交流，特别是农业界有关领导人同出一师门。因此，经香港农渔界人士居间联络，于 1988 年 11 月 28 日至 12 月 3 日在香港大学嘉道理农业研

---

① 李立：《目击台海风云》，华艺出版社，2005，第 318 页。

② 同上书，第 407 页。

究所内举行了海峡两岸暨香港首次农业研讨会。这次聚会，结束了两岸农业界四十年的隔绝，启动了两岸农业交流之门，具有历史性意义。

光阴飞逝，俯仰之间已为陈迹。二十五年（1988—2013年）、四分之一世纪已经过去，当年参加者已是耄耋老者，有的已驾鹤辞世，有的年迈丧失记忆，令人唏嘘，感慨系之。要完整地描述这次具有终结两岸农业界隔绝、开启交流的重要研讨会，似不可能。现仅就我们回忆及手边资料，草成文稿，留待充实、补充。

这次研讨会是两岸农业界人士40年来以对等形式举行的初次会见，互相通报情况，增进了解，为后续交流打基础。大陆方面从农科教学术团体及有关专业等方面选派十位熟悉业务、便于沟通的同志参加。由顾慰连（中国农学会副会长、沈阳农大校长、顾毓琇先生公子）任团长，成员有瞿宁康（中国农业交流协会秘书长）、阮德成（江苏农科院畜牧专家，江苏农科院院址系新中国成立前的中央农业试验所所在地，不少台湾农业界人士曾在此工作过）、王前忠（中国农学会教授级高工，便于和台湾中华农学会交流）、倪嘉立（女，北京农校校长，中等农业教育专家）、范乃沧（南京农大农机系教授）、俞承浩（中国种子公司专家）、周大荣（中国农科院植保所研究员）、陈惠彬（女，河北水产所专家）等十人由北京出发至深圳，加上文孔嘉、蒙长河二人，总共十二人经罗湖口岸赴港，转乘地铁到达嘉道理农业研究所，住该所招待所。该所地处九龙，比较偏僻，可避免外界干扰。

台湾农业界由黄正华（台湾中华农学会会长，台湾农业行政部门顾问）带队，成员有赵元桂（台湾省原农林厅副厅长）、严奉琰（台湾大学农学院教授）、王次庚（台糖公司顾问）、邱克明（台湾食品工业研究所主任）、阙壮狄（台湾渔业技术顾问社董事长）、余增廷（台湾合美种子公司总经理）、林光演（台湾鹿谷乡农会总干事）等共八人。抵港时，香港黄成达和大陆瞿宁康前往迎接。台湾农业界代表均下榻外资饭店，未住在台资旅店，以避免记者采访。

　　研讨会在嘉道理农研所进行。会前，香港黄成达处长举行了欢迎宴会，整个会议由黄正华、顾慰连轮流主持，参加者分别介绍本人本单位本专业的有关情况，相互沟通，尤其是晚餐后的聊天，大家都很放松，谈笑风生，直至深夜。这是海峡两岸暨香港农业界相互了解的最好机会，使会见前心里不踏实的疑虑，渐渐消除。在台湾黄正华团长举行的答谢宴会上，大家合唱抗日救亡歌曲，国家和民族的情怀，把大家的心贴得更紧，气氛热烈融洽。通过三四天的交流研讨，使这次聚会达到了相互沟通、消除隔阂、推进交流的目的。会议期间还游览了海洋公园等处，并合影留念。

　　会后，香港产销社团联合会出版《渔农科技》，刊登了这次研讨会的报告。编委会主任黄成达撰写了《编者的话》："为了促进内地、台湾、香港农业之发展，交流技术经验，于1988年11月28日至12月3日在香港大学嘉道理农业研究所举办'海峡两岸暨香港农业技术研究会'，本期刊登之文章大部分是参加者所宣读之论文"。

　　兹将大陆出席人员的论文表列于后（表1-1），以铭记25年前开启两岸农业交流的历史。

表 1-1　海峡两岸暨香港农业技术研究会大陆出席人员表

大陆方面的论文题目	作者及单位
中国大陆农业生产及科学技术的发展	瞿宁康，中国农业交流协会
农业教学、科研、推广紧密结合，有利于培养合格人才，直接为经济建设作出贡献	顾慰连，沈阳农业大学
加速农村科技人员的培养	倪嘉立，北京农业学校
中国大陆农业机械化的基本情况及其发展	范乃沧，南京农业大学
发扬农学会传统，做好农业科学成果推广交流工作	王前忠，中国农学会
中国大陆农作物种子事业的发展	俞承诰，中国种子公司
中国大陆畜牧科学研究与推广成就之我见	阮德成，江苏农科院
大陆海、淡水养殖业科技成果的推广现状及展望	陈惠彬，河北水产研究所

台湾农业与海峡两岸农业合作

(1992 年 8 月)

一、台湾农业简况

1. 山多地少，日照充足，雨量充沛　台湾是祖国的宝岛，总面积约 3.6 万平方千米，略大于海南省，其中平原占 26.41%，山坡地（海拔 100～1 000 米）占 26.79%，高山地区占 46.8%。台湾耕地面积为 89.4 万公顷，占总面积的 24.85%。耕地中，水田占 53.6%，旱田占 46.3%。台湾地处热带及亚热带气候交界，湿度、雨量、日照均有利于农作物的生长。

2. 农村人口下降，兼业农户比重上升　1980 年农家户数为 89 万户，1989 年下降为 72 万户，同期农村人口由 538 万多人下降为 367 万多人，由占总人口的 30.02% 下降为 18.2%（指户籍登记在农村的人口）。兼业农户逐年增加，1985 年兼业农户占总农户的 88.5%，1989 年上升为 90.3%。兼业化有发展的趋势。

3. 农业比重下降，其中种植业比重下降，养殖业比重上升　台湾农业总产值，其绝对值虽然逐年有所增长，但在台湾整体经济中的比重逐年下降。1952 年农业生产总值占台湾生产总值的 36%，现在已下降到不足 6%。农产品出口额 1965 年以前占台总出口额的 50% 以上，1989 年则下降为 5.37%，不足 6%。

台湾光复后，强调发展水稻种植，以保证粮食供应，发展甘蔗制糖，以换取外汇。当时称为"米糖农业"。因此，1960 年以前种植业产值占农业总产值的 60％以上。由于经济情况、消费结构、劳动成本等因素的变化，自 1977 年开始，种植业的产值比重下降。1989 年，仅占农业总产值的 41.8％，畜牧及水产业则上升为 57.2％。1989 年生产稻谷 235 万吨，渔产品为 137 万多吨，年底猪存栏数为 778 万多头。

4. 农家收入虽有增加，但与非农家所得相比，差距增大　据统计，1980 年农家每户的平均收入 19 万元[①]新台币[②]，1988 年上升为 33 万元新台币，比 1980 年增长 73.68％；农户年人均收入 1988 年比 1980 年增长 46.1％。农家收入的 1/2 以上来源于非农业，这和农户兼业化的趋势是一致的。农户收入虽有增加，但与非农户相比差距加大。1980 年农户所得为非农户所得的 74.19％，1988 年为 72.9％，下降 1.29 个百分点。

二、台湾农业发展的几个阶段

台湾光复以来，农业发展分几个阶段，看法不一，但大体经历了四个阶段：第一个阶段从 1946 年至 1952 年，主要是恢复农业生产，鼓励发展农业，特别是粮食和甘蔗。在政策上实施土地改革，肥料换谷，田赋征实，随赋收购等。由于当时生产基数低，又由于农民取得土地后，生产积极性高，所以农业生产总值年增长率高达 13％。1952 年农业生产总值占台湾生产总值的 36％，农产品出口额占总出口额的 95.5％。第二阶段是从 1953 年实施第一个"四年经济建设计划"开始，到 20 世纪 60 年代末 70 年代初。这一时期农业持续发展，农业生产总值年增长率为 5％，大量农产品外销，农产品贸易呈顺差。1961 年以前农产品出口总额占台湾出口总额的 85％左右，至 1966 年下降

---

① 本书所有"元"均指新台币。
② 本书所有"台币"均指新台币。

至 50％以下。第三阶段是 20 世纪 70 年代初至 80 年代初，农业发展缓慢，呈"低度增长"。1973 年废除肥料换谷制度，放宽贷款，提倡农业生产专业化，企图加速农村建设，但由于农村青年大量拥入城市、农业成本上升等，这个时期农业生产总值平均年增长率为 2％左右。农业生产指数如以 1976 年为 100 计算，除畜牧渔业外，农业生产已呈现负增长。第四阶段则由 20 世纪 80 年代初至今，农业生产呈现负增长，农业面临结构调整。1989 年台湾农业中除了畜牧业增长 4.88％外，其余均为负增长。渔业为－4.9％，农业为－0.48％，林业为－29.36％，整个农业为－0.17％。同时农产品进口增多，贸易逆差加大。1990 年台湾的农业政策是"减产"，以减少对农业的补贴。1991 年台湾开始执行"六年经济建设计划"，在六年内农业只争取维持零的增长，猪的饲养量也要减少 1/3。台报界反映，"农业发展遍地荆棘"，前景更加萧条。

如上所述，台湾农业经历了恢复、发展、衰退的演变过程。台湾一直强调农业培养工业，工业回馈农业。台湾当局通过硬性规定，用高于国际市场价格的肥料换取农民的稻谷，又以低于市价 20％的价格，收购谷物作为田赋。一高一低，使农民蒙受了很大的损失。有人估计在这段时期，以 1980 年的币值计算，台湾当局从农民手中剥夺了827 亿美元，用来发展工业。因此台湾的农民、农业为台湾经济的发展作出了重大的贡献。但是工业发展后并未反馈给农业，加之农产品大量进口，使农家和非农家收入差距拉大，导致 1988 年 5 月 20 日2 000多农民为争取自身利益，在台北举行抗议活动，造成严重的流血事件。台湾农业界人士认为"这次农民运动的震撼，留下许多值得思考的问题"。

三、台湾农业面临的几个问题

1. 土地资源有限，农户占有耕地少，难以形成规模效益　台湾耕地仅占其总面积的 1/4，由于其他非农业用地的增加，造成耕地面积减少，土质发生变化。1981 年台湾耕地面积为 90 万公顷，1989 年下降为 89.4 万多公顷，9 年内减少了 5 000 多公顷。

农户占有耕地面积偏少，平均每户占有耕地在 1 公顷左右。近几年由于农户减少，加上开垦林地、山坡地和测量校正等，农户平均占有耕地面积从 1981 年的 1.01 公顷略有增加，至 1989 年增加到 1.23 公顷。但仍有 72％的农户占有耕地不足 1 公顷，40％的农户不足 0.5 公顷，土地规模过小，很难形成一定的经营规模。

2. 农业劳动力外流，留农人员年龄趋高，农户呈现高度兼业化　1987 年农业就业人口占总人口的 15.28％，到 1990 年下降为 12％，特别是青壮年农民的外流，造成农村劳动力不足，35 岁以下的青年占转业人员的 70％，使务农人员的年龄偏大。1988 年统计数据显示，农业劳动力的平均年龄为 46 岁，而非农业劳动力的平均年龄为 32 岁。

兼业农户比重不断增加。1960 年兼业农户占总农户的 50.7％，1985 年上升为 88.6％，1988 年为 90％，1989 年达 90.3％。由于兼业农户的收入 60％以上来源于非农业，因而耕作渐趋粗放，复种指数下降。

3. 生产成本升高，农产品价格偏低，利润微薄，生产下降　据估计，农业生产成本中，农业劳动力的成本即占总成本的 60％。加上生产资料涨价、农产品价格偏低，农民所得利润微薄，影响农民生产的积极性。

公营农业企业也面临类似问题。例如 1952—1974 年，台湾制糖以外销为主，外销额占外汇总收入的 74％。但由于成本上升，国际糖价低落，外销无竞争力，从而压缩生产。台糖公司甘蔗种植面积由 11 万多公顷下降为 1991 年的 5 万多公顷。1981 年制糖的甘蔗总产量为 840 万吨，共产糖 74 万吨，到 1989 年分别下降为 660 万吨和 60 万吨左右。1991 年糖外销几乎停止，并 40 年来第一次从外国进口 5 万吨粗糖，供加工精炼后出口。

4. 资源使用过度，环境条件恶化　由于淡水养殖使地下水过度开采，局部地区地面下沉，海水倒灌。近海水质恶化，造成水产资源枯竭，工业和农田灌溉水质受到污染。

5. 农产品产销关系不顺 台湾农产品运销中间层次过多，水果蔬菜运销商的获利较高，其绝对值为农民的 2～3 倍，由生产者到消费者之间，价差太大，农民并未得到应有的利润。

6. 美国农产品倾销，农产品贸易入超 美国一方面限制台湾稻米出口，另一方面，又以"301 条款"迫使台湾进口其农产品，台湾农产品外贸逆差逐年增加。从 1986—1988 年三年情况看，台湾输美农产品价值分别为 6.1 亿、7.2 亿和 5 亿美元，呈下降趋势，同期美国出口台湾农产品价值分别为 14.1 亿、17.6 亿和 22.5 亿美元，三年共计逆差 35.9 亿美元。当前美方还一再要求台湾开放水果、家禽等园艺畜牧产品进口，实现后，将产生更严重的后果。

台湾农产品对外贸易，1989 年农产品进口额达 58.8 亿美元，出口额仅为 25.4 亿美元（低于 1986 年、1987 年、1988 年），逆差达 33.4 亿美元。台湾进口的农产品中，以玉米、大豆、小麦、棉花、皮革、乳品、羊毛、牛肉为大宗产品，水产、蔬菜、水果等生鲜产品进口亦逐渐增加。农产品的大量进口说明台湾对进口农产品的依赖性，同时也严重打击了台湾的农业生产。

四、海峡两岸农业合作是台湾农业的唯一出路

台湾农业面临困境，出路何在？看法不一，但台湾学者有两点共识：

（1）控制产量以减少补贴，但主要的粮食生产要有一定的安全线。

（2）培养核心农民，减少农业人口，提高农民素质，提高劳动生产率；推行委托及合作经营的方式，扩大经营规模，提高规模效益；根据市场需求，调整产业结构，发展精致农业，农业生产科技化，农产品优质化；建立农产品运销体系，强化运销功能，合理管理农产品

进口，适当保护农业等。总之，设法调整结构，改进运销，提高规模效益，增加农民收入。

上面的一些设想和措施，终未能解决资源有限、成本增加和贸易竞争乏力这几个根本性的问题，相反地加剧了新的矛盾。

（1）加剧了对进口的依赖性。1988年台湾谷物总产量为300多万吨，进口583多万吨，进口占66%。进口主要是玉米。如果稻米生产仅维持60%左右的自产，进口还要加大。农产品的供应依靠进口，不论在经济上还是政治上都是一个严重的问题。况且在"国际贸易自由化"的压力下，所谓的自产粮食保证一定的安全线，能否保持，值得考虑。

（2）减少农业人口，扩大经营规模，改善运销，在一定条件下会产生好的效果，但要有一个适调过渡阶段。同时又要处理好如何辅导农民转移就业的问题，原已形成一定生产能力和研究能力的设施、人员，如何寻求新的出路等，也是一个棘手的问题。

然而台湾农业出路何在？在于海峡两岸的合作。这几年海峡两岸农业交流日益增多，使大家认识到在农业科学技术方面各有所长。台湾有的农业专家赞赏大陆农业教育和科研机构规模之大、设备齐全、具有学术研究气氛，是过去所未想到的，从常规研究到生产技术均具有一定的规模、深度，"不逊于台湾"，某些领域有独到之处，可以互补。大陆的自然资源和人力资源正是台湾所缺乏的，而台湾的资金、农产品加工技术和运销的具体做法也正是大陆要注入和借鉴的。如果两岸农业进行合作，汇集两岸的农业科学技术，以大陆的资源优势和发展农业生产的经验，融入台资和农产品运销、加工的具体做法，必将形成新的生产力。不仅台湾从外国进口的农产品完全可以依靠大陆作为腹地提供，还可以让大陆农产品打入国际市场，换取更多的外汇。因此，从根本上解决台湾农业问题的出路在于两岸农业合作，发挥优势互补，为振兴中华民族的农业而努力。

回 顾 与 展 望^①

（1994 年 6 月）

海峡两岸农业交流已进行五年了。中国农业交流协会与"台湾亚农中心"（农村发展基金会前身）共同举办这次庆祝活动，其目的在于回顾过去，更好地推动两岸农业交流。

五年是短暂的。一周前是六一儿童节，五岁儿童还是幼儿园的中班，但有顽强的生命力。两岸农业交流是大势所趋，不可阻挡。五年来在各方面支持下，在海峡两岸农业界朋友们的共同努力下，农业交流有了良好的开端，做了不少工作，取得了很好的成绩。

1. 举办了十七次研讨会 仅 1992 年就举行十次。研讨会先是相互沟通，情况介绍，弥补几十年隔绝的空白，不少是老友重逢，故地重游，感慨万千。在一般交流的基础上，进入专业性交流，如：种苗、水产、作物改良等。进而联系农业经贸、市场经济中遇到的农产品商品化、农产品运销等方面的问题开展探讨。

2. 举办讲习班 这是集中一段时间、集中某一两个问题进行讲授或技术指导交流，教学相长，互有裨益。先后举办了芦笋、蔬菜、农产品运销及加工等方面的讲习班，均收到好的效果。有的台湾专家不顾酷暑来大陆讲课，令人钦佩。

3. 双向交流有可喜的开端 五年中我们接待台湾农业界访问团多起，他们走遍祖国大江南北，同时开展资料、种质资源的相互交流。

---

① 这是一篇讲话稿，记录着两岸农业交流的一小段历史。

1992 年大陆农业界人士开始访问台湾，1993 年去了四批，1994 年又有好的期盼。

4. 科技交流促经贸往来　去年召开了两岸农业经贸恳谈会，谢谢台湾有关单位的支持。会议达到预期效果。可能随着时间的推移，效果会逐渐显示。

5. 交流内容不断扩大

特点是：①从科技、教学人员开始逐步扩展到基层农业工作者；②由教学科研单位扩展至涉农企业、中介组织；③在年龄上不仅有 60 岁以上的老年，青年交流也开始启动，增强活力；④交流范围由农业延伸至体育，棒球赛即为一例。

通过广泛的交流，增加接触的机会，相互沟通，增进了解，就会有更多的共识，为推动两岸农业交流与合作打下基础。

为什么在短短的五年内，能取得这样大的成就？我个人认为主要在于以下三点：

（1）海峡两岸交往是大势所趋不可阻挡，顺应潮流逐步开放，虽有小的插曲波折，但总的方向是前进的。例如：过去两岸不通电传，要请香港朋友代转，但现在不同了，FAX（传真）可以直接沟通。再如过去台湾朋友可以来大陆参访，直至前年，大陆农业工作者才开始访问台湾，交流由单向发展为双向。

（2）行业特点。民以食为天。农业是民众的第一需要，谁也离不开农业。海峡两岸农业各有所长，互补性强，加强交流相互有利，有利于两岸人民福祉，为社会欢迎。

（3）两岸都有一个热心、努力、协作、务实的 Team（团队），都有一批有影响的有识之士的支持。

在这五年中逐步形成年度会晤，全面回顾和推进有计划的交流。我体会在接触中大家认同以下的理念：坦诚——坦诚相见，开诚布公；理解——相互了解，才能有共识；谅解——能做的先做，一时做不到的相互体谅；推动——不断克服困难，推动两岸农业交流。

在回顾五年历程时，再一次感谢曾帮助和促成两岸农业交流的所有单位、先生们、女士们。特别要感谢香港的黄成达先生、谢昭彦先生。希望今后仍会得到大家的帮助。

在欢庆五周年之际，非常遗憾的是第一次（1988 年）双方在香港会晤时两位领队的先生都先后辞世了。大陆的顾慰连教授于 1989 年病故，他是沈阳农业大学校长、玉米专家，也是顾毓琇先生的公子。顾教授英年早逝，令人惋惜。他的才学、智慧，对促进两岸农业交流之贡献和建议，我们将永记不忘。此时此刻我们也深切怀念台湾黄正华教授。没有他的努力，两岸农业交流很难达到目前的状况。黄先生为人豪爽、真诚，他不顾高龄往来两岸之间，亲自筹划、安排，克服困难，诚心实意推动两岸农业交流。1989 年 5 月我们第一次相见在广州。黄先生适从海南返回广州，一见如故。他豁达开朗，学者风度，有些看法很容易一致。在推动的过程中，即使遇到一些小波折，黄先生并不气馁，设法排除。他责己严，待人宽，是一位受人尊敬、令人难忘的农业界前辈。黄先生辞世后，我们到台湾看望黄师母，见到黄先生家中陈设、房舍简朴，反映了黄先生保持学者不随俗的淳朴品德，受到大家的敬仰。

在庆祝两岸农业交流五周年之际，我们将永远不会忘记顾慰连先生、黄正华老师的业绩。

庆祝、怀念是为了更好地开拓未来，使两岸农业交流更扎实更广阔。一年多来，我们和王友钊先生、葛锦昭董事长合作很好，让我们在以往工作的基础上，共同开创两岸农业交流辉煌的未来，为振兴中华民族的农业作出更大的贡献。

一 孔 之 愚

（2010 年 1 月）

2009 年 11 月两岸农渔水利合作交流会发表共同倡议 12 条，强调合作交流、优势互补、共同发展，其中提及台湾农业经营管理经验。因此，分析其变化及发展，区分情况，剔除负面影响，有重要意义。现试图就四个问题概述于后。

一、农地改革

台湾农业是土地私有、小农经营体制。

台湾光复以来共实行三次农地改革。第一次（1948—1953 年）从实施"三七五减租"开始，再"公地放领"到实行"耕者有其田"。其目的是限制地主拥有的耕地，使农民由佃农变为自耕农，免除地主剥削，释放生产力。其方法是采取和平赎买政策，带有强制性的允许地主保留少量耕地（三甲①水田），其余的土地以七成土地实物债券、三成公营农林、工矿、台泥、台纸四大公司股票征收。原来的大地主转变为资本家。如辜振甫将万余公顷土地交出后，很快就成为"台湾农林公司总监察人"，至 1953 年底地主被征购的土地约 13.9 万公顷，占地主原有耕地的 30%。

第二次农地改革（1983—1986 年），1982 年底制定方案，1983 年

---

① 甲为非法定计量单位，1 甲≈0.97 公顷。

开始实施。这次改革采取发放长期低息贷款（年息 4.5%）和减免有关赋税，鼓励自耕农购买土地，达到扩大农户经营规模的目的。与此同时，在生产专业化的基础上，推行共同合作经营和农业机械化。但由于农民不太愿意出售农地，想购买土地的农民自备款又往往不足，贷款数额有限等因素，第二次农地改革效果并不显著。

20 世纪 90 年代，台湾农地政策由"农地、农有、农用"改为"放宽农地农有，落实农地农用"；开放农地买卖，放宽农地分割下限，使农地细碎化，"农地农用"难于落实。2008 年台湾当局提出"小地主大佃农"政策，开始第三次农地改革。鼓励老农或无意务农的农民将农地或休耕地长期出租给务农的农民，扩大经营规模。农地如连续出租 3 年以上（含 3 年），每公顷每期作租金 5 万元以上，其中由公家支付 4 万元，其余由承租人支付。租金按出租年限，通过农会一次付清，承租人负担的部分再分期付给农会。第三次农地改革正在试点，截至 2009 年 5 月，长期出租农地达 1 000 公顷。配套的政策是发放老农津贴，鼓励老农退休和解决农民健康保险等。但在土地私有、农业效益偏低和土地开发地价高昂等因素下，"小地主大佃农"的政策效果，有待观察。

台湾三次农地改革的特点：

1. 带有一定的强制性又不一刀切　如第一次农地改革的目的是实现耕者有其田，但租佃制并未绝迹。1949 年台湾佃农户数为 29.6 万，租地面积达 25 万公顷。到 2008 年佃农还有 4.6 万余户，租地面积降为 1.6 万顷。尽管大多数农民成为自耕农，但租佃制依然存在。

2. 由公家出资利导，推进改革　无论第一次农地改革以债券、股票征购地主多余耕地，还是第二次以提供长期低息贷款，引导农民购买土地，或是第三次租佃方式的租金由公家出大头（约占 4/5）等，都是由财政支出照顾土地所有者的利益，缓和矛盾，推动农地改革。

3. 追求规模经营　在完成第一次农地改革后，第二次、第三次改革采取不同的方式追求适度经营规模，以破解农户经营面积过小（平均面积 1 公顷左右）、农民老龄化（2009 年农民平均年龄 61 岁）两个瓶颈，让农民扩大经营规模，提高经营效率。

二、扶建农民组织综合服务

小农只有组织起来，才能适应市场经济的要求。台湾最大的农民组织是农会，其次是农业合作经济组织。

1. 多功能的农会　台湾现行的农会体制是在 1949 年整合以往的农民组织的基础上，依"农会法"按行政区域，经农民选举而成立的农民组织。在多年运行的过程中虽有变化，如农业合作社和农会分离使农会丧失合作经济性质、1974 年取消股金制、农会信用部联合组成农业金融体系等，但农会综合服务的诸多功能未变。

功能齐全、和农民关系密切的是乡镇农会。乡镇农会为农民提供推广、供销、信用、保险等多种服务，是综合经营的实体。其盈余的一部分用于推广，使基层推广工作稳定开展。农会推行共同运销，沟通信息，产销对接，既有利农民生产，又满足市场需求。农业部门的农业政策、科技传播、培训、贷款发放等，均依靠农会运作。农会成为官方与农民、贯彻与反馈，双向沟通交流的通路。

农会工作的重点随着经济社会的发展而改变。开始着重技术推广，以提高产量和品质；再开拓市场通路，关注加工、运销，让农产品增值，农民增收。办事需要经费支持，信用部金融业务逐步成为热点。在加入世界贸易组织（WTO）后，鼓励农会开发一、二、三产业以及办超市、中介农地租售等经营和行销业务，提高市场竞争力，推动农村经济。随着农村人口老龄化，家政服务提上日程。

台湾农会具有多种功能，对农民开展综合服务是其特色，对发展农村经济发挥重要的作用。联合国粮农组织（FAO）曾介绍推广过他们的经验。

2. 合作经济组织　农业合作经济组织有农业合作社和合作农场两种形式。

农业合作社是农民按"合作社法"自愿组织起来的农民组织（台湾农业合作社未单独立法）。因曾受已成立农会的乡镇不再成立合作社规定①影响，台湾农业合作事业发展相对滞后，台湾农业合作社主要分农业生产合作社和农业运销合作社。在同一地区、同一业务的合作社可以成立联社，在合作社内部采取共同经营。农业合作社在名称上虽有生产、运销之别，但在运作过程中都涉及农产品的产销活动。合作社和合作农场一般规模较小，经营良莠不齐。

3. 产销班是农民组织的细胞　产销班是生产一线农民以产销一元化理念而成立的组织。产销是农民经济生活的核心。产销班解决生产、营销中的问题，受到欢迎，成为台湾农业事务主管部门辅导的重点。2006年台湾产销班超过8 000个，班员13万多人。

产销班可以在金融机构开户，可以贷款，免除有关的税赋。在班内采取共同作业，推行企业化经营，共同作业的程度由班会议定。产销班成为台湾农业规模经营的主体之一，是生产安全农产品的支撑。

以上简况显示，一个农民组织只有民主管理、当局支持、让农民得到实惠，才能得到群众拥护。

（1）台湾农会集推广、供销、信用、保险于一体，功能互补，为农民提供全面服务，成为农民组织的闪光点。这表明小农组织起来，开展良好的服务，也能现代化。

（2）抓住农民经济生活中的核心——生产和营销，组织一线农民，为之服务，受到农民拥护。

（3）引导而不划一，如产销班实行共同经营，但内容由班内议定，

---

①　这一规定1974年已撤销。

尊重班员的民主权利而不是硬性统一规定。

（4）当局立法、扶持、辅导。当局以地区相关规定、扶持宣导等方式，从政策到经济、从技术到行销给予帮助，使农民组织依法运作。

然而由于不良政治的介入，民主不彰，践踏原有规定，给设计良好的农会带来某些负面效应，使农会成为台湾选举必争之地，曾为金融违规超贷、逾放率高的源头之一。因此提高农民民主意识，依照农民组织章程发扬民主，行使权利，排除干扰；加强对农民组织负责人的考核、任免和对财务监控，使农民组织在既定的规章框架下运行，非常重要。

三、农产品多样化营销

营销是农产品采收后进入商品化的过程。台湾农产品营销采取批发市场行销、农民团体共同运销和直销三种方式。

1. 农产品批发市场制度　一是立法，1982 年实施"农产品市场交易法"后，经几次修改，逐步完善，并制定执行细则管理市场，奖励和监督共同运销，农产品分级、包装的标准与实施，以及对贩运商的管理、取缔农产品市场外交易等配套办法，使批发市场依法运行。

二是明确农产品批发市场不以赢利为目的，并有计划的设立，如每乡镇设一处菜市场。

三是行政部门在财政上给予减免税费、建设用地按农用土地对待等，对市场建设予以支持。

四是对实行共同运销的农产品给予优惠和鼓励。

五是逐步推行拍卖交易。

批发市场发挥商品集散、价格形成、信息传递和质量控制等综合功能，在农产品营销过程中作用突出。

2. 农民团体共同运销　这是在农民组织发展起来的前提下进行

的。农产品批量上市，既可调节商品流通，又可提高农民议价权量，体现农民在农产品交易中的主体地位。如产销班将农产品运送到农会集货站，经过称重、分级、包装后运送到批发市场，出售后通知农民，一周内农民收入到账，农会收取 5% 左右的费用。农会所需设施由政府补贴购买。

3. 直销　主要有两种方式：一种是经过农民团体直接上市，如农会自办超市，农超对接、农业合作社和消费合作对接等。另一种是在农会帮助下农民自主经营。为了节能减排，减免中间环节，缩短农场到餐桌的时空距离，降低成本，出现了当地生产、当地消费的农民市场。

农民市场由农会在城乡结合部或在城区适当的地方提供场地，规划区域，安排货架和收款结账，由农民出货，未售完的产品自行回收。只要消费者需要，任何规格的产品都可出售。

农民市场以少量、多样、新鲜、安全为特色，还可以开发烹饪、休闲产业，拉近城市消费者与农民的距离。当地居民消费是农民市场营销的基础，因此做好消费群体的调查、选址十分重要。

农产品多样化行销是台湾农产营销中的一个亮点。

四、培植农村金融

台湾通过向农民发放贷款和扶持农会信用部的做法，培植农村草根金融。

1. 强调贷款　台湾在拨款补贴农民的同时，强调向农民发放低息贷款。1973—1979 年台湾实施"加强农村建设九项重要措施"的六年半时间内，行政共拨款 173 亿元，同期各种贷款总额为 189.59 亿元，贷大于拨。贷款的还贷率达 66%，其中"统一农贷"达到 74.33%。1979—1982 年实施为期三年的"提高农民所得，加强农村建设方案"

期间，财政共投入 194 亿元，同时放宽贷款条件，简化手续，共贷出 103 亿元。2009 年专案农贷总额提高到 500 亿元，并下调利息。如 "农家综合贷款"帮助农、渔民家庭消费支出，每户最高可贷 30 万元，年息为 1.5%。台湾重视贷款的原因：一是贷款可回收，减少财政支出；二是激活农民的责任心和主动性，避免产生依赖心理；三是增加信用部的业务活动和收益。

2. 培育乡镇农会信用部　乡镇农会信用部是分布最广、接近农民的金融机构，有代理乡镇公库职能。

农会信用部除农民存贷、汇兑业务外，通过代行政、行库发放农贷，承担委托代办事项，收取手续费等，增强自身实力。1953—1972 年，农会信用部经办当局委托业务收取的手续费，如以 1953 年为 100 计算，1973 年即增加为 576.2，年金额由 2 400 万元增加到 1.4 亿。特别是 1960 年发放"统一农贷"，当局以 2 亿多元无息贷给农会作为农贷基金，农会匹配相当数额的款项，再低息转贷。利息收入及本金回收再投入农贷基金，滚动运作，使农会农贷资金逐步增加，信用部的实力逐年增强。农会有了钱，才能持续发挥综合功能，为农民服务。

由于某些信用部营运不良，2001 年 8 月，台湾财政当局违背"农会法"，强制接管 29 家农渔会信用部，引发 2002 年底十万人的抗争大游行。最终于 2003 年通过"农业金融法"，成立农业金库，统归农口管理。多年来，农村金融多头领导的矛盾得到缓解，但信用部被接管的问题到今尚未彻底解决。

乡镇农会设立信用部的优点在于：

（1）方便农民，活络农村经济。台湾有的乡镇没有行库分支机构，农民存贷、汇兑、结算等只有依靠信用部。1991—2000 年 47.9% 的农贷是通过农渔会信用部发放的，超过台湾农业银行、土地银行和合作金库发放农贷的总和。

（2）贷款和技术推广结合。农会信用部和推广股（部）相配合，使贷款项目、资金投放、技术措施、产销预测等策划实施合理到位，保障农民增产增收和按期还贷。这是行库难以做到的。

（3）乡镇农会信用部贴近农民，易于确切了解贷款人的信用资讯，进行信用合作。

（4）信用部有盈余收入，保障农会稳定的发挥多功能作用，为农民服务。

农会信用部对台湾农业的发展功不可没。但信用部曾因多头领导、不良势力介入，监管不严，逾放率过高，引发挤兑、倒闭等金融风波，甚至发生枪杀案件。目前虽理顺关系，成立农业金融体系，对信用部的监管仍不能掉以轻心。

"愚"以为农民组织发展起来是基础，规模经营是趋势，多样化营销、货畅其流是根本，农村金融是润滑剂，四者相结合，农村经济才会活起来。台湾多功能的农民组织，推进规模经营，多样化农产品运销、草根性的农村金融，值得关注和探讨。

甲午之年思台湾农业

（2014 年 4 月）

今逢甲午中日战争双甲子之年。清廷腐败、辱国丧权，割地赔款，使台湾沦为日本殖民地五十年之久，民众遭屠杀，村庄被焚烧，资源被掠夺，人民陷于水深火热之中。国耻、屈辱、罪行岂容淡忘。

一、台湾军民奋起抗击日本侵略者

1894 年甲午战争，清廷战败。翌年与日议和，签订《马关条约》，割地赔款。同年六月在基隆外海日舰上，清廷代表李经方出具"让渡证书"，正式割让台湾。

日军用陆军 7 万多兵力、海军 30 多艘主力舰艇及近 200 多艘船只进攻台湾，在盐寮（今贡寮乡）武力登陆，陷台北再向南进攻。有侵略就有反抗，台湾军民奋起抗击，浴血抗日，保卫乡土。经过近五个多月的战斗，台湾军民在无外援的情况下抗拒强敌，打了大小 100 多仗，日军伤亡 3.2 万余人，1895 年 10 月，日军攻陷台南。这是台湾历史上罕见的大规模战争。

在五个多月的反侵略战斗中，台湾抗日军民从新竹退守彰化，1895 年 8 月在彰化八卦山与日寇激战，击毙日近卫师团 1 000 多人，打死敌少将指挥官山根信成，台湾黑旗军精锐"七星队"300 余人全部壮烈牺牲。为纪念先烈，在彰化八卦山建"乙未抗日烈士神位"。日军增援两个师团围攻嘉义，在嘉义保卫战中，日本明治天皇的堂弟近卫师团长北白川宫能久中将阵亡，这是日本近代史上第一个在海外阵亡的皇族成员。台湾人民顽强抵抗，保卫乡土，打击敌人的气焰。日军进行报复，见人就杀，血流成河。（北白川宫能久死后，被追封为能久亲王，把他的死亡日定为"国祭日"，台湾放假一天，在台北建神社供奉灵位，1944年神社被日机撞毁，1952年在原址建圆山大饭店，这是后话）。1895年10月日军攻打台南，台湾军民在萧墙街附近与之战斗死伤达几千人。日军烧村庄、杀民众，哀嚎遍野，惨不忍睹。

日军的残酷镇压并没有吓退台湾人民，反日斗争此起彼伏在岛内一直坚持了30多年，发动了70多起抗日武装斗争。规模大的有两次，一次是噍吧哖事件，又称西来庵事件，一次是雾社事件。

1915年台南玉井乡（原名噍吧哖）首领假借神灵名义酝酿密谋抗日，不慎泄密遭日军屠村灭乡。以竹竿高度为标志，超过者一律砍杀，妇孺不能幸免，有3 000多人被害，被捕者达1 000多人，近900人处死刑①。

1906年，第五任台湾总督佐久间马太提出"五年理番计划"，把矛头指向山区原住民。他亲自指挥镇压太鲁阁族起义，他本人也坠崖身亡②。1930年爆发原住民最大的抗日斗争——雾社事件（雾社即今南投县仁爱乡，居民以太雅族为主）。当时日本殖民政府在雾社地区举行纪念北白川宫能久亲王神社祭，赛德克族马赫坡社首领莫耶鲁道串联赛德克雾社6个部落举行起义杀死日本人134名，重伤26人。事后，日军违反国际法施放糜烂性毒气，烧村屠杀。最后6个部落仅剩老弱妇孺200多人，被迫迁离世居的山区。这是日本侵略者对原住民最大的一次镇压。

1937年，日本对华发动全面战争。鉴于台湾岛内形势，不少爱国

---

① 张海鹏、陶文钊：《台湾史稿》，凤凰出版社，2012，第195 - 196页。
② 同上书，第219页。

台胞奔赴祖国继续投入抗日战斗。台湾人民在 50 年的抗日斗争中有 65 万多人壮烈牺牲。

二、殖民统治日本总督集权于一身

日据台湾后成立总督府，设总督，实行殖民统治。先后共有 19 任总督，任期最长的是第五任佐久间马太，长达 10 年；最短的是第十五任，近两个月左右。日本政府曾规定总督在陆海军上、中将中遴选，第一任至第七任总督均为军人，从 1919 年第八任总督开始改由文官担任，连续九任。1936 年侵华战争前夕又改由武官担任，直至 1945 年日本投降，共三任。在 19 任总督中武官 10 人，文官 9 人。无论是文官或武将担任总督，皆集权于一身，对台湾人民实施武装镇压，严格监控，烧杀掠夺，蹂躏民众，毁灭传统文化习俗，实行皇民化，进行殖民统治。

日本统治者在台湾建立彼此监视的"保甲制度"，17～50 岁的男子都要参加壮丁团，保甲和壮丁团均受警察节制，实施"警察政治"，使台湾民众日常生活、社会活动都处于警方严控之下。警察以日本人为主，台湾人只能作下级"辅佐"。

人力资源是最宝贵的资源。日本统治者强迫台湾壮丁补充兵源。1941 年实施陆海军志愿兵制度，作为皇民化的重大项目，第十八任总督长谷川清说这是"授予岛人崇高的大任"，先后七次征集 3 600 多名原住民成立"高砂义勇军"赴东南亚作战[①]。1937—1945 年，日军强迫 20 多万台湾青壮年参加军队，近 6 万人战死、失踪，还以卑劣的手段威逼强迫 2 000 名台湾妇女为慰安妇，成为性奴隶。

在第七任总督期间，台湾日军开始设司令，先后共 19 任，第一任

---

① 张海鹏、陶文钊：《台湾史稿》，第 267 页。

和十九任司令均兼任台湾总督。1937 年，日本发动侵华战争后，驻台日军几改番号开赴大陆参与攻打上海、武汉，1940 年扩充为 48 师团，南下执行侵略政策，攻占海南岛、菲律宾、印度尼西亚等地。值得注意的是第十九任总督陆军大将安滕利吉在日本败局已定的情况下，征抓台湾青壮年扩建拥有几个师团兵力的第十方面军企图顽抗。1945 年 8 月 14 日，日本决定投降并通知日占区于 15 日在媒体上宣布天皇的投降诏书，但在安滕利吉的授意下，台湾晚了一天才见报。随后日本人小野尊召开了"草山会议"，提出安滕利吉要"台湾独立"的阴谋，妄想螳臂当车。他在 10 月 25 日签字投降后被关押在上海拘留所，1946 年 4 月 19 日服毒自杀，罪有应得。

三、皇民化梦想切断台湾人民的脐带

皇民化的目的是妄想隔绝台湾人民和中华民族的骨肉关系，使台湾人变成日本人。1936 年第十七任台湾总督宣布治台重点是"皇民化、工业化，南进基地"，为日本扩大侵略战争服务。

皇民化是早期同化政策的延续和强化，先从文化教育入手。1895 年在目前士林国小校址开办"芝山岩学堂"招收 17～27 岁的青年入学，学日语讲日语，毕业时穿和服。1922 年改台湾学制为日本学制，公立学校学生穿统一制定的服装，每天朝会唱日本国歌，升日本国旗，向东方鞠躬，灌输对日本的认同。1922 年将汉语课改为选修课，1937 年取消汉语课，要学生讲日语，同时奖励讲日语的家庭，停止报刊上的汉文栏目[①]，企图从语言上摧毁中华文化。1937 年中日战争爆发后，台湾进入战时体制，天皇生日及各种节庆活动，学生要列队到神社祈祷皇军胜利，中学增加战备训练内容，体育课增加刺枪术、剑道等，

----

① 张海鹏、陶文钊：《台湾史稿》，第 232 - 233 页。

慰问军人。在文化上，即便是民间的布袋戏也要穿和服、讲日本话、拿武士刀、演日本故事，才能准许演出。

在风俗习惯上也强制推行日本化。1908 年废止阴历，但民众依旧过阴历年，1940 年日本殖民统治者规定从阴历新年起进行五天的劳动周，强迫民众劳动。1936 年拆除寺庙神像，烧毁祖先牌位，禁止汉民族婚丧嫁娶和传统节日的习俗①。同时大建神社，中学生要参拜神社，每家要供奉"神宫大麻"。

推行皇民化最后一步是强迫台湾人改为日本姓氏，如姓陈的改为颖川，姓黄的改为江夏②。李登辉一家改姓岩里，父亲李金龙改名岩里龙男，儿子李登钦改名岩里武则（1942 年参加日本陆军特别志愿兵，在左营海军基地，后战死在马尼拉，作为"海军上等兵"放在日本靖国神社），李登辉改名岩里政男，1944 年是日军高射炮部队的少尉。强迫改姓氏的做法是妄想切断台湾同胞与中华民族的血缘关系，引起台湾民众的反对，有人坚持不改，维护民族的传承。

凡此种种，日本殖民统治者妄图从语言、文化、教育、习俗等各个方面切断台湾同胞和中华民族的血肉关系，把台湾人变成日本人。与此同时，鼓励日本人移民台湾，在原住民山区建立移民村，如花莲吉野移民村即现在的吉安、太昌、庆丰等村落。掠夺山区资源，推行日本"文明"同化原住民，妄想使原住民成为纯正的日本人③。1945 年台湾光复时，台湾 600 万人中有日本移民 30 万人。

四、剥夺台胞民生满足日本需求

台湾是祖国宝岛，北回归线横穿中部，四季如春，资源物产丰富，

---

① 张海鹏、陶文钊：《台湾史稿》，第 229 页。
② 同上书，第 234 页。
③ 同上书，第 219 页。

有"粮仓""糖库""绿岛"之誉。但在日据初期以"工业日本,农业台湾"的政策掠夺台湾农林资源、物产,使台湾沦为日本农产品供应基地;后期实施"皇民化、工业化,南进基地"的政策,"农业台湾"转变为"工业台湾",成了"南进之翼",被日本殖民统治者拖入灾难的深渊。

台湾农业经济学家毛育刚先生深刻指出殖民地农业的性质,"以满足其宗主国的要求为最基本的原则",其特点是"资源掠夺性""宗主国绝对优先性""排斥竞争性产业"[①]。这是了解日本殖民统治时期对台湾农业所作所为的根本立足点。

(一)掠夺土地森林资源

"农业台湾"。首先于1898—1904年进行所谓土地调查,结果是66.4%的台湾土地变成台湾总督府的官有地,4.8%的土地被日本企业和日本移民强行以低价收购,两者合计占台湾土地的71.2%,有20.4%的耕地被日资企业及日本移民占有[②]。其次是提高地租剥削农民。剥夺土地、提高田赋,使台湾农民丧失生产的基本来源和生计,但日本殖民当局经济利益成倍增长。

1910—1914年,开展所谓森林资源调查。1925年全岛90%的林地被台湾总督府划为官有林,为日本人所占有[③]。20世纪初,修建窄轨蒸汽小火车开进山区,砍伐木材,破坏林相,疯狂掠夺林业资源。现在阿里山观光用的小火车就是1912年日本人为伐运阿里山红桧而修建的。

(二)"发展"米糖业

19世纪日本农业经济以茶、蚕丝为骨干[④]。日据台湾后,修水利、

---

① 毛育刚:《农业发展》,1992。
② 张海鹏、陶文钊:《台湾史稿》,凤凰出版社,2012,第281页。
③ 同上。
④ 《台湾乡间小路》,1996.2,第45页。

建化肥厂、发展米糖业，以补充其不足。

　　清末台湾糖业已有一定的基础。1876 年世界食糖严重不足而台湾增产，1880 年台湾年产糖 7.3 万吨，出口 6.4 万吨。日本仅能生产 80 万吨糖，但年需要量为 400 万吨，供不应求，80％需要进口，花费 3 000万日元①。日据台湾后，修水利，扩大灌溉面积，奖励种植甘蔗，引进日本企业占有农田兴办糖厂，使日本制糖企业从蔗糖原料生产、购买、加工到出口，进行全面垄断，满足日本的需求。具体措施如：由日本东京帝国大学毕业的八田与一规划设计的乌山头水库嘉南大圳工程于 1920 年施工，1930 年完工，增加灌溉面积 15 万公顷。八田与一在二战期间被派往菲律宾的途中船被炸沉葬身太平洋。在日本强制低价购买台湾民间土地 16 万甲中，日资六大糖业企业占有近 12 万甲，达 75％；1901 年开始在高雄建桥头糖厂。糖厂通过日本警察强迫低价收购甘蔗，剥削农民利益而引发二林蔗农流血事件。1932 年在过去建立的甘蔗试作场的基础上成立台湾糖业试验所，加强研发提高蔗糖产量。1925 年台湾年产蔗糖 800 万吨，其中 82％输往日本，直至第二次大战前，以满足日本需要。

　　由于灌溉条件改善，特别是第一次世界大战后，日本发展工业需要粮食，稻米价格上扬，农民愿意种稻，影响了甘蔗的种植面积。台湾原种籼稻，日据后为适合日本人对粳稻的爱好，于 1922 年从日本引进粳稻，日本警察强迫农民种植②③。同时选育适合台湾栽培的粳稻品种，于 1936 年正式命名为台中 65 号④。由此粳稻面积不断上升，直至 1945 年日本战败时粳稻面积占台湾水稻种植面积的 52.5％⑤。

---

① 毛育刚：《农业发展》，1992，第 47 页。
② 《台湾农家要览·农作篇（一）》。
③ 毛育刚：《农业发展》，1992。
④ 《台湾农家要览·农作篇（一）》，第 39 页。
⑤ 毛育刚：《农业发展》，1992。

台湾稻米的发展并没有给台湾民众带来幸福。1938 年台湾糙米产量达 140 万吨①，1939—1945 年，台湾农业生产遭到破坏，年增长率为－12.3%②。在农业生产下降的情况下，日本政府不管台湾人民的死活，从 1939 年起，规定每年向日本供应 500 万吨稻米，超过台湾稻米生产量的 50%。在台湾岛内则实行"米谷制度"，台湾人每人每天配给 0.17 升。至日本投降时，台湾许多农产品生产量已跌至 1910—1920 年的水平。原是粮库的台湾，人民吃不上大米，只能依靠甘薯充饥③。

（三）农民觉醒，组织起来进行抗争

有压迫就有反抗。日本统治者与财团勾结办糖厂，划定原料采购区，在日警压迫下低价收购蔗农生产的甘蔗，引起蔗农的强烈反抗，1925 年在李应章领导下于二林成立"二林蔗农组合"，带领 1 000 多名蔗农与制糖会社谈判，提出甘蔗收购价由糖厂与蔗农共同商定，未获结果。糖厂在警察的支持下，强行收割甘蔗，农民揭竿而起，举起锄头与之抗争，发生流血事件。事后李应章被捕，这是日据时期台湾第一次农民运动。通过这次斗争使农民认识到，要组织起来才能捍卫自己的生存权利。此后简吉联络凤山、大甲、曾文、竹畸等农民组合，在凤山成立全岛性的台湾农民组合，为争取活命而抗争，参加者达 3 万余人。1929 年遭到日本总督府的镇压，简吉等 13 名骨干被捕入狱，台湾农民一直处于被压迫的底层。2010 年 9 月台湾交通大学成立"简吉与台湾农民运动研究室"，希望整理回顾研究台湾农民运动的历史。

---

① 《台湾农家要览·农作篇（一）》，第 38 页。
② 靳晋、曾晓光：《台湾农业发展及其科学技术》，北京农业大学出版社，1992，第 48 页。
③ 毛育刚：《农业发展》，1992，第 52、54 页。

五、祖国统一优势互补　共同发展造福两岸民众

台湾光复后努力发展稻米产业，满足民生，发展糖业，砂糖出口创汇，发展农产品加工业，使农产品增值外销，以农业积累资金发展工业，曾成为亚洲四小龙之一。此后农业在 GDP 中的比重不断下降。

目前台湾粮食自给率在 30% 左右，其中稻米、蔬菜、水果、水产品可以自给；畜产品（猪肉禽蛋）依靠进口饲料可以自给；小麦、牛肉则完全依靠进口；设定到 2020 年粮食自给率达 40%。

在"以农业培育工业"到"以工补农"的过程中，扩大了城乡差别，农业萎缩影响农业农村发展。

台湾农业发展中的短板：一是资源有限，台湾山区、山坡地占2/3强，平原占1/3弱，农户平均耕地 1 公顷左右。特别是农发条例修改后，开放农地市场和分割下限，使耕地细碎化，很难发挥规模效益，台湾当局采取增加老农津贴、推行"小地主、大佃户"政策，成立土地银行，鼓励农民租农田，扩大经营规模。但土地是农民的命根子，特别是老农不愿意放弃祖上的基业，效果并不显著。再说水资源，台湾雨量充足，但分布不均，无台风则无雨，有台风往往暴雨成灾，台湾又是多震区，易发生泥石流等自然灾害。加之河流短陡，不少淡水流入大海，靠水库维持民生工农用水，在种早稻时农业用水往往让路，影响耕作。二是缺乏市场竞争力，台湾糖业兴衰足以说明。台糖由出口转变为进口，糖厂由兴建到关闭，台糖公司被迫转型，台湾糖业风光不再。三是地域局限性，台湾地处亚热带和热带，许多温带农产品可在高海拔山区种植，但量少，小麦完全依靠进口。夏季高温引发蔬菜季节性的短缺。四是农民老年化，平均年龄 61 岁左右，农村青少年离农，加剧农村老年化的严重性。五是贫富不均，城乡差异加大，现代化的城市，高楼大厦车水马龙，但农村凋敝，没有吸引力。台湾已

实施农村再生计划,希望从下而上,依靠民众建设美丽的农村社区,时间尚短,效果有待观察。这些短板有的通过工作可以克服,有的是自然界的造化难以化解。

在农业发展过程中,台湾运用技术的研发与推广,依靠供需关系,通过经济手段,调整产业结构,多元化营销,辅导农民组织互助合作,发挥农业的多功能性,发展农业现代化,积累了一定的经验。农村物质生产和文化传承相互结合,出现了一些好的典型社区。

大陆地域辽阔,从南到北跨越几个气候带,有广阔的市场,粮食生产连续十年增产,深化土地改革,明确新的经营主体,新技术广泛推广应用,农村教育、合作医疗、农民收入的水平不断提升,农村正深化改革,建设现代化农业。

甲午之殇已过双甲子,台湾光复也已 60 多年,思中华民族尚未统一之痛,令人感慨万千。农业是民众的衣食之源。衣食住行、油盐酱醋茶,民生所需,不可缺失。加强两岸农业交流,取长补短,共同发展,共同繁荣,造福人民,是两岸民众的共同期盼。

媚日"台独"分子李登辉^①

（2016 年 8 月）

年逾九十、装有十多只心脏动脉支架的李登辉是一个"皇民化"的背叛祖宗、背叛中华民族、背叛祖国、分裂国民党、搞"两国论"、搞"台独"、破坏祖国统一的历史罪人。

一、血　书

1895 年《马关条约》后，日本占领台湾。台湾人成为殖民地住民，没有权利和义务当日本兵，只能当军伕。1941 年 6 月，日本在台湾实施"陆军志愿兵制"，台湾总督长谷川清说"这是授予本岛人崇高的大任"，不签志愿书的被认为是"非国民"，但只录取 1 000 名。李登辉积极写血书，表示诚心实意报效皇恩的决心，被录取。1944 年 2 月 25 日台湾日文报纸《日日新闻》报道此事，标题是"血书志愿，热诚结实"，并刊登李登辉的照片，摘录如下：

"住淡水郡三芝庄小基隆地方的岩里龙男（李登辉父亲李金龙的日本名）的次子政男君（李登辉的日本名是岩里政男），今年 23 岁，现在是京都大学农学部经济科一年级学生。他先前曾提出血书表示要打败英美两敌国的热忱意志，最后终于……被录取为陆军的干部候补生，光荣入营成为学生兵。……政男君的父亲龙男先生拥有多项公职（台

---

① 这是根据手边的资料整理的一份不太完整的材料，资料来自参考消息和有关报刊，未能——注明。

湾近代史学者戚嘉林在《台湾史》书中也有影印件，李金龙是日本刑警），……对此事感到光荣与振奋。……因此年末他把拿到的陆海军恤兵金两百元，悉数交给高野郡守。当时龙男先生还说了一段话，'长男武则去年进入海军，此次第二个儿子入营陆军，兄弟俩一致成为无敌皇军的一员，这是无上光荣的事。孩子们出发时说，为了报答无垠浩荡的皇恩，愿意粉身碎骨为天皇与国家殉死'，……"

据台湾学者搜集台籍日本兵资料时发现，日本上等兵岩里武则昭和 20 年 2 月 15 日战死于马尼拉。2007 年 6 月李登辉前往靖国神社，以遗族的身份做了"升殿参拜"岩里武则。

李登辉在日本参加军官训练，接受"死间"命令。二战结束时，他是驻名古屋的日本陆军少尉军官。日本战败投降，使得李登辉黯然神伤。1946 年他从日本神奈川乘船回台湾，"觉得丧失人生方向"。回台后进入台大，直至 1949 年毕业，以农业专家身份潜伏在台湾。

二、最危险的地方最安全

1971 年李登辉参加"十分厌恶的国民党"，"对国民党没有好感，可是当了 12 年的主席"。日本保守派女作家上坂冬子在《虎口的总统——李登辉及其妻子》一书中，叙述了李登辉认为"最危险的地方就是最安全的地方"，入党是"想做点像样的事，如果不入党的话，没有资格出席重要的会议"，"我选择的是不离开体制，而在体制之中来改革，这是我的想法"，这些言论充分透露他隐蔽的目的。日本漫画家小林良则 2000 年访李，他发现"最守护日本遗产的人，竟然在台湾"。

国民党对李登辉进行过审查，但被他蒙骗过关。1969 年，李被警总带走问话，怕回不来，临走时签了几张支票交给妻子曾文慧。1978 年李已任台北市长，蒋经国大概持续三个月突访李家，看看他的日常动态。后来对李说"你风评很好，已经没有问题了"，从此再未到李家去过。李登辉在国民党内隐藏很深，他会见司马辽太郎时说"在那种政治情况下，假如对经国先生稍露了一点儿声色的话，说不定我就已经被毁灭了"。小蒋对他失去戒心而提拔他，自 1971 年参加国民党后青云直上，直到小蒋去世，1988 年任台湾地区领导人和国民党主席。李登辉长期潜伏等待时机，窃取党政大权，分裂国民党，搞"去中国化"，放纵、支持"台独"势力猖狂活动，破坏两岸统一。

三、三封公开信，被民众唾弃

1995 年李登辉不顾党内反对，竞选台湾地区领导人。为此国民党副主席林洋港和郝伯村发表《致全体国民党员的公开信》，标题是"李登辉台独心迹昭然若揭"。公开信主要列举李的罪行："……本党在李登辉先生主导下逐渐走入歧途，……民国 82 年 10 月 2 日李先生公开表示'现在已经没有中国国民党了'，民国 83 年 5 月……，李先生与司马辽太郎的对话，李先生宣称本党是外来政权……稍早他在接见民进党人士时附和'台独'的主张并对篡改国号之说，答'不要急，慢慢来'，毁党叛国之心昭然若揭，是可忍孰不可忍。凡我同志宜挺身而出了，……台澎金马的安全，海峡两岸的和平，全中国的希望皆受此次选举的牵动。"很快，公开信发表不到一周，国民党撤销林、郝两人的党籍。国民党遭到了分裂，李登辉的面目逐渐暴露在光天化日之下。这是第一封公开信。

宋楚瑜助李登辉掌握台湾大权有功，但宋为台湾省主席则被视为威胁。1997 年，国民党第 15 次全代会改选中委，宋对修宪、冻省有异议，赴美缺席，但仍以第一高票当选中委，报刊非但只字未提，反而被开除出国民党，造成国民党再一次分裂，严重影响 2000 年的选情，又借所谓"兴票案"打击宋楚瑜，最后三位候选人得票率分别是：陈水扁 39.3%，宋楚瑜 36.84%，连战 23.1%，国民党大败。李登辉达到他打宋弃连保扁，使民进党夺得政权的目的。李登辉在《亚洲的智略》一书中写到，"代表台湾人的陈水扁以微弱的票数（比宋楚瑜多31万张票）击败外来政权候选人是'天意'，感到欣慰"。

李主政台湾，大权在握，几次"修宪"，反复无常，排除异己，黑金政治盛行，大搞"去中国化"，反对"外来政权"，支持民进党搞"台独"，引起群众的憎恶。2000年大选失败后，在群众连续五天抗议下，李登辉被迫于3月24日离开国民党主席的位置，5月卸任台湾地区领导人。5月27日他以镇民身份出席桃源县大溪社区运动会时，被70岁已退休的台湾警备总部前首席检察官史力行老人从颈部洒下150毫升的墨汁，李的白色休闲服顿时变色。史力行随即发表公开信：……12年来，李登辉祸国殃民，弄得海峡两岸剑拔弩张，六次修宪……使政权拱手让人，却恬不知耻地高喊"和平转移政权"，黑金泛滥，制度破坏，金融风暴，伦理丧尽，最后挑起族群情绪……李登辉是腐败的制造者……他的祸国毁党的罪行应向国人、党员公开认罪道歉。这是第二封公开信。

李登辉攻击国民党，支持"台独"公开化。2000年9月为台联党提名立委候选人站台助选。国民党要求他停止伤害国民党的言行，并可自行退党，但李登辉的反应是"要杀头随便你"。后来李参加台联党成立大会并致词，成为"台独"精神领袖，致使国民党于2001年10月发表《给全党公开信》，撤销李的党籍。科学家吴大猷先生曾说，蒋经国选错了接班人。李登辉最终被台湾人民唾弃。这是第三封公开信。

四、"两国论"

2016年民进党赢得台湾地区选举，蔡英文登上台湾地区领导人的宝座。李登辉过去说"生为台湾人的悲哀"立马改口为"生为台湾人的幸福"，公开透露"两国论"是从日本外交官那里得到的灵感和建议。

1999 年 7 月李登辉接受德国电视台采访，说两岸关系"至少是特殊的国与国关系"，引起轩然大波。他认为"此事愈闹愈好，对以后谁来做'总统'都是非常好的事情"，为 2000 年"台独"上台埋下伏笔。

梳理"两国论"出台的脉络，1994 年台湾陆委会会议闭幕时发表《台湾两岸关系说明书》，把两岸关系定位于"一个中国两个对等的政治实体"，"一个中国是历史上、地理上、文化上、血缘上的中国"。年终在国民党检讨会"挑战与重生"的演讲和第二次改组国统会上，李都强调"过去是一个中国，现在正处于两岸分治分裂的现实"，"两岸平等参加国际组织"。1999 年由日本学者根据访李记录写成的《台湾的主张》一书记录了"两国论"，这本书在日本发行时有 1 500 多名各界人士参加，当时民进党候选人陈水扁解读说"日本人对我们有信心，我们怎能对自己没有信心"。《东京时报》一语点破"李登辉'两国论'源自日本"。

日本外务省解密文件中记载，1961 年 7 月日本外相小坂善太郎对前首相岸信介表达台湾和中共同时保有联合国席位的看法，岸信介表示只有"两个中国"的方式才可以解决两岸问题。1966 年，日本特使川岛正次郎访问巴基斯坦，表示事实上"中国有两个"。1971 年，新中国进入联合国，台湾被逐出，"两个中国"的阴谋遭到挫败。

日本资深的政治记者本泽三郎撰写《日本政界的"台湾帮"》一书，介绍日本政界台湾帮，大多数是山口县和山梨县人，始祖是岸信介，在山口县有岸信介、佐藤荣作、安倍晋太郎等人，山梨县是金丸信的老家。安倍晋三是安倍晋太郎的儿子，岸信介的外孙，出身右翼政治世家。

为策划"两国论"，李登辉秘密组织由日本人、美国人并吸收蔡英文参加的"明德专案"。在日本起核心作用的是参议员椎名素夫，椎名素夫是台湾帮实力人物岸信介的亲信椎名悦三郎的儿子，是右翼二代议员。这些台湾帮政治人物的"第二代议员比其父辈有过之而无不及",这就是李登辉"两国论"灵感之源。

台湾帮"亲台"是要回报的,除政治方面外,在经济上,山口县对台湾的贸易也很活跃。台湾对日贸易高额逆差,使日得利。2004年,台湾联合报曾透露,是李登辉促成台湾高铁从欧系改日系,被判赔25亿元,岩里政男怀古之行的"买路钱"委实高得令人不寒而栗。

五、叛国媚日情节

日本侵台五十年,残酷的镇压、掠夺,使台湾人民生活在水深火热之中。第十七任总督小林跻造(1936—1940)提出"皇民化、工业化、南进"三政策为治台的重点。"皇民化"企图变台湾人为日本人,鼓励"从心里热望成为日本人",从生活、文化、习俗等一切日化,妄想消灭台湾人民的中华民族传统文化和意识,改日姓、讲日语的家庭享受日侨待遇,直到1944年估计改姓氏的台湾人不会超过7%。但李登辉一家属于这7%之内,"一门忠烈",父子先后当了日本警察、海军士兵、陆军军官,为"祖国"而战。

忘本不忘自己是鬼子兵。李登辉回台湾后先以专家身份隐藏在农业界,再逐步进入政界。他念念不忘自己当"皇军""光辉"的历史和使命,背叛中华民族。2001年4月,他以检查身体为名到日本,一到大阪就津津乐道自己22岁前是日本人,对他影响最大的是接受日本教育,以在家讲日本话而自豪。2004年李又赴日本,刚抵达名古屋,即自称是在千叶高射炮军校受训的皇军少尉、日本国民。日本"李登辉之友会"刊登了他穿日本武士装、挎日本军刀,旁边还有两个陪侍武士的照片。在会见台湾记者时,竟用日语回答提问,忘记自己是中国人。他在2015年出版的《新·台湾主张》中说70年前日本和台湾是一个国家,他本人以"日本人的身份为祖国奋斗","不存在台湾与日本打仗"，"所谓慰安妇问题已处理完"等。他多次提出继续要日本为侵华战争道歉"太过分"，"过去的旧事不必要反复重提"，赞扬日本殖民统治是"台湾现代化的启蒙者"，而"台湾是攸关日本生存命脉的屏障"，以讨好日本。

妄称台湾地位未定，维持现状搞"台独"。1951年，英美等国在旧金山签署对日和约，违反《开罗宣言》明确宣示的"使日本所窃取于中国之领土，例如东北等省、台湾、澎湖群岛等归还中华民国"，而是"日本放弃台湾及澎湖列岛的一切权利……"。讲"放弃"而未讲"归还"，因而产生台湾地位未定的谬论。李登辉抓住这根稻草说"台湾不属于中国"，进而表示维持现状就是"台湾独立的状态"，剥去了谢长廷、蔡英文维持现状、搞"台独"的伪装。

妄称钓鱼岛不属于台湾，批评游锡堃把钓鱼岛列入宜兰县头城镇管辖"再也没有比这更愚蠢的事"。李曾出动军舰阻扰台渔民去捕鱼，他在处理钓鱼岛渔业纠纷时，以日本统治时期台湾总督府的管辖权作为依据，丧失钓鱼岛的主权。

以日本文化为精神食粮。李登辉亲日媚日成为"台独"教父，习惯地接受日本思想文化信息是他的必修课。他访问新加坡时，对李光耀先生说，他每天必读日本四大主体报章，收看日本广播协会电视节目，李光耀在回忆录中说李登辉深深沉浸于日本历史和文化之中，并且自以日本栽培出来的精英看待中国的一切。

日本漫画家小林良则及一些访李记者发现最守护日本遗产的人竟然在台湾，全世界很难找到第二个曾经是被统治者，却对过去的统治者大为赞许的人。

台湾一位资深的外交官感慨地说李登辉内心比现在的日本人更加日本。

"皇民化"是日本人想使台湾人变为日本人。在日本人眼里，"变"为"皇民化"的人仍然是中国人，不是真正的日本人，不过是另类中国人而已，为日本右翼政客豢养利用。这是李登辉真正的悲哀。

台湾作家琼瑶写过一篇充满感情的文字——《写在台湾"大选"之后》，她写道"亲爱的朋友啊！从何时开始长江、黄河、青海、长城、喜马拉雅山……都不再是我们的骄傲了？唐宋元明都不再是我们的历史了？我真的陷进无法自拔的痛楚里……无论是台湾人，还是外省人，我们都有相同的皮肤，相同的历史，相同的血缘，相同的故乡，一个否定故乡的人，也是否决祖先父母的人，我们不要这样吧！"这表达了台湾人民祈求两岸和平共处、祖国统一、国家强盛的强烈愿望。这是两岸人民共同的目标，也是对"台独"的批判。

第二篇
农业改革与农村建设

台湾第一个反哺农业的"措施"①

(2006 年 1 月)

一、背　　景

台湾光复后，1946—1952 年农业处于恢复时期，实行土改，大多数农民成为自耕农；组建农会、渔会、农业合作社、农田水利会等农民团体，尤其是以乡镇为单位成立的农会，为农民提供技术、供销、金融信贷、生活指导和培训等多方面服务，效果显著。

农民有了土地，生产情绪很高，农业生产增长率达 13%；农产品出口占岛内出口总值的 95.5%；1952 年农业生产已恢复到战前最高水平；1954 年农家人均所得为非农家人均所得的 75%。但由于执行"以农业培育工业"的政策，转移农业资金发展工业，农业受到挤压，致使以后的农业增长缓慢，走下坡路；农业税赋过重，远超出单位面积的生产增长率。估计 1952—1968 年的 17 年间，由于实行田赋征实，共转移资金达 68.7 亿新台币，以 1968 年最高，达 7.1 亿新台币。在 1963 年以前，每年通过"隐藏谷税"——肥料换谷制度，由农业转移的资金大于同年台湾所得税之总和。估计 1952—1969 年之间，台湾农业部门年均提供新台币 52 亿元资金，约占岛内资本形成的 33%；每

---

① 本文主要参考资料有：台湾当局"经济部""农业发展委员会"1980 年编印的《加强农村建设重要措施执行总报告》，毛育刚 1992 年所著《农业发展》，毛育刚 1995 年所著《农业、农地、农家》，《台湾农业》28 卷第 1、2 期，1995 年出版的《台湾农家要览·综合篇》。

年还提供 1.8 亿美元外汇，是进口工业原料及设备费用的 1/2。此外，农民收入增多，储蓄增加，1952—1968 年，年均农业储蓄达 47 亿新台币，其中 25 亿投入工业，农业成为发展工业的基础。

由于资金转向工业，工业快速发展。20 世纪 60 年代起，台湾工业在经济中的比重逐渐超过农业；20 世纪 60 年代后期，台湾经济已由农业为主转变为以工业为主。农业增长率由 1945—1952 年年底的 13％下降为 1953—1970 年的 4.9％，1975—1978 年只有 2.2％。台湾经济上升，但社会财富并未为大家所分享，农民收入偏少。农家人均所得占非农家人均所得的比重 1954 年为 75％，1966 年下降为 70％，1968 年为 58％。农业资源外流，投入不足，成本增加，农业经营报酬下降，农民收入偏低。小农经济固有的矛盾——经营规模小、生产率低、产销不畅等更加突出。农民逐渐丧失增产的兴趣，农业也失去主角地位，农业经营面临严峻局面，但又不可能没有农业，因此农业成为必须受到保护的产业。

农业衰微，迫使台湾当局调整政策。1969 年台湾当局出台"农业政策检讨纲要"，提出增加农业投入和推行农业机械化。1970 年国民党十二届二中全会通过的"现阶段农村经济建设纲领"提出，"农业增产，提高运销效率；增加农业利润，提高农民所得；治灾防洪和合理利用水土资源"，但效果并不显著。1962—1972 年台湾第五期四年经济发展计划期间，农业年均增长率为 2.16％，1972 年农家所得为非农家所得的 66％。当时岛内工商业不景气，人员回流农村，而农民所得偏低，社会不稳定，农村问题更为突出。因此，不得不从"以农业发展工业"转向"工业反哺农业"，以求工农均衡发展。

二、内容和结果

1972 年 9 月台湾当局宣布实施"加速农村建设九项重要措施"

（以下简称"措施"），1973 年执行至 1979 年 6 月止共六年半。这是台湾第一个支农的综合计划。

"加速农村建设九项重要措施"共九部分：①废除肥料换谷制度；②取消田赋附征教育税；③放宽农贷条件；④改革农产运销；⑤加强农村公共投资；⑥加速推广综合技术栽培；⑦设立农业生产专业区；⑧加强农业科研推广工作；⑨鼓励在农村设立工厂。这九项措施可概括为四个方面：①增加投入，减轻税负；②依靠科技发展农业生产，调整农村产业结构；③改进农产运销；④加强农村公共建设和农田基本建设。其目的在于"增进农业生产、提高农家所得、改善农民生活"。"措施"共执行 1 694 个子计划。在实施期间，台湾当局提出 1975—1981 年"经济建设六年计划"，要求 1981 年达到农民每人所得为非农民每人所得的 70%。

1. 投入与减负　投入分两部分：一是拨款补助，二是贷款。

（1）拨款及分配。1973—1979 年 6 月，六年半共拨款 173 亿多新台币（台湾当局拨补助款 116.1 亿新台币，各级地方政府配合款 57 亿新台币），平均每年拨款 26.7 亿，约为同期农业年均总产值 1 345.6 亿新台币的 2%，拨款补助分配见表 2-1。

表 2-1　拨款补助分配表

项　　目	拨款数（亿新台币）
1. 依靠科技发展生产	47.99
其中：促进农业增产及加强专业区	31.45
加强农业试验及推广	10.97
推行农业机械化	5.40
在农村设立工厂	0.15
2. 加强农村公共建设及农田基本建设	36.57
其中：水利建设与水资源规划	13.66
山坡地等边际土地开发	10.78
改善环境卫生	5.96
农村产业道路	3.91

(续)

项　　目	拨款数（亿新台币）
防风林	2.25
3. 改进农产运销及发展食品加工	6.71
4. 农业灌溉用电补助及农贷利息补贴	3.08
5. 专案计划	74.98
6. 用于金门、马祖的建设	3.71

表 2-1 表明，除专案计划外，用于发展生产的拨款占资金使用的第一位。在促进农业增产及加强专业区的计划中，稻米生产改进项目占该计划款的 1/3，表明对稻米增产的重视。改善农村条件和农田基本建设的拨款占第二位。

（2）农贷。农贷资金来源于行政部门的政策性贷款和农业行库农会资金。发放农贷一方面可减轻财政负担，另一方面可以培养提高农民经营管理意识。六年半共发放各种农业贷款 280 亿新台币（详见表2-2），大于补助拨款。

表 2-2　各种农贷及回收情况表

单位：亿新台币

计划名称（1973.1－1979.6）	贷款累计	还款累计
加速农村建设贷款计划	45.04	22.39
农机化贷款	41.00	19.56
近海及养殖渔业生产周转计划	0.71	0.04
统一农贷计划	193.07	143.52
辅导渔贷计划	0.18	0.06
合计	280.00	189.59

贷款的还贷比例达 66%，其中统一农贷还贷率最高达 74.33%。统一农贷还辅导 267 个农会信用部办理贷款，补助 19 个营运不良的农会信用部改善贷款工作。

统一农贷是农复会经过"试验农贷""示范农贷计划"及"辅导农

贷计划"三个阶段，积累经验后于 1960 年开始实施的，截至 1985 年，前后达 20 多年。

首先，明确贷款对象是农民，贷款用于农副业生产。其次，规定农会推广部门必须与农会信用部配合，利用贷款和技术推广相结合，发挥农会服务功能，辅导农民用好贷款，增产增收，按期还贷，使贷款资金流动使用。第三，贷款数量、还贷期限及方式均考虑农业特点和农民经济能力，由信用部、推广部和借贷农民商定方案。第四，培育农村金融。农会信用部承办统一农贷增加自身实力。据估计，承办统一农贷的农会信用部在 1961—1977 年间，平均每个农会增加自有资本 250 万新台币。农会有了资金，加强了放贷和降低利息的能力，发挥了农村金融功能。由于以上特点，统一农贷受到农民欢迎。台湾有一位农经专家称赞统一农贷无论在贷款手续、农会信用部管理、信贷与技术配合等方面，"对台湾农业的发展功不可没"。

（3）减负。台湾税赋复杂。"措施"主要涉及减少农民交纳的税和取消"隐藏谷税"。这项措施被称为"农业制度改革"。

降低农业税赋有：①从 1972 年起取消田赋附征教育税；②降低田赋征实标准，简化手续，免征 1977 年、1978 年两年的第二期田赋；③减免农用房屋税、免征营业税及印花税；④降低农用机械进口税等。

取消"隐藏谷税"即废除肥料换谷制度。肥料换谷制度从 1950 年起执行，1972 年 1 月废止，先后达 20 多年，是以高于市价的肥料，换取低于市价的稻谷的配销制度。在执行过程中，肥料和稻谷的比例虽有调整，但高出低进的情况未改变。这是变相的税赋，农民吃亏。在稻谷和化肥供应不缺的情况下，才停止这一政策。农民种稻可以全额贷款购买肥料，以现金或稻谷还贷。

1987 年国民党中常会通过"现阶段加强农村建设政策纲要"，第十条"废除田赋"，同年实施。

2. 依靠科技发展生产　依靠科技发展生产方面主要包括：推广综

合栽培及饲养技术、设立农业生产专业区、推行农业机械化、加强农业科研推广、鼓励在农村建工厂等计划。

（1）推广综合栽培、饲养技术。以稻米生产和生猪饲养为例分述于后。

稻米增产以自给有余为目标。1976年稻米产量达高峰，当年收购稻谷64万吨，从此鼓励农民改种其他作物，以免过剩。水稻生产所采取的主要措施有：

——示范。在116个乡镇示范推广综合栽培技术，示范区的单产比对照增产15％，纯收益增加20％。

——建育苗中心。1973年起辅导160个乡镇设立水稻育苗中心447处，每处供应200公顷稻田的秧苗。育苗中心专业化经营，由行政部门补助1/5的经费，以普及良种和机插。

——设立现代农业实验区。1973—1975年在云林、台南分别建立65公顷的稻作实验区，探索现代农业经营的经验。如通过共同作业扩大规模效益；提高机械作业水平；提高单产和稻谷品质；办理稻米无息生产贷款；使实验区内技术、供销、金融等要素相互配合；组织剩余劳动力发展副业等。台湾中兴大学农经所对实验区进行经济分析后，认为"确具经济成效"。

——建立病虫测报制度。每县按地形、栽培制度、面积大小划分若干测报小区，每一小区包括3~7个乡不等，由区农业改良场派1名技术员为测报员，每10天巡回调查一次并上报，根据测报组织防治。1976年组织286个农药代喷队，1978年增加为650个，并实施空中喷洒农药，同时推行无偿水稻种子消毒和大面积共同防治。

——推行机械化。推行稻作机械化作业，如整地、插秧、排灌、烘干、病虫防治等。

——建仓库。补助100个农会更新稻米加工设备，提高碾米率，同时兴建稻米仓库。

——价格。制定稻谷最低收购价。畜牧业以猪、牛、家禽为主，技术措施以品种改良、科学饲养、疾病防治为主，配合农贷及农产运销，以建立专业区的方式在农村推动。六年半共执行 125 个具体计划。

——建立专业区。建立毛猪专业区 86 处，饲养 54 万头猪，参加农户 5 280 户，分布在 67 个乡镇。建立酪农专业区 22 处，饲养奶牛 7 300 头，参加农户 474 户，平均每户饲养 15.4 头，较 1972 年增加 2.56 倍。

——推广良种和防疫。1975 年成立种猪检定站，每年以竞标的方式出售符合国际标准的优良公猪，推广良种，同时推行人工授精，改良猪群品质。加强猪舍消毒，充实各县家畜疾病防治所设备，提高防治能力。

——推广奶牛饲养模式。研究饲料配方及牧草贮存利用。实施乳牛登记制度，由测乳员每月到酪农家抽测每头泌乳牛产奶量及乳脂率，供酪农淘汰低产牛作参考。进口冷冻精液，推广人工授精，改良牛群。扶助省、县农会办乳品加工厂，解决冬季鲜奶过剩和扩大乳品生产。

（2）设立农业生产专业区。在生产集中的地区，以成立专业区的方式完善公共设施，施行共同作业和运销，推进综合经营以达到降低成本、提高生产、农民增收的示范目的。六年半期间共建立农作物、林业和畜牧业等三个方面 13 类 213 个专业区。

专业区工作内容相似，以蔬菜专业区为例简介如下：

——设立和组织。在周年生产蔬菜、土地集中、面积不少于 20 公顷的农村设蔬菜专业区。专业区成立菜农产销组织。

——建立蔬菜生产基金。每个产销组织由台湾当局补助 8 万元新台币建立蔬菜生产基金。由区农业改良场、乡镇农会及产销组织派人组成管委会，负责管理。菜农可贷用基金购买生产资料，出售蔬菜后归还。贷款酌收利息及手续费。回收后的贷款、利息和基金一起滚动存贷。

——发展共同作业。例如共同采购生产资料、利用大型农机具、共同采用技术操作规程、共同防治病虫害、共同运销等。在不改变农地所有制的情况下，发挥专业区的规模效益，沟通产销计划，提高效益。

——建设公共设施。如排灌设施、道路、集货场、冷库等。修建这些设施，台湾当局补助一半费用，另一半由当地"政府"或农会、菜农担负。

——指导产销。由区农业改良场和乡镇农会负责指导产销工作。如每年由乡农会配合台湾果菜公司（销方）需要量，协助蔬菜产销组织（产方）拟定生产计划，由乡农会协助办理共同运销。

——培训农民。由乡镇农会通过示范、幻灯、讲解、印刷品等方式培训菜农，提高科技素质。

此外，有两点值得注意：①针对需要加工的农产品，帮助农会建立加工厂推行共同加工，如茶叶，在茶叶专业区支持茶农合作组织先后成立 10 个制茶厂，发展共同制茶；②推行系列服务形成农业综合生产体系。如养猪专业区，由农户分散饲养与农会提供全面系列服务（贷款—仔猪—饲养、饲料—防疫—运销）相结合，形成农家养猪体系。每户可贷款 24 万新台币，长期贷款用于建筑猪舍，短期贷款用于购买仔猪或饲料等。猪舍一律由村内迁到田间，以改善村内居住环境，同时方便防疫、管理和排泄物发酵后使用。猪舍均通卡车方便运输。

（3）推行农业机械化。这是农业现代化的重要一环。

——投入。补贴农民购买农业机械，补助标准是售价的 10％～20％，六年半补助款达 4.7 亿新台币。此外，从 1979 年起办理农机贷款，农民可以贷款买农机具，贷款年息 8.5％，贷款期限最长达 7 年。该项贷款共贷出 41 亿新台币。

——建立农机推广中心 44 处，每处有技术员 2 人，主要从事农机示范、办理代耕、农机维修保养、培训农民，并配合农机厂商开展售后服务。农机推广中心按标准设计建筑和配备设备，所需费用前三年由台湾当局拨款，从第四年起由承办农会负责全部费用。

——加强农机试验研究和改良，发展岛内农机产业。

——成果。"措施"结束时，机械化整地达 86%，机械插秧达 51%，机械收获达 35%，稻谷机械烘干达 31%，估计每年可节省 1 300多万个工作日，节约劳动成本约 20 亿新台币，30 多万农村劳动力可离农就业。

（4）农业试验研究和推广。这方面取得了好的成绩，其成果分别应用于各个项目。农业科研以农业基础研究和应用研究为主，如水稻引种、育种、推广良种和改进综合栽培技术。在以往工作的基础上，共育成长粒型高产籼稻品种 7 个和粳稻品种台农 67 号，同时推广直播和栽培技术提高二季稻产量。在基础研究方面注意改进稻米品质的研究和分析。

生猪饲养主要是建立核心猪群、引种、推广人工授精，改良生猪的品质，同时注意防疫、改建猪舍、集中饲养等，均取得好的效果。

推广奶牛饲养模式，改良牛群，使每头泌乳牛日产奶量增加 4 千克以上。

（5）在农村设立工厂。这项计划的目的在于利用当地资源，调整农村工农业比重，方便农民就业。共设立 129 家工厂，以经营农产品加工和发展当地手工艺品为主，吸纳就业人员约 10 000 人。因缺乏优惠政策，效果并不理想。

3. 改进农产运销　农产品运销是农产品收获后由产品转化为商品，进而转变为货币的过程，有产后处理技术问题，又有流通过程中的营销问题。"措施"进行以下四方面工作：

（1）建两类农产品市场，完善农产品集散体系及相应设施。

（2）推行共同运销，提高农民议价能力，降低成本，使小农与大市场对接。

（3）推行分级、包装，促进农产品标准化、规范化。

（4）建立农产品行情报导中心，沟通产销信息。

现简述于下：

——建农产品市场。首先明确农产品市场是农产品交易平台，为农民服务，不以营利为目的。市场由台湾当局、农会投资兴建。在产地协助农会兴建集货场或销售市场，并配备分级、包装、冷藏、运输等设施。例如在水产地区建鱼市场，帮助渔业者联合设立冷冻运输公司，截至 1979 年，有 80% 以上的水产品从运输到零售均有冷藏设施。在销售地建农产品批发市场 17 处，家畜市场 10 处，并在少数市场附建冷库等设施。市场作业机械化，要求清洁卫生。

——辅导农会办理共同运销。以毛猪和蔬菜共同运销为例分述如下：

1950 年农会开始办理毛猪共同运销，并设立毛猪共同运销互助金。共同运销的好处是：①通过农民组织汇集农户生产的符合规格的小量毛猪批量上市；②代表农民在市场议价，体现农民在农产品市场上的主体位置；③减少中间环节，省时间、省费用、省精力。据台湾中兴大学农经所调查，1974 年办理共同运销的乡镇，平均猪价每 100 千克比未办理共同运销的高 50 元新台币。

蔬菜于 1973 年开始办理共同运销。先培训农民分级、包装和运销知识和技术，建集货场，改善设施（包括运输车辆和容器）；帮助 11 个农会设立蔬菜互助金。当共同运销的菜价低于产地价格时，用互助金酌量补助，以稳定市场供应量。其他优点和毛猪共同运销相同。

——设立农产品行情报导中心。1974 年 8 月成立农产品行情报导中心，在主要的产销地建 13 处报导站，编印行情日报、月报、年报等，沟通产销信息。

——食品加工。重点是改进品质、卫生、安全，发展农产品加工外销；其次，推行食品工业机械化、自动化，省人工、省成本；第三，注意中式食品加工工业化的研究，以扩展内外销路；第四，利用本土资源开发食用油研究；第五，鼓励农民发展小型食品加工事业。例如，1976 年起在苗栗县公馆乡成立 8 个蔬菜产销班，设立 8 个小型榨菜加工厂，产品通过农会销往市场。后来又在嘉义、屏东等地建萝卜、辣椒加工厂，发展地方特产。

在山林地区帮助架设索道，运销竹、木，强调分段、分级、分等，制定不同的规格、价格，并帮助林业生产合作社增加所需机械。

4. 增加农村公共投入　该项内容包括：农田水利、土地规划与利用、农村产业道路、改善农村生活环境、营造防风林、修建稻米仓库及加工设施，在渔区建船坞、渔港等。农田水利占的比重较大。

——农田水利。台湾岛呈纺锤形，南北长 380 多千米，东西宽约 145 千米。中央山脉纵向将台湾分为不对称的东西两部分，年降水量 2 000 多毫米，但分布不均，因此河流短急，最长的河流为 186 千米，地表径流的利用率仅为总径流量的 18%，其余流入大海。所以兴修水利、扩大灌溉面积、加固堤防、保护农田、增加农业生产是农村公共投入的首要项目。六年半共投入 13.6 亿新台币，是投入最多的项目。首先是维护和改进现有水利设施，使之发挥效益。"措施"期间，排灌工程总数为 387 件，其中维护工程为 315 件，占绝大多数，经费预算反映相似情况。这样省投资、见效快。

——土地规划。包括农地整理和土地资源勘测规划。农地整理在于统一规划田、林、渠、路，以扩大农田经营规划，推行共同作业。农地整理的费用由政府补助 2/3，受到农民欢迎。

——兴建农村产业道路。原计划六年半新建和维护产业道路 4 000 千米，实际完成 3 000 千米，遍及各县，大大促进了农产品及农用物资的流通。新建的产业道路，县以上行政主管部门（不含县）分担 70% 费用，县分担 30%，养护产业道路的费用县和省各负担 1/2。

——改善农村环境卫生和医疗条件。1967 年以前，村里无完整的下水道系统，路面多未硬化，住房通风采光不良等。"措施"期间，首先在 280 个饮用水困难的乡村建设简易自来水或延长自来水管道，使 55 万多人得到安全的饮用水。其次，在 80 个农村社区修建下水道系统，硬化路面，改善住房条件和环境卫生。第三，在边远地区兴建标准化二层楼的卫生所 38 处，充实医疗设备，建立省立医院，派医师驻卫生所参与医疗制度的实施。与此同时，建立 4 496 户农村家庭健康档案，推动 239 个村办理卫生教育。改进农村环境卫生是一项长期的工作，从 1981 年起，台湾当局在两年内拨 200 亿新台币加强 14 项基层建设，改善农村卫生环境是其中之一，并在继续完善。

5. 结果 执行"措施"获得直接效益 115 亿多新台币，农业平均年增长率为 2.9%，高于前四年平均 2.2%的增长率，农民所得略有增加。1972 年农家所得为非农家所得的 66.5%，到 1979 年增加为 66.6%，未达到 70%的目标[①]。但在 1972—1979 年六年间，农家人均年收入与非农家人均同期所得增幅相近。1979 年农家收入中，来自农业的占 27.3%，来自非农业收入占 72.7%，后者增长很快，兼业化趋势在发展。

三、执行机制

"措施"是一项综合性计划，涉及社会诸多方面。因此需要统一规划，集中执行。"措施"宣布后，台湾当局成立由经济、财政、金融、农复会等机构高层负责人组成的"策划及推行小组"（以下简称"小组"），由台湾经济事务主管部门（属于行政单位）一把手召集，"小组"负责综合研究，协调推动。"小组"下设由农复会秘书长担任的执行秘书，实际上由农复会统一经费调度和"措施"的实施。

---

① 熊中果：《台湾农产品产销及农业发展文集》，1991。

农复会是非行政机构，成立于 1948 年，是中美联合设立的机构，全称是"中国农村复兴联合委员会"，并规定"美援"的 1/10 由农复会支配使用。农复会由于有知名学者领导，聚集大批优秀的技术专家，有人才、有技术、有能力，在台湾推动土地改革、策划组建农民组织、推广稻米增产技术和推行农贷方面做出重要贡献，替代和扩大了农业行政部门应担负的职责，受到台湾当局高层的信赖和农民的欢迎。"当时如无农复会，台湾农业不会发展如此快速"。所以，由农复会总揽"措施"的计划和执行是顺理成章的事。

农复会严格选用人员，培养人才，"绝少空降部队"，在工作中避开行政上的层层请示，层层下达，形成自己的工作原则和方式：①优先考虑农民的需要；②推行农业增产技术并求利益公平与均衡分配；③选好合作伙伴，明确双方职责，签订合作合同，共同执行；④采用试验、示范，再扩大推广的方式。

农复会依照这些原则和方法，按"措施"内容拟定实施计划，经"小组"通过后，分别与相关单位联系，由他们与农复会专家或有关专家研拟具体执行计划，报农复会，审查同意后签订合同并拨发经费执行。在执行过程中，农复会专家或有关专家参与推动。在项目结束时，对执行情况、预期效果，请专家评估，写出报告和建议。

四、值得注意的几个问题

"措施"及其执行过程中有以下几点值得探讨：

1. 从发展农业生产、提高农民所得出发，探索现代农业经营　农复会第一任主任委员蒋梦麟先生曾说过："没有生产而来分配，结果是均贫，有生产再来分配，结果是均富"①。因此，"措施"着重技术层

---

① 《台湾农业》，1992.4，28 卷第 2 期。

面,配合相应条件,发展生产力。虽然台湾兼业农户和专业农户收入中来自非农业的比重在增加,但农业政策的长远取向仍应以专业农户为主,才能真正解决农业、农村、农民问题。

"措施"不仅仅是扶持农业、帮助农民,还进一步探索由传统劳动密集型的农业转向科技密集型和企业化经营的现代农业。在不改变所有制和农户经营的情况下,综合发挥金融信贷、技术服务、农产营销、农民组织等的作用,以实验区的方式摸索经营现代农业,以求找到一条与现代工业相对应的现代农业的发展道路,工农才能均衡发展。

2. 辅导和发挥农民团体的服务作用 台湾光复后即组建农民团体。实施"措施"的过程中充分与乡镇农会合作,很多事辅导农会去做,帮助农会完善和发挥技术推广、金融信贷、农产运销、生活指导和培训等功能,为农民服务。举三例说明如下:①通过农会信用部贷放回收贷款,方便农民,又有利信贷和技术结合,用好贷款,按期回收。农会信用部有存贷业务,逐步壮大自有资金,活络农村金融,对繁荣农村经济大有裨益。②帮助农会开展共同作业。先从农产品和农用资料的供销开始,逐步扩大至生活用品,举办连锁超市。共同作业内容很广,涉及生产、生活、设施等,农民可选择参加。引导小农走互助合作的道路,这也是世界农业发展的共同经验。③通过行政全额拨款或部分补助,帮助农会修建公共设施,增强为农民服务的能力。

3. 项目配套,先维修,再新建,早见效 实施某一项目,其资金、技术、设施等配套安排,写入合同分头实施。配套既有硬件又有相应的规章制度。

在硬件方面举例如下:①在产地建集货市场,除考虑服务范围、占地面积、地面建筑、资金安排外,还配备相应的运输工具、分级包装设施和冷库等,使集货市场建成后即能运作;②鼓励农民将猪舍从村内迁出,相对集中地建在田间,与此同时,产业道路必须连通猪舍,方便饲料及毛猪运输;③采用标准设计建农机推广中心,由台湾当局补助建筑费及维修设备费，提供水稻育苗中心四种标准设计供农会选用，修建有二层楼的标准设计和设备标准的农村卫生所等。这样省时间、省成本，又科学实用。

除硬件之外还规定相关制度，如水稻育苗中心明确由农业部门辅导，专业化经营；病虫测报工作由区农业改良场派技术员担任测报员，负责测报工作；省医院派医生轮流驻乡卫生所参加医疗工作等。

在建设中，首先是维护利用已有设施，如农村产业道路先是养护现有道路再建新路。"措施"期间，养护产业道路 1 626 千米，超过新建的 1 217.8 千米。农田水利工程 80% 是维修原有的设施。项目配套，先修后建，省投资、见效快，农民得到实惠。

4. 统一规划，集中管理，签订合同，各负其责　"措施"由农复会全面规划提出草案，经"小组"审核通过后，由农复会执行，包括经费调度和具体实行措施等。使项目、经费、技术紧密有效结合，提高效率。农复会与项目执行单位或团体签订合同，明确分工和责任。这样可避免多头领导，互相扯皮。通过执行合同，也便于总结试点经验，推广到面。

为落实执行计划，农复会会同有关技术人员经常访问农户和基层农技人员，跟踪了解第一手资料。特别对基层农民团体，通过帮助、辅导、教育、合作，充分发挥其服务功能，起到别的单位不能替代的作用。

台湾"提高农民所得加强农村建设方案"简介[①]

（2006 年 2 月）

台湾当局于 1973—1979 年 6 月实施"加速农村建设九项重要措施"（以下简称"措施"）后，于 1979 年 7 月至 1982 年 6 月实施为期三年的"提高农民所得、加强农村建设方案"（以下简称"方案"）。为使和台湾"经济建设六年计划"（以下简称"计划"）后三年相吻合，将"计划"中后三年的部分项目，如兴建粮仓、农业科技发展等，连同经费 30 亿新台币，转列入"方案"，一并执行。

农村问题涉及经济、社会、生产、生活、环境等诸多因素，不可能一蹴而就。"方案"是"措施"的延续，不少内容是继续执行"措施"既定的计划，如农业科研、农业资源调查、规划和利用、农产品市场建设等，但有以下几方面值得研究。

一、目标简明

"方案"明确三年农业发展目标是：①提高农民所得，缩小农民与非农民所得差距；②加强农村福利和设施，减少农村与都市的差别；③农业持续增长，确保粮食自给有余。

---

① 本文主要参考资料有：1982 年 9 月编印的《台湾省提高农民所得加强农村建设方案执行成果总报告》，毛育刚 1995 年所著《农业、农地、农家》，1995 年出版的《台湾农家要览·农作篇（一）》。

二、加大投入，提高生产力放在首位

"方案"执行期间，台湾当局拨款 96 亿新台币，加上地方配套经费 98 亿新台币共 194 亿多，用于台湾岛内县市和澎湖（不包括台北市、高雄市和金门），大于实施"措施" 175 亿新台币的投入。在经费分配上把提高生产力放在第一位，其次是资源的调查规划和利用，详见表 2-3。

表 2-3　经费分配表

项　　目	占总经费的比例
提高农业生产力	44.6%
加强农业资源规划和利用	24.3%
改善农业经营	10.7%
加强农村福利和设施	8.8%
加强农业试验研究	3.3%
加强产销速系维持农产品合理价格	3.9%
其他	4.1%

除增加经费拨款外，还放宽贷款条件、简化手续。实施"方案"三年期间共放贷款 103 亿新台币，其中：支持农村建设贷款 17 亿多新台币，贷款期限 1～10 年不等；农机专项贷款 72 亿多新台币；购买农地贷款 13 亿多新台币。

三、从规模效益、劳动生产率入手，
提高农业生产力

增加农民所得的关键是适应市场需求发展生产，提高生产力。"方案"从提高规模效益、提高劳动生产率、改善农田基本建设和依靠科技、加强推广四个方面入手，提高农业生产力。

1. 扩大农户经营规模提高规模效益 扩大家庭农场经营规模主要采取两种方式，一是鼓励农民贷款买地，二是发展共同经营和委托经营或代耕。

贷款买地是辅导 3 公顷以下的自耕农贷款购买农地，扩大家庭农场面积。3 年中，有 4 000 多农户，贷款 13 亿多新台币，购买农地 2 500 多公顷，平均每户贷款 26.9 万新台币，购地 0.52 公顷。据统计，1980—1987 年，为鼓励农民贷款买地共提供贷款 35 亿多新台币，帮助 9 500 多农户，购买耕地 4 500 多公顷，平均每贷款农户购买耕地 0.48 公顷[①]。台湾农业经济学者认为，贷款买地扩大家庭农场规模的效果并不显著。原因是农地是农民的命根子，不愿放弃，即便外出工作，一遇风险还可回乡务农，增加保险系数，同时农业投入回报周期长、利润低、有风险，所以想买地的农民不太多，购地意愿不高。

推行共同经营及委托经营或代耕有三种形式。第一种方式是辅导全村核心农户或部分核心农户推行共同经营及委托经营。"方案"期间，由乡级农会和台糖公司辅导 7 000 多农户、6 600 多公顷农田参加的共同经营，同时接受 8 100 多农户的委托，代为经营 6 500 多公顷农田，估计农民可增收 1 亿多新台币。另外在 10 个村辅导全村核心农户共同经营及委托经营。1982 年参加的农户有 1 500 多户，农田面积达 900 多公顷，并接受其他农户委托经营或代耕。第二种方式是组织共同作业班。在 16 个县市的扩大水田经营推广区组织稻农共同作业班，并接受农户委托经营，扩大经营面积。以上两种方式是在不改变农田所有制的情况下，通过使用权的转移合作，扩大经营规模。第三种方式是按"合作社法"组织合作农场。1979 年有 10 个合作农场，经营面积达 220 多公顷。1982 年发展为 39 个合作农场，经营面积达 1 100

---

① 毛育刚：《农业、农地、农家》，1995，第 124 页。

多公顷。

台湾省行政部门认为扩大规模的速度缓慢，应积极推进。

2. 加速农业机械化提高劳动生产率　鼓励农民购买、使用农业机械，提高劳动生产率。从 1979 年起，每年由行政部门拨款 10 亿新台币，连续四年共 40 亿，建立"农业机械化基金"作为农民购买农机的低息贷款，其利息用作农、渔民购买农机的补助。

加速推广插秧机械化。"方案"期间新设水稻育苗中心 395 处，连同以往设置的达 842 处，分布在 197 个乡镇。同时利用南北季节差异，推广南秧北调，延长生长期。

强调农机和农技相配合，把改良农具和改进农业耕作方式结合起来。通过农业院校及培训中心培训农民，提高使用、维修农机具的知识和技能。

经过上面的工作，到 1982 年 6 月止，台湾农业机械化作业水平有显著提高：整地作业达 96.15%，插秧作业达 90%，收获作业达 78%，干燥作业达 51%。在这四项指标中，收获和干燥两项作业未达到"方案"预期要求。

3. 改善水利基础设施　在台湾岛西南部的彰化、云林、嘉义、台南、屏东等县扩充和改善农田灌溉系统，发挥水利工程效益，同时注意台湾东南部经济欠发达地区的水利建设，谋求东西部均衡发展。"方案"期间在台东县修建卑南灌溉工程，估计工程完成后可增加灌溉面积 2 400 多公顷。至今台东仍为优质稻米产地。

4. 农科教联合，强调家政，加强推广　继续辅导农会，强化农会业务功能；培训干部提高推广能力；由行政部门补助资金，聘请大专毕业生 240 多人，充实农会的技术推广及家政助理员；"方案"期间还建立农科教联合机制、强调家政和提高农民经营能力。

建立农科教联合指导机制。全省 7 个农业改良场，分别和大专院校结合，成立咨询小组，协助辖区内的基层农会，解决农业技术和家政问题。

农业推广工作由推广技术扩展至家政，以适应农村建设的需要。家庭是社会的细胞。农村建设离不开每个农民家庭。家政是研究家庭和家庭生活的一门科学，家和万事兴，理应受到重视。家政涉及衣、食、住、行、育、乐等方面。它包括：邻里和睦、敬老扶幼、勤俭持家、健康营养、文明礼貌、遵纪守法、清洁卫生、美化环境等，既有物质文明又有文化思想道德等精神文明，内涵极其丰富，是农村建设不可缺少的思想教育基础。"方案"实施期间举办家政培训班，培训7 600余人，帮助260个村600多户改善家庭环境、改建厨房、厕所、浴室等。在山区开展"我爱我村"活动，进行家政推广工作，培训山区居民9 000多人。

继续注意培训青年农民，除免费赠送通俗易懂、图文并茂的技术小册子外，利用现代传媒举办电视节目，还在农业院校设立青年农民培训中心，招收农村青年，进行几周至半年的短期培训，提高农业技术及经营能力。

四、改善经营　产销结合

"方案"期间继续以生产专业区或示范区、实验区等方式推行共同经营和运销，鼓励扩大专业区，集约化生产，改善小农经营。如完善和兴建水稻、杂粮、柑橘、凤梨、香蕉、茶叶、蔬菜、蚕桑、竹笋、毛猪、酪农、养鸭等种养业示范区、实验区和专业区；奖励利用岛内生产的农用资料、开拓岛产农资销路，设计省工的农业设施图纸，供农民选用，同时举办多种展览会、研讨会加强交流；提倡农、牧、渔综合经营，以利于循环利用资源和转化废弃物。

产销协调，供需沟通，使农产品得到合理价格，对提高农民所得至关重要。"方案"强调以销定产，即根据经济发展和岛内外市场需求情况，拟定每年的生产计划，分解到有关地方和团体实施，产品按一定价格收购。"方案"列出水稻、大豆、玉米等 17 种作物和蚕茧实行计划生产，其产品分两种方式购销，一种是保护价收购并有平准基金作为风险补救，另一种是由企业通过合同议价收购，以保护农民的收益。以稻谷为例，水稻在保证自给有余的前提下确定生产计划。自1976 年起，开始有计划地调减种植面积，以免生产过剩，影响价格。年度生产计划制定后，分解到各产区辅导生产。以当年成本加20%的利润为保护价，每公顷计划收购 970 千克稻谷；此外辅导农会以高于市场价收购余粮，从 1978 年第一期起每公顷收购 2 000 千克左右。计划收购和辅导收购合计每公顷为 3 000 千克左右。据统计 1978 年台湾每公顷双季稻产量为 3 450 千克，1980 年为 3 560 千克。农民生产的稻谷除自用外，经过计划和辅导收购，绝大多数进入市场并有一定的价格保证，有利增收。由于稻米消费量减少，稻田转作的任务加重，如1982 年按生产计划需调减五万公顷水稻田，实际仅减少 2 万多公顷，结果稻谷供大于求，影响价格，影响稻农收入，因此要加强辅导转作的力度。

产销协调的另一种方式是农民通过农民团体与市场签订产供销合同。如养猪农户通过农会系统（基层、县、省三级农会）与家畜（肉品）市场签订产供销合同。1982 年有 74 个乡镇农会，2 000 多农户参加，合同购销毛猪 32 万头；并建立"台湾省各级农会毛猪产销互助金"作为风险补偿，以保证签约农户利益。

除上述计划生产和购销制度外，还应继续完善农产品批发市场的兴建与管理，加强共同运销、兴建集货场，完善分级、包装等，提高农产品商品价值，降低成本，提高交易效率。

五、加强农村医疗福利和环境建设

医疗保健是农村的薄弱环节。"方案"从建立区域性医疗保健体系和加强边远地区医疗条件两个方面入手，改善农村医疗条件。前者将台湾地区划为六个区域，在每个区域内建立基层、地区及区域医疗所、医院和中心医院三级体系，并建立转院医疗制度。后者是在边远地区兴建、维修乡镇卫生所，增加人员和设备；加强和改善县级医院人员和条件；扩大巡回医疗。开始在村实施保健卡，办理保健服务。

由行政部门补助资金，充实乡村托儿所的设备和补助保育员工资，使儿童获得照顾，农村妇女可以安心工作。

根据各地不同情况，有重点地改进农村环境。如道路、饮水、通讯、住宅、卫生、美化等。"方案"将全台湾分为沿海、平地僻远地区、山区和离岛地区四个不同区域，进行重点不同的社区综合发展计划。如离岛地区是指台湾本岛以外的县市如澎湖，则侧重海堤、渔港、码头、捕鱼方面的建设，打深井解决饮水问题和改善农舍卫生等。

六、提倡发展家庭副业和手工业

在提高农业机械化程度和推行共同经营的同时，组织富余的农村劳动力，利用当地资源发展副业及手工业，既可形成地方特色产业，又可增加农民收入。"方案"期间，在 13 个乡镇举办 570 多人参加的各种培训，如藤编、竹工、缝纫、针织等。有的和厂商结合形成竹制、藤编、针织等家庭用品产业，使农民就地兼业或转业，避免人口大量迁移。这也是台湾在有条件的农村设立小型工业区的初衷。

七、结　　果

"方案"实施三年，投入 194 亿多新台币；直接或支援执行 691 个子计划，估计产生效益 39 亿多新台币；农家所得为非农家所得由 71％上升为 73％；农家人均所得为非农家人均所得亦由 64％上升为 66%。

台湾在执行"方案"期间，同时实施"全面推动基层建设方案
(1980—1982)"，有的内容相同。在"方案"结束后，将有关农村建设
项目并入新方案即"加强基层建设提高农民所得方案"，从 1983 年起
分三年实施。

台湾农业转型及其走向

(1995 年 1 月)

一、台湾农业处于转型期的关键时刻

台湾农业由于资源有限，农业劳动力不足，经营规模较小，兼业化程度加大，农产品成本升高，农业生产利润偏低，加上廉价农产品的输入等因素，被迫从 20 世纪 80 年代初进入转型时期。

1. 转型的几个特点　转型的具体内容可归结为：

①不求数量的增加，要求质量的提高，以适应多样化的要求；

②不求外销，强调以适应岛内要求为主；

③发展集约经营和精致农业，走技术密集型的路子；

④发展食品工业，使农产品向高品质、营养、健康、安全食品方向发展；

⑤发挥农业的多方面功能，如环境绿化、旅游休闲，使农业不仅提供农产品并逐步发展成为社会服务行业。

由于农业是生物性的产业，调整结构需要较长的时间，因而转型不是短暂的过程。

2. 转型导致生产萎缩　由于农业转型，使台湾整个农业出现萎缩局面。

①生产下降：以稻谷、食糖为例，见表 2 - 4。

②年增长率下降。1946—1952 年之间，台湾农业处于恢复时期，年增长率达 13％，后来下降为 5％。20 世纪 80 年代末出现负增长。1991 年台湾开始执行"六年经济建设计划"，要求农业争取维持零增长。

③农产品自给力薄弱。目前台湾除大米、蔬菜、猪肉、水产品可以自给外，其余依靠进口。一年大约需进口杂粮 600 万吨。

④出口比重下降。20 世纪 50 年代至 20 世纪 60 年代初期，台湾农产品出口额占总出口额的 50% 以上，1970 年下降至 16.7%，1990 年仅为 4.5%。这是由于成本高，农业生产力偏低，甚至主要粮食价格高出国际市场价格，在国际市场丧失竞争力的结果。

⑤进口增加，农产品贸易呈逆差。1970 年以前台湾农产品贸易均为顺差。1970 年出现逆差，近年逆差在 23 亿～25 亿美元左右。

表 2-4　农产品年产量对比

农产品	年产量	
	1981 年	1991 年
稻谷	314 万吨	231 万吨
食糖	74 万吨	41 万吨

台湾农业初期为台湾提供资金、加工原料和粮食，是台湾经济发展的基础。20 世纪 60 年代中期，工商业持续进步，农业成长减缓。20 世纪 70 年代虽然提出"工业反哺农业，工农平衡发展"的口号，但并未真正落实，农业继续下降，利润偏低，加上受国际贸易自由化的冲击，特别是当前台湾争取参加关贸总协定（GATT），加大农产品的开放，使台湾农业步履艰难，转型进入关键时刻。

二、台湾农业面临的几个问题

目前台湾农业处于岛内经济增长缓慢和农产品进口增加的双重压力下，面临农地、资源和环境、开放农产品进口等三个主要问题。这也是 1994 年台湾"第三次农业会议"所关注的问题。

1. 农地问题　耕地是农业的重要生产要素。1977 年台湾耕地总面积为 92 万公顷，1991 年下降为 88 万公顷。共有 82 万农户，每户平均占有耕地 1 公顷左右。耕地面临继续减少和质量下降两个问题。

耕地减少的原因是受比较效益的驱使，土地向经济效益较高的部门集中。首先，为调动民间对岛内投资的意愿，扭转岛内经济成长趋缓的局势，台湾当局于 1991 年提出"六年经济建设计划"，需要大量土地，进行公共设施和住宅建设，不得不减少农业用地。其次，台湾争取参加关贸总协定加快开放农产品进口的步伐，严重冲击岛内农产品市场，使农业经营效益下降，无利可图或利益微薄，农业被迫缩小规模。1993 年曾拟拿出 30 万公顷农地作为非农业用地。1994 年台湾农业主管部门主张先规划 16 万公顷农地作为住宅建设用地。但这些土地的位置与建设单位的要求不相一致，还需商量。尽管如此，减少耕地面积是必然趋势，使原已不充裕的农业生产载体更为短缺。

由农地转为非农业用地，还涉及台湾现行政策、规定的修改。台湾现行的"土地法"中规定，农地所有权转移的承受人以自耕农者为限，即只有农民从事农业才能拥有农地，简称"农地、农有、农用"的政策。现在需要修改这一规定。目前拟先从放宽农地买卖人的资格和使用范围做起。

由农地变为非农业用地后，地价上扬，卖地的农民因获巨资而突然致富，而保留农地的农民仍维持原来的收入，得不到相应的补偿，产生农民希望卖地致富，不愿务农的消极影响和一些社会问题（如炒卖土地）。

2. 环境污染，资源超量使用　由于工业三废充斥和农药使用控制不严，造成环境污染，影响农产品质量。在 1989 年和 1992 年台湾曾两次集中烧毁近 7 万千克受污染的大米。目前，全省受砷、铜、铅、汞等重金属污染的农地面积达 1.5 万公顷。受污染的土地禁止耕种又不治理。1994 年桃园县发生农民又复耕早在 1984 年划为受污染禁止耕种的农田的问题。至于农药,有 138 种农药台湾已公布安全用量,但市场上可以买到的合成农药超过 4 000 种,有相当一部分农药的残留量还未受到有效的控制,影响食品安全。

台湾自然资源有限,地下水过度开采引起地面、海堤和高速公路下沉。全岛地面下降面积超过 1 000 平方千米,占总面积的 3%,下沉最深达 2 米多。以彰化、云林、嘉义、台南、屏东、宜兰六县最为严重。因地面下沉,1994 年台风期间南部高速公路有的路段积水达 83 小时,迫使整个路段关闭。台湾共有水井 45 万口,合法的只有 10%,装有水表的更是少数,抽采多少地下水无精确数字。原以为淡水养殖业是超采的主要原因,但全岛鱼塘用水量约 21 亿吨,屏东已缩小鱼塘养殖面积,而地面下陷的情况仍持续扩大,可见超采的原因至今不明,尚需调查。

由于资源短缺,台湾对意外事件的承受力也较低。台湾蔬菜一般是冬春两季供过于求,夏季如无台风供需大体平衡。1994 年几次台风袭击,蔬菜严重短缺,一方面加速空运进口,另一方面动用库存销售脱水菜。菜价暴涨,市民叫苦不迭,责问当局:"你们听过 200 元(新台币,下同)一斤①的小黄瓜、90 元一斤的小白菜、80 元一斤的番茄吗?"这不仅反映了生产问题,也反映出运销中的弊端。

3. 贸易自由化带来沉重压力　台湾农业随着地价、物价和工资的上涨,农产品的生产成本也大幅度提高,在岛内外市场上的竞争力明显下降。例如食糖是台湾传统出口的农产品,因成本高,无利可图,不得不连续减少甘蔗种植面积(原为 11 万公顷,1991 年为 5 万公顷),降低食糖产量。从 1990 年开始进口粗糖精炼后再出口,比自己生产粗糖再加工还有利。台湾糖业公司为本身的生存正加速企业转型,发展副产品,如养猪业及肉制品、花卉、保健食品、饮

---

① 斤为非法定计量单位,1 斤=0.5 千克。

料系列等，以求副产品的营业额由目前 30 亿元到 2001 年增加至 90 亿元。

关贸总协定乌拉圭回合达成协议后，农产品出口国一再迫使台湾加快扩大开放农产品市场，台湾为了争取参加关贸总协定采取或将采取若干措施加速开放，如降低关税、逐步减少农产品补贴、解除采购地区的限制、全面开放烟酒市场等，使台湾农业面临的压力越来越大。若入关，台湾农业将损失 500 亿元。有人士分析，农业及农产品加工的产值将由 1992 年占总产值的 9.5％降到 2002 年的 7％，绝对值由 5 036 亿台币下降为 3 711 亿台币，减少 1 325 亿台币，这将对台湾农业产生很大的冲击，影响农民收益和社会稳定。

1994 年春，台湾各级农会代表共 3 000 余人向有关方面提出八大要求，反对开放大米进口，建立进口救济基金，实施农民年金和农作物保险制度，放宽农地自由买卖及使用限制等。鉴于台湾全面开放烟酒市场，废除保证收购省产烟叶和烟酒专卖制度，8 月，700 余名烟农要求，在废除专卖制度以前落实烟农申请废耕停耕要点，发给每公顷 60 万元新台币的全额补偿等四项要求（台全省 5 200 多公顷烟田）；9 月，近千名养鸡业者向有关单位提出，要求争取六年调整时期，在这六年内进口配额不得超过 50％等。

面对内外交困的复杂形势，台湾"第三次农业会议"期间将上述问题作为重点进行研讨，将采取以下措施：①加速调整农业政策，通盘计划，重新定位，加速农业转型；②对因农产品进口遭受损失的农民，在短期内采取损害救助的办法，从长远看，将减少农民数量，十年内将减少 70 万～80 万农民，并调整农业结构；③建立农民年金制度，落实农业天然灾害救助办法，加强农村建设，改善农村生活环境；④注意农业环境，在调整农业资源分配时，兼顾资源合理利用和环境保护，以调和农业与自然生态间的关系；⑤农地买卖问题，短期内逐步放宽农地买卖人的资格及身份限制，活络农地交易与转移。从长远看，可采取土地重划或区段征收的方式通盘考虑。

以上的设想和措施将以农业政策小册子的形式公布。

三、两岸合作是台湾农业希望所在

1. 两点"设想"　为了摆脱农业面临的困境，为农业就业人员、农业资金、设备技术寻求出路，并建立稳定的农产品来源，台湾有关方面提出两点"设想"：

（1）加速转型，调整农业结构。在坚持稻米自给的前提下，争取蔬菜、家禽自给自足，发展朝阳产业——花卉苗木；适当发展乳牛业；减少养殖业和甘蔗。根据这个设想，选择有市场与技术开发潜力、附加值高而环境成本低的农产品作为台湾岛内重点发展产业，如茶叶、观赏植物、种苗、热带水果、家禽和乳牛、毛猪、水产种苗及捕捞渔业等 19 种重点产业。

（2）"转地不转行"，辅导农民到岛外移民投资。在"生产基地不应再局限在岛内而应延伸到海外""与资源丰富的地区合作建立海外生产基地"的思想指导下，动员农民到海外从事农业生产。为此台湾有关研究单位提出移民投资的几条原则：一是掌握安全粮食生产，二为台湾已消失或萎缩的产业，三为岛内需求大但又不发展的产业，四是必须与岛外合作才能生产的产业，如远洋渔业，五是具有投资性质的移民拟去先进的国家和地区。

第一点"设想"由于产业结构的调整不是短时期能见效的，只能缓进。"转地不转行"的构想为大家所关注。

2. "西进"还是"南下"　"转地不转行"的前提是"转地"。"南下"还是"西进"？岛内并未取得共识。有人主张"西进"，即与大陆合作，但台湾当局出于政治考虑鼓吹"南下"，即先去印度尼西亚、菲律宾、越南，再去新加坡、马来西亚、泰国等国。"南下"是政治大于经济的结果，遇到许多实际困难，难以成功。工商界希望"西进"，并有一定成效。1994年1～5月台湾民间对大陆的投资是对印度尼西亚、菲律宾、越南投资总和的九倍，显示了两岸经济合作共同发展的前景。

为推进与大陆合作，除民营企业外，台湾公营企业也出现新的动向。在公营企业民营化的形势下，筹组财团法人组织，作为两岸交流的渠道，以避开台湾目前的某些限制。这一做法受到台湾舆论界的赞赏，认为这样做"使处理两岸关系时保留最大的空间"。

3. 两岸合作，优势互补，共同发展 近年来，台湾出口增长呈衰退趋势（1987年顺差186亿美元，估计1994年顺差将下降为70亿～80亿美元），但对香港的出口居第二位，为第一大出超地区，1993年出超达167亿美元。对香港贸易比重的增长，表明两岸经济贸易的活络。从另一角度看，台湾与大陆经济合作，减缓了台湾经济增长的衰退，表现出互补性，反映了与大陆合作是台湾经济发展总的趋向。

但是有人惧怕大陆农产品入台后，影响台湾的利益，提出行业的"垂直分工"，以避免大陆农产品升级后，台湾农产品面临"进退无门"的局面。其具体设想是：制糖业、茶业的原料生产和初加工放在大陆，精加工留在台湾；食油、饲料的制造和销售均可转至大陆，研究与开发留在台湾；饮料生产两岸并存。不难看出，这种构想并不是分工，而是想控制技术含量高的阶段，把技术含量较低，需要劳动力较多的阶段转移至大陆，有很强的保护性，与共同发展的思想不相一致。

台湾有2 100万人口，资源有限，耕地、市场日益缩小，农业面临进退维谷之境。但在农产品加工、营销、信息、管理等方面有一定的经验，而大陆幅员广阔，资源丰富，农业开发潜力很大。在科技方面互有长短。两岸合作可发挥各自优势，联合开发，共同发展，将是台湾农业走出低谷的方向。台湾有识之士清楚地认识到这一点，认为"台湾经济的腹地在大陆"是"互利合作的最佳环境""加强海峡两岸互补……以谋求经济上的共荣"。这些认识和见解确有可取之处。

台湾是祖国不可分割的一部分。我们应把握时机，抓住机遇，贯彻中央对台工作方针、政策，积极开展工作，为发展海峡两岸农业交流与合作，为繁荣中国的农业，为祖国统一努力工作。

台湾的农地转移

(1997 年 10 月)

台湾近年来经济增长趋缓，工商业者在岛内投资意愿不高，国际贸易竞争力下降。据瑞士国际管理学院世界竞争力排名，台湾经济实力由 1992 年的第 10 位下降到 1997 年初步预测的第 18 位；金融实力由第 14 位下降为第 25 位。台湾当局为扭转这一局面，于 1991 年起实施"六年经济建设计划"，但于 1993 年被迫做大幅度调整和削减，除因投资不足、资源匮乏外，难以获得建设用地也是制约的瓶颈之一，如其中 37 项重大投资项目，即因土地问题未能解决而被迫停止。因此，将部分农用土地转为非农业用地成为台湾当前经济领域中关注的问题之一。本文中的农地转移仅指由农地转为非农用土地（台湾称为农地释出），不包括农业内部的土地流动。

一、台湾的农地现状及政策

台湾土地面积为 360 万公顷，其中略多于一半是林地，农地近 1/4，为 24.3%。农地利用情况是动态的。20 世纪 70 年代中期，台湾耕地总面积曾高达 92 万公顷，以后开始下降，1995 年为 87 万多公顷，减少约 5 万公顷。在 87 万多公顷耕地中，水田为 45.9 万公顷，旱田 41.4 万公顷，水田呈现下降趋势，旱田则相反。农民愿意耕种又适合农业耕作的耕地仅 73 万公顷，其中 55 万公顷被划为特定农业区（38 万公顷）和一般农业区（17 万公顷），这是台湾主要的农业生产区域。这与台湾 1990 年普查的结果一致。1990 年农林普查的结果是，农牧业经营耕地面积为 72 万多公顷，较 1980 年减少 3.6 万公顷，下降 4.79％。在 72 万多公顷耕地中，农牧户经营的为 66.4 万公顷，较 1980 年减少 3.6 万公顷，下降 5.20％；农牧场经营的 5.5 万公顷。农户经营面积在 1 公顷以下的，占总农户的 75.14％。这说明台湾农地利用是小农经济形态。近年来，每年有 4 000～6 000 公顷农地转为非农业用地。

经过多年的演变，台湾对农地的管理制度可归纳为"农地农有农用"，并通过法规形式确定下来。"农地农有"即实现耕者有其田，规定农地转移或继承的承受者以自耕农为限，并制定审核自耕能力的条例，合格者发给证书，以保证"农地农有"。"农地农用"即规定耕地及其他农用土地如变更为非农用地，事前应先征得农业部门的同意，并采取指导、复耕等方式，防止以抛荒弃耕为由，将农用地变为非农用地。这种管理制度，曾对保护和促进农业发展起过积极的作用。

二、农地转为非农用地的主要原因

(一) 农地管理制度僵化

早在 20 世纪 70～80 年代，台湾岛内即有经济学家提出"农地农有农用"的制度过于僵化，不利于农地作为农业生产要素流动。所谓"僵化"反映在：

(1) 在农业内部，由于"三七五减租条例"而形成的租佃关系（如不许包租转佃、佃农有优先承包权等），很难出现新的租佃关系，土地使用权的转移受到限制。

(2) 农地所有权转移的承受人，只能是确认有自耕农资格的农民，所有权的转移受到限制。20 世纪 80 年代台湾推行第二期土改时，曾设立农地购置基金，鼓励农民买地。由于农业效益不高，农民因"祖产"或作为一种社会保险，也不愿意出售农地，因而效果并不显著。

（3）严格限制由农地改为非农用地。

由于以上原因，在农业内部难以扩大经营规模，在农业外部不能满足工商界、住宅及公共设施用地的需求。

为此，有些人曾建议：①租佃制度应自由化；②放宽土地承受人的范围，接纳农业企业参加农业经营；③放宽农地变更使用。

近年来，台湾有关部门分析，影响岛内投资的根源之一在于难以解决土地问题。因此，经济建设对僵化的土地制度提出全面松绑的要求，放宽私人申请变更土地使用的程序和办法。

（二）改善投资环境，吸引投资

岛内投资环境不佳，建设用地不易解决，使业者不愿在岛内投资。资金外流，厂商在岛外投资所得也滞留岛外，影响岛内经济增长速度。岛内投资减少，失业率上升，1996 年达到近十多年来的最高点。为此，台湾当局决定将部分农地转变为工商业及公共设施用地。1995 年通过"农地释出方案"提出八条原则，主要有农地变更的基本原则、总量监控、应设置的设施（如公共与环保设施）和回馈办法等。农地转移涉及的部门和问题很多，还需修订法规，非短时内即可见效。急于吸引业者投资的台湾当局乃指示：在投资项目中的土地问题，要设立单一窗口专门处理，在两三个月内解决。这从另一个侧面反映出台湾岛内不景气的经济状况和希望提高经济增长速度的急迫心情。这是近年来强调农地转移的直接原因。

（三）效益低，农民不愿务农

占台湾省土地面积近 1/4 的农业用地，其产值不足台湾生产总值的 4%，农业用地的经济效益无法与工商业相比。台湾农业属小农经济，兼业农户占总农户的 82%。1994 年农家来自农业的收入仅占农户总收入的 38％，如仅靠务农无法养活一家人。由于效益低，农民务农意愿下降，使某些农地资源闲置。例如：台湾水稻产量供过于求，出口又无竞争力，自 1983 年起减少水稻种植面积，由 1983 年的 64 万公顷减到 1993 年的 39 万公顷，1995 年减为 36 万公顷。稻谷产量分别为314 万吨、223 万吨和 207 万吨。台湾当局原想用减少的水稻面积，改种大豆、玉米、高粱等杂粮作物，以提高杂粮的自给率（目前仅能自给 6％左右），但农户多愿改种蔬菜等园艺作物，不愿种植杂粮作物。耕地偏少的兼业农户种水稻不仅效益低，甚至成本高于种稻收入，经营其他作物又有风险，故"有放弃农业生产的倾向"，但又不愿放弃土地，最终农田被抛荒。从 1984—1986 年的三年间，稻田改种面积为27.7 万公顷，其中弃耕闲置的达 5 万公顷，占 18％，未能充分利用。

（四）缺乏竞争力，农业生产衰退

台湾农产品成本高，无竞争力。实行农产品贸易自由化以后，将迫使台湾开放市场，农业被迫收缩。以糖业生产为例：出口蔗糖曾是台湾主要外汇来源之一。甘蔗种植面积曾达 10 多万公顷，产糖 75 万吨。但由于成本高，种蔗面积不得不下调。1995 年甘蔗种植面积为5.8 万公顷，比以前减少近 1/2，产糖 40 万吨，估计今后还要减少。砂糖及其制品出口也急剧下降，1982 年出口值达 1 亿美元，1992 年为3 340 万美元，1995 年更下降至 2 600 万美元。1994 年、1995 年两年连续关闭两座糖厂，今后还将继续关闭 4～5 座。在自产糖下降、蔗农和种蔗面积随之减少的同时，进口粗糖却由 5 万吨增加至 20 万吨。近年在高雄兴建年产 30 万吨的炼糖厂，估计今后粗糖进口量还会增加，自产糖及甘蔗种植面积还会下降。台湾食品界人士分析，由于土地、劳工等因素，将使甘蔗种植成本继续增加，台湾已不适合再生产蔗糖。糖业风光已成过去，蔗农生计陷入困境。

20 世纪 70 年代以前，台湾农产品贸易一直是顺差，1970 年开始出现逆差，并逐年增大。1990 年农产品进口值为 31.8 亿美元，1995 年增至 50.4 亿美元，出口值一直维持在 8.2 亿～8.3 亿美元。因此，贸易逆差由 23.6 亿美元增加至 42.1 亿美元。贸易自由化给台湾农业和农村经济带来的负面影响，加剧了农业的困境。

三、为加速农地转移，台湾当局采取的措施

根据岛内经济和产业需求，调整土地利用规划和农地利用规划，合理分配土地资源，这是第一步。目前处于总体研究、制订办法的阶段，同时农地转移的个案已在处理。台湾 1995 年发布的农业政策小册子中指出，到 2000 年农地将由现在的 88 万公顷调减为 72 万公顷，即可释放 16 万公顷的农地转为非农业用地。截至 1996 年 3 月，有 2 000 多公顷农地已完成变更手续，多数转移为工业用地，少数转为住宅、休闲娱乐设施用地。但有些农业部门同意可改变用途的农地和工商业者的需要不一致，转移的速度不符合当局的希望。

为了放宽对农地转移的限制，台湾当局已于 1995 年 8 月核定实施了《农地释出方案》。1996 年又修订了《非都市土地开发审议规范》《都市计划区内农业区变更使用审议规范》和《农业用地释出审查作业规范》，修订了《"国土"综合发展计划法草案》等，原则决定在两年内完成土地有关规定、农业发展条例等 112 项相关规定的修正。制定修改相关规定的目的在于对目前的土地使用管理办法"全面松绑"，实现以下变动：

（一）提高地方自主权

将土地开发计划调整为"国家"综合发展计划、"直辖市"综合发展计划、县市城乡综合发展计划三级。赋予"直辖市"、县市当局以建设、开发、管制等综合发展计划的权限，大幅度提高地方的自主权。

三级计划都要公开征求民众意见，以维护民众之利益。

（二）放宽农地承受人的资格

在台湾土地有关规定中，农地所有者以自耕农为限。面对岛内不振的经济形势以及预计参加世界贸易组织后，农产品势必要开放进口，农业结构必将调整，放宽农地承受者身份是必然趋势。为此，必须修改相关规定。第一步放宽农地所有者身份与资格，修正"自耕能力证明书申请及核发注意事项"。台湾土地主管部门放宽了农地承受人的资格，凡有耕作意愿，能提出农业经营计划书，经核准者均可取得自耕农身份。第二步再废止"农地农有"的规定。目前农地所有者资格，除从事农业及相关行业的人员外，已逐步扩大至年满 16 岁以上的自由人。如非自耕农的配偶及继承人，可接受农地所有者的遗产与赠与。另外，农业企业、农业试验单位亦可依有关规定承受耕地。

由于农地继承、买卖、转移不再限定自耕农身份，因此将过去限定农地在 5 公顷以上才可以再分小的规定，下调为 0.25 公顷。

（三）简化申请变更土地使用的手续，放宽申请资格

原来土地使用的变更，要由台湾经济主管部门推荐，经"营建署""环保署"和"农委会"等多头审查，再经县市、直辖市、台湾当局三级审批，耽延时日，商机尽失。放宽后，需由私人申请变更土地使用分区。各主管机关要改进工作，汇总由一个窗口受理申请，在三个月内完成，并简化审查手续，由三级改为一级或二级审批。

（四）降低申请农地变更使用的门槛

原定非都市计划农地需超过 30 公顷才能申请变更为住宅用地，修订后将减为 10 公顷以上即可申请变更，都市计划区农地只需超过 5 公顷以上（特殊情况只需 3 公顷以上）即可申请变更为住宅或商业

区。《非都市土地工业区开发审议规范草案》更规定，在水源、水质、水量保护区内，将有条件地允许设置工业区，甚至计划放领水源保护区内的公有山坡地。个别民意代表进而主张整个山区土地也应一并规划放领。

（五）"公营事业"释出土地

台湾经济主管部门"国营会"为配合当局解决企业取得土地的困难，决定台糖、台肥、台盐等"公营事业"大量释出土地，供民间业者投资建厂需要。其中尤以拥有农地最多的台糖公司为主。

台糖公司计划将一万多公顷的土地改为非农用地，多数分布在中、南部地区的台糖农场，其中有的已完成规划，将先转移。台糖的土地原按"只租不售"的办法，供业者选择。但工商业者认为，门槛价高无法受惠，要求放宽条件。台湾当局为了促进农地转移明确指示，公有土地"只租不售"的原则应当修正。

四、民众的忧虑

农地转移涉及农地减少、影响水源涵养、破坏环境和利益分配等诸多问题，引发了岛内一些民众的忧虑，并投书报刊提出异议或批评，反映出以下几个问题：

（一）是否需要释放如此大量的农地

有的民众认为，台湾土地资源紧缺，应充分集约使用，但已划的工业区用地实际开发的不及一半，在已建的住宅中还有不少空屋闲置。正在开发的两万多公顷工业区，民间企业提出用地申请的只有5 000～6 000公顷。据台湾"经建会"估计，到2011年，包括住宅、工业、工商综合区、交通及游憩用地约需4.8万公顷农地，而台湾"农委会"

却打算释出 16 万公顷农地。"工商界真需要如此多的用地吗?"如此大量的释放农地,引起岛内许多民众的怀疑。

(二) 担心成为少数人攫取暴利的机会

台湾地狭人稠,寸土寸金,炒作土地的歪风正吹向都市边缘的非都市土地,尤其是农业区、山坡地和保护区已成为炒作的新对象。有些民众担心,大规模释出的农地可能又要落到少数财团的手中,为他们攫取暴利提供机会,助长土地炒作,造成"有地"与"无地"者之间的贫富差距严重扩大,将成为不可忽视的社会问题。

原定土地开发者需将部分利益还馈社会,以照顾各方利益。由于回馈办法不断松动(将回馈金公告地价的 12％改为 5％~12％),利益为私人享有,负担落在全民身上。

因而,有人批评台湾当局"只谈如何增进工商界的投资意愿,不谈如何落实农地变更的利益回馈","也不考虑将农地变更的利益由全民共享,此种土地政策要为谁服务已显而易见",呼吁当局"不要只为少数团体服务"。

(三) 破坏生态环境

农地转移放宽以后,将有许多林地、山坡地、水源保护地释出,用于建设住宅、商业区与工业区。农地释出方案规定农地转移为非农用地时,应捐出 20~60 米不等宽度的土地作为隔离带和隔离设施,但又规定可用现金代替捐赠土地。许多民众担心因此会影响水土保持和水源的水质、水量,危及环境、生态、生活。甚至有人惊呼"生态环境万一遭受破坏,台湾还有什么竞争力?"

(四) 加剧资源短缺,影响农业

农地转移,建立许多新的工商区、居民区,必然引起其他自然资源的重新分配。以水为例：台湾常年用水约 200 亿立方米，其中 70 亿立方米来源于地下水；农业用水是大头，占 150 亿立方米。新建成的工业区面临缺水问题，自己开发成本过高，因此要求在农地变更用途的同时，转移部分农业用水为工业用水，以解决缺水问题。岛内有单位分析，要解决新区的缺水，只能从来自水库的农业用水中转让一部分。但水库周围是灌区，是粮食的主产区，减少农业用水将威胁粮食安全。

（五）坚持"农地农用"的原则

许多民众认为："农地较为脆弱，一旦受到损坏，不易恢复，应受到严格的保护""粮食生产需要有长期计划"，因此主张在考虑粮食安全和保护土地自然资源等因素的情况下，合理规划土地分区，坚持"农地农用"的原则才是根本。

总之，正如台湾有的学者认为的那样，农地释出是农地政策的重大改变，但农业生产环境若遭受严重破坏，"台湾农业发展之前途将永远断送"，"值得重视"。

台湾选举与农地政策

(2000 年 3 月)

土地是农业的基础，是不可再生的资源。土地规划和利用，涉及资源的分配，对生产、生态、生活和社会经济的关系重大。长期培育和利用的农地具有肥力特征和区域性，如遭受破坏很难恢复。因此对农地的使用和规划，无不采取全面的、审慎的方针。

台湾地区选举，为了争取选票，不顾民间暂缓讨论"立法"的要求，不顾台湾农政主管辞职抗议，顺从财团和地方势力的愿望，国民党、民进党联手强制通过"农业发展条例"修正案，使台湾农地政策产生历史性变化。

一

台湾土地面积为 360 万公顷，按用途分为四类：①建筑用地；②直接生产用地；③交通水利用地；④其他。各类土地再分目，农业用地属于第二类。1992 年按各类目别已登录的土地为 183.7 万公顷，占台湾土地的 51%。各类农地的数量是变动的，1970 年和 1992 年相比，水田面积由 54 万公顷占 15.2%，下降为 49 万公顷占 13.8%；旱田由 34 万公顷占 9.6%，上升为 39 万公顷占 11%；山林由 41 万公顷占 11.5%，上升为 59.4 万公顷占 16.5%；建筑用地由 9 万公顷占 2.6%，上升为 15.5 万公顷占 4.3%；交通水利用地由 4.8 万公顷占 1.3%，上升为 9.4 万公顷占 2.6%；鱼池和池沼，1992 年仅为 1.1%；

牧地很少，只占 0.1％。

近来台湾农业主管部门称台湾农地共 158 万公顷，其中 88 万公顷耕地，70 万公顷森林保育农牧用地。

随着社会经济结构的变化，农地制度要做相应的调整，这是岛内人士的共识。但是如何调整，诸多因素交织在一起，非理性因素的影响在增大。影响农地开放的几个主要因素：

1. 农业比重继续下降　台湾以 55％的耕地从事农业，但农业产值占台湾生产总值的比重不断下降：1953 年为 34.5％，1970 年为 15.5％，1980 年为 7.7％，1992 年为 3.5％，1999 年 12 月台湾当局宣称为 2.8％，"实在太低了"，"农业政策必须有大变革"。

2. 农业收入低微，青壮年离农倾向加大，农业后继乏人　据 1996 年调查统计，农家每户收入占非农家每户收入的比重，1987 年为 72.9％，1996 年下降为 67.78％，下降 5 个多百分点；农户的农业收入仅为非农户收入的 27％，不足 1/3。农户务农收入低微，一方面导致兼业农户增多，农业由主业变为副业；另一方面，青壮年离农倾向加大。据 1998 年底台湾地区农家户口调查，在 15～29 岁年龄段的青壮年中，从事农业工作的（包括常年务农和季节性参加农业劳动），占全台湾农户中 15 岁以上人口的 8.74％。1992 年以前为这个年龄段的 30％，表明台湾农村 15～29 岁的青壮年中，有 2/3 不从事农业工作；在询问未来三年内有无务农意愿时，只有 12.4％的青壮年有正面回应。

青壮年离农，加快了农村就业人口的老龄化，就平均年龄而言，1965 年为 34 岁，1983 年为 42 岁，1991 年超过 45 岁，1999 年已达 50 岁。

农家收入低微缺乏诱因，农业就业人口老龄化缺乏活力，一度风光的台湾农业面临困难的局面。

3. 生产规模缩小，农产品市场竞争力减弱　台湾农产品由于成本高缺乏竞争力，或迫于疫情，不得不缩小生产规模。

　　台湾作物种植总面积，1967 年高达 169.6 万公顷，当时耕地面积 90.2 万公顷，复种指数为 188；至 1997 年分别为 99.5 万公顷，86.5 万公顷和 115。30 年间作物种植面积减少 70.1 万公顷，复种指数下降 73。以水稻为例，稻米总产 1968 年高达 251.8 万吨，收获面积为 78.9 万公顷；至 1997 年稻谷总产达 204 万吨，合糙米 166 万吨，收获面积为 36.4 万公顷。29 年间，水稻收获面积减少 42.5 万公顷，稻米产量减少 85.8 万吨。因应参加 WTO 后限额进口大米，于 1998 年起实施"水旱田利用调整计划"，从 1998 年二季稻开始，调高稻田休耕及种绿肥的补贴，以期再减少水稻种植面积。1998 年糙米总产估计在 155 万吨左右。不难看出台湾水稻的生产政策，由"自给有余适量出口"，转变为"自给自足"，再调整为"供需平衡"。"供"指市场供应，粮源包括自产和进口。由此可预测台湾水稻生产的未来走向。

　　台湾畜牧业以养猪为主，因污染严重，早在 20 世纪 80 年代当局即打算减少养猪数量，但因外销看好，一直呈上升趋势。年底存栏数，1989 年为 778 万头，1991 年达 1 000 万头，1996 年达 1 060 万头；同期年屠宰量分别为 1 100 万头，1 200 万头和 1 400 万头。1997 年 3 月爆发口蹄疫后，当年即扑杀 400 万头，外销停顿，饲养量、屠宰量大幅下降。1997 年 7 月，猪屠宰量为 10 万头，仅为 1996 年同期的 18％。台湾养猪外销占 60％，因发生口蹄疫，出口一时不易恢复。自 1997 年以来，口蹄疫并未根除。去年在奶牛中发现感染口蹄疫，影响鲜奶供应。台湾当局趁机进行结构调整，明确以内需为主，减少饲养总量，减少养猪农户，鼓励每户扩大饲养规模，采取补偿的办法使饲养规模小的业者转业改行。由于将加入 WTO，畜产品被迫开放。美国同意在台湾加入 WTO 前向其进口猪肉及杂碎。因美国人不吃猪内脏，只能低价倾销，据养猪业民间团体估计，台湾将被迫少养 200 万头猪。这是继口蹄疫后对养猪业最大的冲击。上千养猪业者上街游行，向有关单位反映情况。

当前，台湾农业进一步调整产业结构，加快转型，以内销为主，努力提高本土农产品的竞争力，发展具有市场前景、附加值高，而环境成本低的农产品，使农村转型为"小而美"的新形态。

4. 农产品进口增加，贸易逆差加大　为满足民众生活需求，在农业生产下降的情况下，不得不增加进口。1970 年是台湾农产品贸易关键性的一年。1970 年以前，台湾农产品出口值大于进口值，农产品贸易呈现顺差，1964 年曾高达 120 万美元。从 1970 年开始出现逆差，1991 年达 25 亿美元，1997 年上升为 59 亿美元。台湾民众生活必需的农产品依赖进口的程度逐渐加大。以谷物为例，1987 年岛内供应谷物总量中，自产谷物占 33.7%，1996 年下降为 20%。1996 年谷类作物中水稻自给有余，进口以玉米为大宗达 600 万吨（岛内自产约 33 万吨），全部用作饲料，说明台湾饲养业、饲料工业是依靠进口作为基础的。除玉米外，小麦受自然条件限制，岛内生产很少，进口 99 万吨。乳品类，包括鲜奶、奶粉等，1996 年进口量占岛内供应量的 30%。

参加 WTO 以后，台湾农产品所面临的竞争更为激烈。据台湾有关部门估计，农业所受的冲击在各种产业中最为严重，农业产值将要减少 542 亿台币，为 1997 年农业总产值的 14.3%。

农产品进口数量增多，对进口的依赖程度加大，食品安全引起关注。

5. 财团及地方势力要求开放农地的压力加大　开放农地已酝酿多年，势在必行。1995 年出台实施"农地释出方案"。有些财团看准有地就有财，在重要交通路线、城市周边地带购进不少农地等待开发；南部农会在金融风暴期间，承做不少以农地作抵押的融资业务，有的已不能赎回。如果农地不能自由买卖，不能兴建农舍，他们手中的农地就无法"增产"，相反"会有一堆人要破产"。他们强烈要求，通过"立法"手续，修改"农业发展条例"，使其要求合法化。挑选在选举期间的台湾地区立法机构会期讨论，谁要反对将以影响选票施加压力。

利益的追逐，选票的诱惑，相互为用，超过了理性的探求，使台湾农地政策发生重大改变，影响农业的根本。

二

1. 农地政策的演变和"农业发展条例"的修改 台湾农地政策的演变可简单概括为：先是实现耕者有其田的"农地农有，农有农用"的政策，规定农地转移的承受人必须具有农民身份有自耕能力者；后来改为"放宽农地农有，维持农地农用"，对农地的持有者不再限于自耕农，在做好农业区划的前提下，不同的农业区采用不同的利用政策；20 世纪 90 年代初期更改为"放宽农地农有，落实农地农用"，简称"管地不管人"。对规划的重要农业区的农地，禁止法人购买，禁止农地转移，对次要农业区的农地可以逐步放开。重要农业区面积约 72 万公顷，为适应岛内生产和生态的需求，主要分布在南部。因重要农业区内的农地不能流动，遭到南部的强烈反弹，认为违反"鼓励农业企业化经营的潮流"。

农地政策要通过"立法"才能实施。1973 年台湾实施"农业发展条例"，使农业受到保障和支持，有关农地的条例主要内容是：①农地改为非农业用地必先经农业主管部门同意；②耕地由能自耕的继承人一人继承，并免征遗产税和十年田赋；③为扩大农业经营规模，规定委托经营、代耕等方式，不适用"三七五减租条例"；④耕地转予自耕农继续耕作者，免除土地增值税；⑤贸易部门在核准农产品进口之前应征求农业主管部门的同意。随着经济结构的变化，农业政策的演变，农业政策小册子"农地释出方案"的出台，"农业发展条例"先后经历四任农政主管，几度修改以求通过"立法"程序。1999 年底修改的主要方向是：

（1）放宽农地农有，即农地可由自然人及农业企业法人承购，删除以自耕农为限的规定。

（2）放宽农地分割面积，因继承共有之耕地，分割后每宗耕地达0.1公顷以上者，都可以分割，改变过去不得小于0.25公顷的规定。

（3）冻结"三七五减租"，确定新的租佃制度。

（4）农地转移采取分区管制，即重要农业区的农地禁止变更用途，禁止法人购买农地。

（5）新购的农地不得兴建农舍，如果确无自用农舍的，可按规划，划区集中兴建，形成村落，避免农舍零散。

2. 争论的焦点　上述修改稿，遭到财团和地方势力的反对与压力。由于南北经济、农地开发和农业区划的差异，南方反弹尤为强烈。焦点集中在：①要求农地开放，实行总量控制，替代分区管制，重要农业区内的农地也可以买卖；②农地可以兴建农舍，反对采取划区集中兴建的方案。他们发动全台湾21个县市的农会近千名代表在"立法"机构外造势，要求全面开放农地自由买卖，新购农地开放兴建农舍，并扬言如政策不转变，会跳票，影响选举支持率。有100多位学者联名发表声明，表示目前没有一个好的"农业发展条例"修正案，又没有完备的配套措施和审慎政策，不应因政治压力，仓促在选举前通过"立法"程序。舆论界也呼吁不能因迫于选情的压力而贸然转弯，更不应为选票而影响长远政策。但是为了利益，为了选票，相互利用，出现妥协。台湾农业主管负责人挂冠而去。

3. 选票高于政策，权势大于理性，农地成为牺牲品　2000年伊始，1月4日台湾地区立法机构在国民党、民进党联手操纵下，为巩固票源，顺从财团和地方势力的利益，使"农业发展条例"修正案带着模糊、妥协的色彩以绝对多数三读通过。1月6日又通过修正的6个相关配套的规定，使农地成为政党和权势的俎上肉。

报刊披露通过的"农业发展条例"的重点是：

（1）农地开放采取总量控制，定期总结，在2021年前将有16万公顷的农地转为非农用地。

（2）删除农地所有权的承受人以自耕者为限的规定，农地将可自由转移。

（3）耕地所有权因继承或法院拍卖而转移的，不受都市计划有关规定的限制。但私人取得农地不得超过 20 公顷。

（4）放宽农地分割下限为 0.25 公顷，因继承而分割的不受此限制。

（5）确无自用农舍的农民，可在自有的农地上兴建农舍，但 5 年内不得转移。因继承或法院拍卖而转移者，不受此限制。

（6）在农地农用的原则下，开放农地，自由买卖。农企法人、农民团体及农业试验研究机构经申请许可才能购买农地。

"农业发展条例"虽然通过，留下不少模糊的空间。如农地转变为非农地的办法，在农地建农舍的办法，农地农用的认定核查等，又潜伏下一轮的权钱交换。会后国民党认为这是国民党候选人对农民的"照顾"，民进党认为这是对选民的坚定"承诺"，国、民两党的自述，充分暴露出抢在选举期间通过"立法"的根本目的。

4. 岛内的评论 "农业发展条例"修正案通过后，当时舆论焦点虽在选举，但因事关生产、生活，仍引发不少的评论，主要有：

（1）农业区划遭受破坏，农业遭受损害。农业生产有地区性，根据各地的自然条件划分农业区划，充分利用各地的资源，有利于生产、生活的持续协调发展。台湾根据社会经济发展和加入 WTO 后的评估，曾规划约 72 万公顷的重要农业区，该区内的农地禁止转移，次要农业区农地可以开放。因而提出农地开放采用"总量控制"和"分区管制"的原则。但遭到地方势力的反弹，最后只强调"总量控制"，"分区管制"被淡化了。早在 1999 年 8 月，国民党内部已有"重新思考分区管制"的默契。所谓的"总量控制"，只是"政策宣示"，"形同没有限制"，"不划定区位"，只"审核农地转移的数量与变更的用途"。因此，原来规划的重要农业区的农地也可以转移他用。以科学为依据的合理农业区划将不复存在。未来台湾的农地只有在"一些偏远地区或不具备农业利用价值的地方"才能找到，"最后会剩下多少真正农地谁也没有把握"。严重地破坏农业生产、生态，就长期而言，"台湾农村未来将是一首悲歌"。

（2）农地细碎，农地炒作加剧，财团、农会得利。通过的"条例"有三个具体问题值得注意：一是放宽因继承农地分割的下限；二是在一定条件下，新购农地可以建农舍；三是为法院拍卖农地开了口子。由此带来两个问题：一是农地被细分了，不利于农业生产经营；二是农地所有者可能以建农舍为名，兴建农园别墅，促使农地炒作，造成农业资源的流失和污染农业生产环境，农地一经破坏不易恢复。"乡村都市化，后患无穷"，造成长期的负面影响。

台湾曾有人表示，放宽农地分割面积，有利农民购买，以扩大经营规模。但实际上规定新购农地不得少于 0.25 公顷，按目前价格，需375 万台币，非一般农民可以负担。放宽农地分割下限，除解决继承纠纷外，并未给农民带来好处。目前台湾 93％ 的农民都拥有自己的住宅，再建第二栋房舍的可能性不大。在农地转移删除承受人的限制后，农地分割成小块，可建农舍将发"横财"。这也是他们反对禁止在农地上建农舍的利益所在。因此有人说通过的不是"农业发展条例"，而是财团和农会得利的"农庄条例"。

（3）地源增加，房市低迷，建筑业面临冲击。据调查，想购买农地的民众中，超过半数是为了盖房子或作休闲用。虽然想用行政手段控管农地变更用途，但在过去的十多年中，农地违规使用案件达 1 800 多件，只有 1/3 被查办，其余绝大多数石沉大海；放领数万公顷的山坡地，其中 80％ 属于不宜开发地区等事实，足以说明控管只是一句空话。

台湾地区都市计划内的土地，住宅区、商业区的总面积为 6.8 万公顷，尚未完全开发利用，未来农地开放，扩大土地市场供应量，使建筑业处于房产不旺、土地市场供过于求的双重压力。在选举期间，工商业用地资源不紧，又无完善的修改文本和配套措施，仓促通过"农业发展条例"的真正目的，就一目了然了。

台湾"9·21"强震成重灾

(2000 年 3 月)

1999 年 9 月 21 日凌晨，台湾中部地区发生 7 级以上的强震（先报道 7.6 级，后又称地震强度达 7.3 级）。震中在南投县的集集，因此一般称为"9·21"或"集集"大地震。台海出版社已出版《台湾大地震——9·21 灾情纪实与反思》一书，收集了当时情况并作了分析，记录了骨肉深情，图文并茂，值得一读。现就报刊披露与农业有关的点滴情况，整理成资料供关心者阅。地震发生之时，正值台湾岛内忙于"竞选"，各方焦点集中在选举上，选情掩盖了灾情，口号多于行动，在边远地区尤甚。随着时间的推移，台湾灾区民众担心被遗忘了。

台湾是多震区。1906 年、1935 年、1941 年先后发生三次 7.1 级灾害性的地震。1999 年"9·21"大地震是近百年来的第四次强震。这四次强震的震区都分布在台湾西部偏南地区，由苗栗向南至嘉义一线。"9·21"大地震后余震不断，至 1999 年 10 月 20 日余震达 1.3 万多次，11 月 1 日在东部成功外海发生 6.9 级强震。

"9·21"大地震造成人员伤亡，房屋毁坏，山坡崩塌，农田被毁，水、电、道路、桥梁等基础设施破坏严重。灾区地形地貌均发生变化，损失惨重，非一时所能复原。据统计，地震后到去年 10 月 6 日止，因地震死亡人数达 2 295 人，失踪 38 人，重伤 4 139 人，这三者合计达 6 400 多人；10 月 12 日台湾"主计"部门统计，"9·21"大地震伤亡人数达 1.1 万多人，有 8.2 万多户受灾，5.1 万栋房屋遭受毁坏，灾区人民供水、供电、日常生活均发生困难。

一、台湾中部显著位移

"9·21"大地震由于地壳板块东西挤压，台湾中部多处出现向西北方向的位移，形象的报道说台湾"瘦身"了。

台湾中部8个县市（苗栗、台中、南投、彰化、云林，嘉义6个县和台中、嘉义2个市）均有程度不同的位移。位移最大的发生在台中市大坑地区及台中市县交界处的聚兴山二等卫星控制点，向西北方向位移9.06米，上升3.93米。台中县的东势向西北位移8.5米，南投草屯的大虎山向西北方向位移5米，埔里地理中心虎子山三角点原点向北偏西位移2.8米。位于南投、嘉义、高雄交界处的东北亚第一高峰玉山，也向西北偏西方向位移44厘米，但高度未变，仍为1989年测定的3 978米。中部海岸线上的卫星控制点则普遍往东北偏西方向挤压。

除水平位移外，也发生垂直位移。车笼埔断层约15千米范围内的东测点位均上升，愈靠近断层上升量愈大。车笼埔断层西测点位普遍下降，最大下降点位于嘉义大尖山，下降了68厘米。彰化、云林、嘉义三县的卫星控制点检测结果显示，该地区垂直下降40～50米。

二、山坡崩塌，河流堵塞，土壤液化

台湾总面积3.6万平方千米。高山、山坡地和平原大体上各占1/3。平原主要分布在西部沿海，也是农业发达地区。据1997年统计，台湾农业总产值（不包括林、牧、渔业）居前七位的县市，依次是云林、彰化、台南、南投、嘉义、屏东、台中，均分布在西部沿海。

这次大地震造成山坡崩塌面积达7 285公顷，相当于台湾有2%的面积崩塌了，主要集中在南投县，次为云林县。南投县境内最大的山坡崩塌面积高达 5 000 多公顷，植被剥离，光山秃岭，地貌剧变，生态恶化。植被的恢复非短时所能实现。

台湾由于中央山脉纵贯南北，形成水系的分水岭，又受地形影响，东西狭窄，最宽 140 多千米，所以溪流不长，落差较大。这次由于地震引起山坡崩塌，造成灾区有多处土石堆积区，南投县境内即达 100 多处。有的堆积区堵塞河道形成湖泊，如南投县国姓乡九份二山，因山崩新产生堰塞湖，如遇大雨恐怕会造成新的崩塌或泥石流，影响下流安全。云林县古坑乡的草岭是老崩塌地区，1941 年、1942 年、1951 年、1979 年因地震、大雨而发生山崩，使清水溪堵塞成潭，造成下游人员伤亡和财产损失。这次"9·21"大地震，草岭山坡崩塌面积达 698 公顷，使浊水溪的支流清水溪河道堵塞，形成所谓的新草岭潭，威胁下游安全。

经过地震，土壤中的水分和砂土混合成泥浆般的液体，这一现象被称为土壤液化，特别在充满水分的砂质土壤中易于发生。土壤液化后承重能力下降，会导致地层下陷或喷砂。"9·21"大地震产生的土壤液化主要分布在台中、彰化。液化有复发的可能，在高危险区将不适宜居住。此外彰化员林镇有八个地方出现喷砂现象，地层下陷 33 米。

三、地籍需要重新测量整理

由于地震引起位移，原来的乡界、县界受到波动。据测，南投埔里虎子山三角点原点除向北偏西 54°位移 2.8 米外，还下陷 0.5 米，将有可能造成"南投变大，台中县变小"。云林草岭走山移位，版图缩小。这些均有待进一步测量鉴定，重建灾区地籍图，将带来繁重的工作量。

据初步了解，台中、南投两县各有 40 万笔土地地籍因地形变化需要重测。目前一方面通过卫星监测控制点，监测了解土地位移状况，以求得到精确变动的情况，同时及早复原地籍控制点的标石，否则再重测也会失真。

有的灾区，如埔里地政事务所办公楼房塌陷，影响所管辖的地籍资料，如部分地籍图、登记簿仍未找到，虽可利用异地存放的资料及电脑资料库加以补充，仍需一定时日。这将会影响灾民持有关地籍资料向银行申请专项贷款的时间。

四、重建家园难

灾区房屋被毁，家园亟待重建。经有关单位鉴定，原有房屋因震灾造成的损坏程度，可给予一定的救助。但鉴定一是时间长，二是结论意见难于一致。有的房屋鉴定多次，前后结论不一致；有的大楼鉴定一、二层和公共设施属于半倒，其余不属于半倒条件，引起同一幢楼内住户不满。嘉义于1999年10月22日发生6.4级地震后，全县房屋2 000多栋、道路桥梁500多件受损；经统计，房屋35户全倒，340户半倒，288户对认定有争议，申请评估的达2 000多件。这些都需要一定时间进行公正作业。

在房屋倒塌中暴露出建筑质量问题。按规定学校建筑的耐震能力要比一般民房高25％。实际上绝大多数学校建筑都不合乎要求。台湾结构技术公会负责人曾表示，台湾95％的学校建筑都不合乎耐震要求，数百万师生随时面临地震威胁。公用建筑尚且如此，民用建筑防震能力可想而知。

房屋重建遇到的另一个问题是灾区如何规划，涉及地质结构、整体规划，房产地皮位置、产权和地价等复杂因素。实际上，主管多头，事权不统一，导致政策不明，制度不易建立，使规划遇到很大的困难。台湾当局于1999年10月初考虑灾区全面禁止建筑3～5年；提出灾民以"价值相当"的原则，以地易地，让受灾户在临近公有地重建家园。10 月中旬公布 33 个乡镇为禁限建区，其中断层带永久禁建，居民必须迁出。禁限令最长两年。由于严重影响群众权益，其他国家和地区也没有先例，11 月初又不得不调整，把禁限建范围仅限于车笼埔断层两侧 50 米范围内，禁限建为 2 个月。因断层两侧地形地貌完全改观，在原地重建会发生土地纠纷，如未来再发生强震更无法避免损失。这包括台中县、市以及南投县、苗栗县四个县市的 15 个乡镇。不在禁限建范围内的灾区，居民可以规划重建。

灾民重建家园可以向银行申请低息专项重建贷款，但农会信用部被排除在外，且手续繁杂，贷款迟迟不能到手。农民过去习惯于向农会信用部贷款，未与银行发生往来，这次向银行申请，往往遭到拒绝。在边远乡村又无银行，给受灾农户带来很多困难。据统计，约有 9 000 多受灾农户仍按过去习惯向农会信用部申请房贷，信用部无法承受，引起强烈反弹和不满。经过协商至 10 月下旬才明确农会信用部也可以发放专项重建贷款，并确定修缮贷款在 30 万台币以下的免除抵押担保品。台湾农业当局免费提供 13 种农宅建筑设计图，供受灾农户选用，以节省建筑设计费用。

农民识字不多，救助措施多变，手续繁杂，到底有多少救助项目农民并不清楚。因此，一方面需要加大作业的透明度；另一方面要发挥农民熟悉的民间系统的作用，加强辅导，尽量方便灾民。

五、农业造成严重损失

"9·21"地震造成台湾经济严重损失。台湾"主计"部门公告，这次地震造成 3 000 亿台币的财物损失，占台湾地区 GDP 的 3.3%，其中农林牧渔产业损失达 23.6 亿台币，以农作物受损最多，达 14 亿多台币，农作物中以茶叶为大宗，次为水稻、香蕉、葡萄、柑橘等。

以产冻顶乌龙茶闻名的鹿谷乡，因茶园和制茶设备遭到毁坏，更因道路短时期内难以恢复，估计去年冬茶将减产七成。台中县东势、苗栗县卓蓝一带的梨、甜柿，南投集集的香蕉，台中县和平的梨、柿子等都因道路破坏，或由于农民忙于抢修家园，无人采收，造成大量腐烂。地震前采收的水果也因冷库受损而腐烂。据 1999 年 10 月初报道，台北市因供电受阻，实行分区限电，影响蔬菜、水果、鱼、肉的冷冻保鲜，价格下跌。在养殖业方面以鸡死亡最多，高达 150 万只左右。苗栗、台中、南投等地的养鳟池受损严重。农林牧渔产业受损害情况按地区分，南投县损失最大达 10 多亿台币，次为台中县达 8 亿多台币，再次为苗栗县为 2 亿多台币，这三个县被台湾农政当局定为受灾县。

除农林牧渔产业遭受损失外，有 2 595 公顷的农田位移、塌陷或埋没，其中被埋没的达 245 公顷；灌溉蓄水池 1 万多座损坏；有 12.3 万米灌溉渠道受损，使 1.4 万公顷的农田无法灌溉，其中以台中县最多，达 9 000 多公顷，南投、云林、彰化在 1 600 公顷以上。有的水库大坝震坏，如石冈水库大坝震坏，影响大台中的供水。虽然震后不久即进行抢修，但因余震不断，可能会影响钢筋与混凝土的结合和耐震程度。

农林牧渔产业及其基础设施如农田道路（有的农路被土石掩埋，厚达 20～100 米）、桥梁、水土保持、农田水利等受损，两者合计共损失 81 亿～83 亿台币。台湾农业当局乐观表示，至少要一年才能恢复到灾前产业水平，但崩塌地及农路桥梁的修复，可能要更长一些。

六、农会信用部雪上加霜

"9·21"大地震前，台湾"中央存款保险公司"对全台 287 家农会信用部进行金融预警检查评级工作，有 160 家亮起红灯，占全体农会信用部的 55.7%，即超过半数的农会信用部经营情况不佳。

农民向农会贷款，一是购建农舍，二是以房屋为抵押，借贷其他农业贷款。如今购建贷款未还，房子已倒塌，抵押房产和农业设施均遭受损失，使农会信用部呆账增加，中部地区农会信用部濒临破产的边缘。据"中央存款保险公司"估计，中部地区农会信用部因震灾增加的呆账大约147亿台币（台中县约64亿，南投县约51亿，台中市约32亿），有17家农会信用部净值将变成负数。另据台湾农训协会调查，受灾地区农会承受的呆账损失大于"中央存款保险公司"的估计，高达252亿台币。农会本身已成为受灾户，而农户又要向信用部领取存款，重建家园，因此矛盾更为尖锐，如何化解？各家打算不一。"中央存款保险公司"想提高保险费率，以增加存款理赔基金；有人建议筹建"600亿台币农村金融振兴基金"等。在台湾金融机构购并、民营化的浪潮中，又值"竞选"期间，过去酝酿多年的农会信用部的体制、监管等问题又被提到议事日程，使问题的解决增添不少政治色彩。

台湾的水及其灾害

（2010 年 8 月）

一、雨水丰沛，分布不均，水旱交替

"台湾遇雨成灾，不雨成旱"，"旱灾靠台风水灾解除"，天灾人祸，水旱灾害交替，成为台湾人民的忧痛。

台湾属热带亚热带气候。每年 10 月至次年 3 月受东北季风影响，冬季寒潮会引发低温。入春后普遍缺雨，以中南部为甚，早稻往往受到影响。春夏之交是梅雨季节，梅雨早晚时有变化。夏秋受台风影响，带来暴雨灾害。一般是每年 11 月至次年 4 月为旱季，5～10 月为丰水期。丰水期一过又面临雨水干枯局面。年降雨量高山多于平原，东部多于西部，北部多于南部；在季节上，冬季北部多雨，南部少雨干旱；夏季中南部多雨，北部降雨较少。1944—1986 年的资料分析，台湾年均降雨量为 2 504 毫米，大约 78% 集中在 5～10 月，南部地区高达 90%。台湾一年降水约 900 亿吨。

由于全球气候变暖，台湾降雨趋势发生变化。2009 年 "八八" 水灾后，台湾科学家分析：过去 50 年来，台湾降雨量增加，弱降雨减少，不降雨日数增加，强降雨频率和强度明显增加；年总降雨天数由过去 195 天下降到南部只有 130 天；小、中雨年降雨天数由过去 70 天下降为 30 多天；但侵台台风降雨量强度和频率增加一倍，暴雨频率也愈严重。据预测全球温度每上升 1℃，台湾因台风带来的暴雨量增加 40%，毛毛雨则减少约 70%。

二、山高坡陡，河短流急多弯，蓄水不易

台湾岛呈纺锤形，四面环海，面积 3.6 万平方千米，海岸线 1 600 千米，南北长 380 多千米，东西宽 140 多千米。因受菲律宾海板块和欧亚大陆板块的挤压，使台湾变长、变瘦、变高了。根据台湾"农业年报"统计：1984 年台湾岛南北长 377 千米，宽 142 千米，到 2003 年长为 394 千米，宽为 140 千米。近 30 年高度平均每年以 8 厘米速度上升。

在板块挤压下形成高山、陡坡、深谷的地形。台湾由东向西有五条山脉：一是海岸山脉由花莲沿太平洋向台东走向，主峰为新港山，海拔 1 682 米。二是中央山脉是台湾主要山脉，也是台湾水系的分水岭，北起宜兰，西南走向，经台中、花莲、南投、高雄到达屏东，全长 270 千米，有 10 多座 3 000 米以上的高峰，是台湾的屋脊。中央山脉将台湾岛分为不对称的东西两部分，东部狭窄，西部较为宽广。三是雪山山脉，由台北县西南走向，经新竹、苗栗，进入台中县，全长 180 千米，主峰雪山，高 3 884 米。四是玉山山脉，位于雪山山脉东南，经南投、高雄、至屏东，全长 120 千米，主峰为玉山，高达 3 997 米，是台湾的最高峰。五是阿里山山脉和玉山山脉平行，是台湾最西的山脉，西南走向，由南投，经嘉义、台南，进入高雄，全长 131 千米，主峰阿里山，高 2 480 多米。

中央山脉是台湾水系的分水岭。东部河流短、少，西部河流较长。全岛共有大小河流 150 多条，在 50 千米以上的共 50 条，100 千米以上的只有 6 条。第一条是浊水溪，长 186 千米，下游为云林和彰化的界河；第二条是高屏溪，长 171 千米，源于阿里山和玉山山脉之间，东南流向经东港入台湾海峡；第三条是淡水河，长 159 千米，向北流经台北县①淡水入海。因台湾腹地狭隘，河流短急、落差大，很难拦蓄

---

① "台北县"即 2010 年设立的"新北市"。

地表径流，大约有 85％的雨水流入大海。

台湾河流多弯曲，其蜿蜒度（直线长度除以实际长度的商）仅次于菲律宾，居北太平洋第二位。河床弯曲多，遇大雨会加剧土壤侵蚀，容易引发山崩和泥土石等灾害。

三、淡水难以全年充足供应

台湾全年降水约 900 亿吨，因地形关系十之八九流入大海，估计能利用的占总降雨量的 15％多，约 137 亿吨左右。淡水供应出现季节或地区性短缺。

台湾水利部门规定了用水的先后顺序，依次是生活用水、农业用水、水力用水、工业用水及其他。20 世纪 90 年代初，农业用水约占 80％，但农业用水长期处于备援的角色。一遇旱情，稻田往往休耕，给生活用水、工业用水让路，所以农业用水处于下降趋势，而生活用水、工业用水处于增加的趋势。台湾每人每天平均用水 260～270 升，比全球人均每天用水量多 20～30 升，比欧洲多 100 升。舆论呼吁节约用水。

台湾有水库 40 多座，库容总量约 22 亿吨（2009 年 7 月 27 日曾报道有 90 座水库，但总蓄水量仍为 22 多亿吨），但每年需供应 44 亿吨水，如石门水库库容量为 2 亿吨，要供应 10 亿吨水，水库周转调度是难题。遇有水灾水库淤积，清淤速度赶不上淤积，2009 年"八八"水灾后，曾文、南化水库严重淤积，影响嘉南地区早稻种植。台湾降雨分布不均，水库旱涸与爆满往往是一夜间之事，增加调控难度。

为了补充水源，常在河川上游修筑堤堰拦蓄水流，如浊水溪集集拦河堰截留溪水，除灌溉外还供应六轻用水，使生态用水不到河水总量的 0.1％，大河成水沟，河床干裸，沙化，破坏自然生态，遇强风将河床及岸边细沙刮起形成沙尘。台中大甲溪、大安溪入海处也有类似情况。

过渡开采地下水引起地层下陷。地层下陷地区指年下陷速度在 3 米以上的区域。2004 年公布的"台湾地下水文环境变迁"的研究报告指出，台湾每年约有 40 亿吨雨水渗入地下成为地下水，但每年抽取地下水约 60 亿吨，有几年达 70 亿吨，即每年超采 20 亿～30 亿吨地下水。中南部沿海地区地下水位已降低至 200～300 米。台西南部沿海地区养殖场密集，抽地下水养鱼，使有些地区百年来地层下陷 3 米。地层下陷引发海水倒灌，路基下陷，遇有暴雨易水淹成灾。

四、地震加暴雨引发泥石流

台湾的自然灾害主要是地震、台风以及引发的水灾、泥石流。

台湾因受板块挤压，地震频繁。1999 年"9·21"集集大地震后，一个多月内连续发生三次 6 级以上的地震。台湾东部成为地震频率密集的地震带。地震的能量，在地层较脆弱的地区造成断层。据报道，"9·21"大地震后，台湾地区平均每月有 2～3 次规模 5～6 级的地震，2009 年 7 月次数呈成倍增多。

由于地震频繁，山崩地陷、家园被毁、山体裂缝、表土风化侵蚀，遇有暴雨易发生泥石流。用民众的话说："地震把地动松了、动酥了"，一遇台风大雨易产生泥石流，加重灾情。2004 年"七二"水灾，紧邻大甲溪的台中县松鹤部落被毁；2009 年"八八"水灾，高雄县小林村被泥石流灭村，类似事件屡见不鲜。专家分析台湾以前没有什么泥石流，现在遇大雨就泥石流成灾，其原因之一是"9·21"大地震土地被震松了。小林村的义务消防员曾说，"八八"水灾来后，雨量不断加剧，而旅山溪却没有什么水，因为山上裂缝太多，水都直接渗到山缝中，最后整个山体崩塌，产生泥石流和堰塞湖，堰塞湖溃坝又冲刷河床山体，形成巨大的泥石流，小林村除一户民宅外，均遭泥石掩埋，惨遭灭顶之灾。

"八八"水灾，台东太麻里溪溃堤带有大量泥石流冲垮下游农民家园，2 名警员被冲走，金帅饭店倒塌，交通中断。台南曾文水库一夜间由蓄水变为泄洪，曾文溪溃堤，全县 31 个乡镇遭淹，低处水深达两层半楼房高；屏东沿海地层下陷地区受灾严重，水深达两层楼的高度。据台湾农业主管部门 2010 年报告，仅农业一项损失就达 194 亿元。

五、天灾可防，人祸可免

"八八"水灾后，台湾民众分析成灾的原因，除了地震，台风带来强降雨引发泥石流之外，一般认为，一是对强风暴雨掉以轻心。台湾 2009 年 6～7 月的降雨量只有常年的 60%，一直关注旱情，限制农业用水，呼吁民众节约用水。8 月 6 日前有强风暴雨的预报，虽对强度预测不准，但只注意解决当时旱象，对即将到来的南台湾半个世纪以来的最大暴雨未有警觉。其次是灾情发生后措手不及，信息传递不畅。救援工作效率低，丧失援救的黄金时间，结果酿成大灾。三是山林滥伐滥垦。1996 年台湾解除 6 000 公顷保护林。当时舆论指出，山林滥伐造成林业资源枯竭，保安林被毁，破坏生态；影响水土保持，泥沙下泄，淤积河床，洪水成灾。中、高海拔山坡滥垦普遍，变林地为果园、茶园，有的在 30°～40°的坡地上开梯田种生姜，只要台风雨量稍大，就会形成泥石流，这是"灾害的元凶"。四是建筑选地不当，与河床争地，重蹈覆辙。台东县倒塌的金帅饭店竟建在 37 年前遭台风掩埋的宝岛特产店附近，忘记了宝岛特产店倒塌的教训。南投县一所小学建在河溪出口冲积扇上"怎能逃过天灾"。云林石坑是泥石流重灾区，为鼓励发展旅游业，民宿一直扩增到 100 多间，造成不可挽回的损失。所以有人说，小林村惨遭毁灭，是"过去事故的重演"。五是铁路警察各管一段，各自为政。农、林、土、水、气象、地震等部门各有分工，综合协调不易，防治难以发挥综合效果。以一条河流为例：上游的森林归林务部门管，泥石流问题归土保部门管，河川归水利部门管，非主要河流属县市负责，气象、地震又另有机构负责，要标本兼治，难度较大。

自然灾害有时难于做到十分准确的预报，但平时在调查研究的基础上做好防避方案，可减轻灾害程度。有的专家认为，在策略上，"避灾比防灾更为重要"，在地质极端不稳定的地区不宜住人，要考虑迁村，但在一般条件下考虑当地文化、历史、习俗，不轻言迁村；在方法上，要具体细致排查，制定防撤方案。"八八"水灾时花莲遭遇 14级大风，雨量不大，影响较小。事后，花莲县官员表示，平时他们注意防灾避灾工作，会同院校专家查看每条溪流，做出防撤方案，并组织民众演习，这是好的做法。

地震、台风、水灾、泥石流是台湾常见的自然灾害，应防患于未然。宜多方协调、统筹规划、加强预报、保护山地森林生态，制定和落实详尽的治灾、避灾、防灾措施，让民众知晓并组织演习，避免临时仓促失误。这是台湾民众的期盼。

入世对台湾农业的影响
及应对措施

(2002 年 4 月)

我国入世后，台湾地区包括台湾、澎湖、金门、马祖四个岛屿作为一个关税区也相继入世。

一、台湾对 WTO 承诺中的农产品部分

台湾对 WTO 承诺中有关农产品的部分主要是：

1. 调减关税 对 1 021 项农产品关税，目前为 20.02%，加入 WTO 后第一年下调为 14.01%，然后再分年下降至 12.86%。大部分农产品在 2002 年完成，但有 137 项敏感性产品延至 2004 年完成。

2. 稻米及其制品采取限量进口 2002 年承诺进口糙米 14 万余吨，占岛内消费量的 8%。

3. 取消地区限制 原有 41 种农产品采取限制进口或地区限制进口，现改为取消地区限制。有 23 项采取关税配额进口，其余采取自由进口。

4. 采取关税配额的农产品 有大宗生产的农作物（如花生、蔗糖、红豆），水果（东方梨、槟榔、桂圆肉、椰子、香蕉、芒果、柚子、凤梨、柿子），食用菌（干金针菇、干香菇），大蒜，畜渔产品（液态奶、鸡肉、动物杂碎、猪腹肋肉、鲭鱼、鱿、鹿茸），共 23 种。

配额的数量和配额关税因产品而异。如猪腹肋肉、鸡肉、家畜杂

碎到 2004 年的配额数量为岛内消费量的 12％～20％，税额为 12.5％～25％；糖的配额数量最高达 41％；作为种用进口的大蒜，在配额范围之内的，可以免税。

5. 开放自由进口的农产品　有 18 种，大部分关税在 20％～40％，这些农产品包括龙眼、荔枝、橙类、桃子、苹果、土豆、全鸭等。

6. 牛肉　特殊品级牛肉（美国牛肉）关税每千克 23.8 元（台币）降至 22.1 元（台币），一般品级牛肉（澳洲牛肉）由台币 30 元降至 27 元；2004 年一律降至台币 10 元。

7. 削减岛内农业支持（AMS），即减少对农产品及生产要素的补贴　2002 年削减 20％，约 35 亿台币。采取减少保护价收购农产品的数量等方式实现。

8. 采用特殊保障条款（SSG）　对 14 项估计可能冲击大的农产品争取采用 SSG，以防止过渡冲击。这 14 项农畜产品是：花生（含带壳花生、去壳花生、花生粉、花生油）、东方梨、糖、大蒜、槟榔、鸡肉（含鸡腿及鸡翅）、动物杂碎（含畜杂及禽杂）、猪腹肋肉、液态乳（鲜乳及其他液态乳）、红豆、柿子、干香菇、干金针菇、柚子。

二、入世对台湾农业的影响

台湾经济今非昔比。20 世纪 90 年代初，台湾申请参加关贸总协定（GATT）。当时失业率仅 1.7％，经济年增长率在 6％左右。目前失业率升高，经济衰退，连续两年人均所得走下坡路，目前仅维持在 1995 年的水平。入世后多数农产品调降关税要在一年内完成，压力增大。农业又是小农经营，成本高，长时间受到保护，经济活动空间有限；农民素质相对较低，年龄偏高，转业较难，所以入世后对台湾农业生产、农民生活带来较大影响。岛内有人认为，"农业的萎缩是最容易预期的伤害。"

1. 农业的生产功能进一步弱化 以稻米生产、糖业和养猪业为例分述于后：

稻米生产面积下调。目前台湾稻作面积约 34 万公顷，有 1/2 农户从事稻米生产，成本高，稻米价格高出国际市场价格的 2～5 倍，没有竞争力。入世后，2002 年进口糙米 14 万余吨。因此稻作面积较 2001 年再下调 4 万公顷，为 30 万公顷。（台湾水稻收获面积 1980 年为 63.7 万公顷，1990 年下降为 45.4 万公顷）。连同下调杂粮种植面积，预计 2002 年将减少种植面积 5.3 万公顷。至 2004 年需要减少 8.6 万公顷。这些农地可以休耕，也可以转为非农用地。

关闭糖厂，裁减人员。糖业曾是台湾换取外汇的主要依靠，如今已风光不再。制糖甘蔗收获面积 1980 年为 10.7 万公顷，1990 年下降为 6.5 万公顷，食糖产量亦下降。从 1990 年开始进口粗糖，精炼后再出口，进口量逐步增大。入世后因生产成本高，售价却是国际市场糖价的一倍，台糖公司每卖一斤糖都亏损。台糖公司从 2002 年起将现有的十座糖厂，在三年内关闭六所，只保留四所；员工裁减 2 500～3 000 人；3 万多户合同蔗农减少至 1 万户左右，即有 2 万户蔗农面临转业转产。同时降低公司职工退休年龄和新进人员的薪水标准。台糖公司的经营，将放弃蔗糖生产、加工，转向"土地开发"及"生物科技"，彻底转型。

养猪业是台湾换取外汇的来源之一。1997 年发生口蹄疫后，外销受阻，转为内销，饲养总量跌进 1 000 万头，辅导养猪户转业转产。2001 年 5 月，饲养总量达 730 万头，因供过于求，猪价低于成本价，按市场需求只需 680 万头。因此，要采取措施淘汰 50 万头生猪和 1.5 万头母猪，以控制饲养总量。入世后，猪腹肋肉、猪杂碎采取关税配额控制进口，2005 年起全面开放。因猪肉、猪杂碎进口，将影响岛内毛猪生产，估计饲养总量将再下调 100 万头。

2. 农产品价格下降 由于农产品进口，将影响岛内农产品价格。

估计水稻在入世第一年，价格会下跌一成以上；红豆价格将下调11％；花生产值会减少12％，至2004年会下降17％；每进口1万吨鸡腿肉，肉鸡产业会减少12亿台币产值。鲜奶年产值将减少15亿台币以上。台湾养猪成本为欧美的1.2～1.7倍，已不具有竞争力，加上进口的猪杂碎在国外是低价产品，受冲击更大。

据报道，2001年年底，台湾农产品价格不仅未降，反而上升。其原因之一是单产下降，如二期稻作，受台风影响有的产量减少一半；原因之二是总的种植面积减少，如花生种植面积为1.3万公顷，比上年少4 000公顷，又遇风灾，单产下降，市场供应量减少；原因之三是原来农产品供应短缺时，可以专案开放进口，入世后，废除专案进口方式，加工业成本反而上升。由此可见，农业是生物性生产，价格问题必须考虑自然灾害风险。

3. 农业总产值下降　台湾农业总产值只占台湾生产毛值的3％左右。1996年台湾农业总产值为4 200亿台币，1997年下降为3 795亿台币，减少400多亿台币。入世后，2002年农业总产值估计减少247亿台币，到2004年将减少385亿台币，减幅是现有农业总产值的一成。详见表2-5：

表2-5　台湾农业总产值减幅

单位：亿台币

时间	农业总产值下降数（减幅）	农业	畜牧业	渔业
2002年	247（6.8％）	118（7.1％）	87（8.7％）	42（4.6％）
2004年	385（10.6％）	168（10.2％）	146（13.6％）	71（7.8％）

4. 农民转业人数猛增，使失业率居高不下　预计从2002年起将有1.8万～2.7万农民被迫离农转业。5年内将有10万农民要转业。由于农业人口年龄偏高，教育文化水平偏低，转业相当困难，特别是长期享受保护价收购的农作物的种植者，如烟农、蕉农及蔗农影响最大。因而台湾失业率将攀升不下，社会压力增大。

由于以上诸因素，必然影响农民生活和农村经济。

三、应对措施

1. 宣传介绍　面对入世后的情况，台湾农业事务主管部门采取以下应对措施。

向农民介绍 WTO 谈判的结果以及打算采取的应对措施，增加透明度，以求得农民的理解和支持。2001 年年底曾编写一套宣传手册，除总的介绍入世的情况外，还按一些产业分别作了介绍。

2. 轮流休耕　为了产销、供需平衡，积极调整产业结构。对二期稻作面积采取轮流休耕，即将二期稻作面积超过 100 公顷的乡镇，在未来 3 年内六期稻作中轮流休耕一期。为鼓励农民配合，对轮休区种绿肥者，给予补贴。如轮休区农民不愿休耕，仍旧种稻，则不保证收购，也不列入稻农紧急救助对象。

轮流休耕宜考虑产地稻米品质，农业环境，因地而异。台湾东部，花莲、台东的农民认为应停止西部污染地区的水稻生产，鼓励东部继续发展优质米，提高本土产品的竞争力。农民如不休耕，继续种稻，则农业事务主管部门不予收购和不适用稻农紧急救助办法。

稻田轮流休耕不仅涉及农民生产、生活，还影响碾米厂经营和米商营销等问题，也要通盘考虑调适。

3. 调整产业结构，开发农业的多功能　发展有市场竞争力的"本土、新鲜、物美"的乡土特色产品，建立市场认同的品牌，积极推进生态、旅游、休闲、精致农业。

4. 组建农业策略联盟　整合产销渠道，集小农为大农，发挥规模效益。同时积极研发生物科技和食品加工技术，使科技、加工、营销和管理四个方面紧密结合，提高竞争力。

农业策略联盟是一件新事。例如黑毛猪策略联盟是由桃园县平镇市农会黑毛猪生产示范班、优良的屠宰业者和松青超市组成的，将生产、屠宰、分割、销售等环节组成产销体系，以松青黑毛猪品牌猪肉供应市场。进而养猪研究所加盟，使品种改良、饲料、饲养管理更加科学化、规范化，并办理黑毛猪场认证工作，使消费者能够买到新鲜、卫生、安全、味美的黑毛猪猪肉。发展黑毛猪策略联盟的意义还在于既可以开发本土良种，又可以和引进品种相区隔，其目的是以质优赢得消费者的认可，提高竞争力，扩大市场份额，发展本土养殖业。

　　5. 制定短期稳定价格措施和建立农产品受进口损害救助基金　短期稳定价格措施是指农产品产地价格低于成本时采取的措施。如水果产地价格下跌，视下跌多少，分三种情况采取不同处理：①如价格跌至直接生产成本的九成以内时，采取加强果品评比展销，以促进销售；②下跌至八成至九成之间则辅导废园；③如下跌至八成以下时，除促进销售，还应收购次品废弃，扩大废园范围。有的农产品还采取补贴收购，如水稻价格在上述三种情况下，全年收购量将逐步增加。第一种情况收购 62 万吨，第二种情况收购 69 万吨，第三种情况则增加至75 万吨，并提供粮商和农会低息贷款。台湾农业事务主管部门估计，入世第一年约需 400 多亿台币，但实际预算不足一半。

　　此外，台湾在"农业发展条例"中明确设立"受进口损害救助基金"，估计要编列 1 000 多亿台币，但实际在预算中仅是零头，相差甚大，台湾经济不振，财政困难，捉襟见肘，难以满足应达到的低限要求。

变 化 与 期 盼①

(2008 年 11 月)

2008 年台湾地区国民党上台后，正草拟"农村再生条例"，规划台湾农村工作。面对当下世界粮食危机和岛内农业现状，采取以下举措和承诺良好的愿景。简言之：

①休耕地复种，发展生产；

②鼓励农产品出口；

③实施"小地主、大佃农"，发挥规模效益；

④平地造林，合理利用土地；

⑤希望四年内农家所得达百万元。

一、休耕地复种，发展生产

台湾农业生产"不足与过剩"并存，不足是小麦、玉米、杂粮全部依靠进口，作为食品和饲料维持养殖业自给。稻米则生产过剩。参加 WTO 后要进口部分大米，因此部分稻田不得不休耕，以维持供需平衡和一定的市场价格，维护稻农收益。

据台湾第 11 次农林渔牧业普查②，2005 年年底农牧业可耕地为 59.8 万公顷，比 5 年前减少 2.7 万公顷；其中作物生产用地 47.1 万公顷、造林用地 1 万公顷、休耕地 11.7 万公顷，休耕地占可耕地的

---

① 本文主要参考资料为台湾《农政与农情》杂志。

② 台湾每 5 年进行一次农林渔牧业普查，2005 年是第 11 次。

19.4%。民进党在台上的八年里，休耕地由 2000 年的 12.9 万公顷，增加为 2004 年的 23.9 万公顷，2007 年的 22 万公顷（一期作稻田休耕 9.7 万公顷，二期作稻田休耕 12.5 万公顷），休耕面积接近稻作面积（26 万公顷左右）。稻田休耕要给农民补助给当局带来财政负担。在石油、粮食价格上扬和强调粮食安全的情况下，休耕地复耕为岛内民众关注。

前几年曾鼓励休耕地改种向日葵、大豆、油菜和观赏植物。向日葵、大豆、油菜作为生物质能源的原料，因气候不适应和成本高，无发展前景遭到否定。

台湾农业主管部门提出休耕地从 2008 年二期作开始分别种植水稻、饲料玉米和其他饲料，把过去对每公顷休耕地 4.5 万元的补助，改为休耕地种玉米的奖励金加上玉米价格，保证农民收益比拿休耕地补助金高。初步估计，2008 年饲料玉米的种植面积可达 1 万公顷，可提供饲料玉米 5 万吨，提高饲料玉米的自给率。

休耕地复种玉米受到养殖业者欢迎。但农村青年外流、人口老龄化，且休耕多年改种玉米还有若干技术问题，因此有的地方在观望。

二、鼓励优势农产品出口

为了鼓励有竞争力的农产品出口，对出口农产品的县实施补助。台湾出口农产品以稻米、热带水果、茶叶为主，目的地主要是祖国大陆、日本和东南亚。2008 年纳入外销补助计划的有台北、桃园、台中、云林、台南、高雄、屏东、花莲等 8 个县（市），每县（市）最高补助 200 万元，并分别确定外销市场。如台南、高雄的水果主要出口日本，屏东农产品对准韩国市场，台中的椪柑销往东南亚，云林的大米、花卉、水果预销祖国大陆，台湾的包种茶以祖国大陆及日本为目的地。茶叶巨子李瑞河呼吁台湾西进卖茶。所以在台湾开放县长赴大陆访问后，一段时期，不分蓝绿阵营，不少县长来大陆寻求商机。

有的业者考虑销售水果、蔬菜，要新鲜、要适合当地民众饮食习惯和消费水平，因此运销要快捷，否则易腐变质，在两岸"三通"未解决前，想等一等再动。

学者分析，台湾水果销往大陆存在以下问题：一是量少，上市有季节性，不能全年供应。二是价高，只适合一定地区和一定的消费群体。三是台商已引入台湾品种在大陆种植，品质不差，市场上难以区分。加上两岸未能"三通"，增加运销的难度。这些因素影响台湾水果在大陆销售。目前台湾业者先锁定水果"高档礼品"市场，再探索较稳定的促销通路。

为了保证外销农产品的质量，在稻米产业建立生产专业区的做法，受到肯定。

三、"小地主、大佃农"发挥规模效益

台湾是小农经济，农户平均占有耕地在 1 公顷左右，近 50% 的农户拥有耕地在 0.5 公顷以下。1 公顷以下的农户占总农户的 75% 左右。1983—1986 年曾实行第二次"土改"，希望农民贷款扩大耕地经营面积收效不大。后来农地政策变动，最小分割下限由 5 公顷降为 0.25 公顷，并有若干例外。因此，农户田块细化，规模过小，谈不上规模效益。耕地是农民的命根子，即使外出工作也不愿放弃祖辈留下的几分地，既有继承祖业的传统文化因素，又有作为生活保障，以防万一的依靠。

但小农经营已无法面对农产品市场的激烈竞争。因此台湾当局采取"小地主、大佃农"的做法，扩大经营规模。具体办法是：耕地所有权不变，所有者可以将耕地出租给农民、产销班或农业合作社，以集中零星耕地达到一定的经营规模产生经济效益；由农会一次付给约

定年限的租金给地主，承租的农民每年分期付租金给农会，利息由当
局补贴。这种做法的好处是：①不改变耕地所有权，社会可以稳定；
②使有意扩大耕地从事农业者获得土地；③可以规模经营；④出租耕
地者有租金及利息收入，如果是年长的老农还有老农津贴，生活有一
定的保障。这一办法正在试点。

四、平地造林，合理利用土地

台湾现有林地面积占全岛面积的 50％ 左右。现在的政策是保护森
林资源，禁止采伐，同时造林，扩大林地面积和林产品开发利用。
2002 年起，实施"2002—2008 年平地造林及绿化美化方案"，希望在
平原地区营造大面积的绿地。2008 年在总结前几年工作的基础上继续
执行这一计划。

平地造林是指在相连的 2～5 公顷休耕的蔗田、不宜于种植的农地
（如金属污染区）、地层下陷区植树造林。2002—2007 年已完成 9 000
多公顷。2008 年 5 月台湾农业主管部门宣布，今后 8 年内平地造林 6
万公顷，建立三个 1 000 公顷的大型平地森林游乐区，兼顾环保与休
闲旅游。具体办法是根据不同地区，选种不同的观赏性和经济林木，
以发展休闲事业和林产品开发利用，苗木统一免费供应；参加平地造
林的农户每公顷补助 12 万元。在屏东、加义、花莲还规划了三个景观
造林示范区，将平地造林和水土保持、森林旅游、生态景观、民宿休
闲结合起来，改善环境、发展农村经济，有益于社会。另外，还注意
城市绿化美化工作。

五、盼农户收入达百万

2008 年台湾当局提出四年内农家所得达百万元的愿景，1999—

2006 年农家年平均所得在 90 万元，2006 年为非农家所得的 80%。

农家所得包括：农业所得（农业净收入和农业补助）及农业外所得两部分。1999—2006 年农业净收入在 17 万元左右，约占农家总收入的 20%，农业补助在 1 万元上下，比重很小。农家收入的大头靠农业外收入，这包括工资、捐赠转移和财产所得等，一般在 70 万元左右。

农家总收入，2002—2005 年与 1999—2001 年平均相比，分别减少 7.3%、4.8%、14.2% 及 2.6%，主要是农业外收入减少。如 1999 年农业外收入平均为 75.8 万元，2005 年下降为 69.1 万元，是经济不景气所致。

农户经营的项目不同，收入差异很大。经营休闲农业的农户最高年收入可达 200 万元，是一般农户的 10 倍。占农户总数 0.13% 的食用菌农户，平均每户年收入可达 158 万元，而占 43.31% 和 23.39% 的种稻和种果树的农户平均年收入只有 8.8 万和 21 万元。2006 年农家平均农业收入略超 20 万元。

要实现农户收入达百万元的意愿，关键是提高占大多数种水稻、种果树的农户收入和增加农业外收入。农业转型、多角化经营、规模化生产、注重产销，从而增加农业收入将是台湾农业的走向，与此同时，拼经济、扩大农业外收入，期盼才有可能变为现实。

农村七十二变[①]

（2013 年 10 月）

台湾《农政与农情》杂志以 72 篇通讯，刊载"农村七十二变"系列报道（以下简称"报道"），历时 6 年，于 2011 年 12 月落下帷幕。"报道"分别介绍社区（村）、乡及邻近地区的变化，也有从不同角度介绍同一地区的演变和灾区重建，其中介绍花东地区的占"报道"的 1/3。这 6 年中，以 2008 年为界，可分为两个阶段：前期内容侧重河溪治理，维护环境，统筹"三生"，发展休闲农业；后期突出强调培训本地人才，启动乡村再生建设。从这些介绍中可以探析台湾农村建设的思路。

农村为什么要变

农村和城市是社会统一的整体，均衡发展，社会才能平和稳定。台湾 20 世纪以"农业培育工业"，20 世纪 60 年代后期，经济由农业为主转变为以工业为主，但社会财富没有为大家共享，农民所得偏低，城市繁荣，农村凋落。一方面都市扩展带来的都市病乏力解决；另一方面，凋零的农村，年轻人外流，缺乏活力，农业生产力下降，失去竞争力，农村传统文化、历史古迹、手工艺技术逐渐消失，社会畸形发展，矛盾增多。因此，在城市兴旺的同时，必须加强农村建设，城

---

① 本文主要参考资料为台湾《农政与农情》杂志。

乡共同发展，既可缓减都市诸多矛盾，又可营造活力农业、宜居农村。农村要变，农民要富裕。早在连战先生主持台湾省工作时，即提出"建设富丽农村"的口号，希望逐步缩小城乡差别。

为什么由水土保持系统推动七十二变？因为台湾山多地少，山陡、河溪短急，遇有地震、台风、暴雨往往造成重大自然灾害。20世纪，七级地震多达4次；21世纪，2004年的"七二水灾"、2009年的"八八水灾"均造成惨痛损失。因此，从水土保持下手，整治河溪、护坡护土、防灾减灾成为治理农村的先行任务。1978年台湾水土保持系统实施"坡地农村综合发展计划"，以村为对象制订整体规划，逐步改变农村面貌，这是七十二变之始。水保系统因权责及经费所限，到20世纪90年代，仅在公共及公用设施、奖励补助、设立专项贷款三方面推动七十二变。21世纪初，制定的"农村再生条例"进一步推动农村建设。

综合规划愿景

制定农村综合治理规划有三个特点：首先是调研起步，从实际出发，居民和专家共同研究制定。其次是内容综合，尽管这项工作由水保系统牵头主持，但农村是社会，涉及诸多方面，规划内容必须统筹兼顾，远近结合。最后是当地居民组织起来，成立多种协会，自主实践。

规划一般包括五个方面：一是水土资源的利用、产业发展、产业结构调整、改善生产环境等；二是公共及公用设施建设，如交通网络、水溪治理、邮电医疗、老年服务等；三是治理生活环境，如民宅修建、卫生等；四是文化活动，如保护文物古迹、组织文教活动等；五是环境保护，如垃圾及污水处理，保护生态景观，防治公害等。

社区（村）的综合发展规划，首先考虑农村定位。农村不仅是农业生产和农民居住的地方，它也是提供农产品、"供应"自然景观、吸引城里人来休闲调养身心的地方。农村要发展产业、要创造农村居住与休闲的价值，经济功能与非经济功能并举，"防灾、生态、产业、休闲、人文、教育"营造农村新风貌。跨社区（村）的规划要彰显各村的特色、习俗文化。其次是溪流整治、农村道路要尽量保留原有自然风貌和生态。三是改善生产和生活品质，吸引观光客和青年回归。四是设置兼有教育、生态、休闲功能的水土保持户外教室，培养爱乡爱土爱大地的情操。五是挖掘宣扬当地人、物、产、景、史的宝，组织培训当地人力资源，凝聚社区向心力。

一二三产齐发展 有特色 生产致富

农村要变，农民富裕是基础。

传统的粮食生产能否使农民致富？花东地区的回答是能，质优为先。花东地区以生产优质稻米闻名，在台湾稻米评比中名列前茅。好米价优，价格自然提升。再由好米开发米食产业——如池上饭包。全台主打池上米的饭包店已多达 3 000 多家。传统的耕作方式在水稻收获后种植大面积油菜等绿肥作物，从花莲新城乡延伸至台东鹿野乡，构成 7 000 多公顷的油菜花海，吸引游客，发展休闲农业。绿肥翻耕，增加土壤肥力，少用化肥、减少污染、保护生态、保障稻米的品质，形成良性循环。水稻收获后举办稻草编织艺术创作竞赛，优胜作品放在花东稻作区。优质的稻米、闻名的饭包风味餐、大面积的花海带动民宿、餐饮，使花东地区既是传统的农业区，又成为以农村景观、人文风情、体验农业的休闲农业区。2011 年参观花东地区花海系列活动人数达 1 500 万人次，创造价值 11.6 亿元。农民增收了，有意愿、有能力建设家乡，追求更美好的生活。这种"双季稻→绿肥→双季稻"，既保障粮食安全，又发展休闲业的模式，台中新社也有报导。

农村特色带来农民富裕商机。农村特色是指农牧渔业特产及其加工品和农村特有的生态环境。有特色就有知名度。特产名乡是当地农民增收的源头。新竹新埔镇旱坑里盛产柿子，用传统方法加工成柿饼已有百年历史，产量占全台的95%，还结合本草纲目宣传吃柿饼的好处，秋季柿饼飘香成一大特色。南投中寮乡有1 000多公顷的龙眼林，传承古老加工工艺制作龙眼干，行销各地，还举办龙眼节，虽经"9·21"大地震也未中断。以生产黑钻石莲雾闻名的高雄六龟乡宝来村，凭借莲雾、金煌芒果、东方美人茶等多种农特名产和山区步道、温泉，使其成为"三生"之乡。

产业集中形成特色。彰化田尾乡花卉产业集中，沿公路有1 000多公顷的花卉、树木苗圃、200多家园艺商店，有花卉拍卖市场，产销结合，组成田尾公路花园，还修建两条自行车路，游客可以骑车沿途赏花、购花、品赏冷饮美食，活络田尾乡打簾社区经济。在产业调整中形成特色。如花莲瑞穗乡舞鹤地区的农村，经历了种植凤梨→水稻→茶叶和咖啡的演变，闻名的天鹤茶和"舞鹤咖啡公主"使舞鹤以茶香、咖啡著名。

保护营造自然生态创造特色是云林林内乡的特殊做法。该乡林北地区是紫斑蝶迁徙的路径，春天满天飞蝶。为了保护这一自然景观，社区种植蜜源和寄生植物，营造紫斑蝶栖息的生态环境，不仅使这一自然现象持续下去，还吸引不少其他蝶类。社区举办生态导览活动，使休闲、保护环境和生态教育结合起来。新竹北埔乡大湖地区保护好萤火虫生存、繁殖的自然环境，夏日夜晚，在宁静无光的田野，可以见到流萤飞舞，萤光万点的美景成为北埔的一大特色，令游人流连忘返。

建设整治 维护生态 传承文史

吸取传统工艺，就地取材，整治河溪。台南东野乡整治野溪以表面粗糙化、材料自然化、高坝低矮化等生态工程替代"三面光"的做法，优点是：不阻隔河水渗入地下、表面粗糙可以减缓流速、减少洪峰流量，提供水生生物栖息、繁殖的孔隙，丰富河川景观，提升休闲价值。云林林北地区以传统的水利设施，用木条、竹子、藤条为原料，编扎成圆锥形的竹笼，笼内装满石头的"笼仔篙"，组成围栏，引导浊水溪灌溉农田。"笼仔篙"成为社区的标志和装饰品。不少水土治理区设立户外教室，包括土壤冲刷流失观察区、植物根系观察区、坡地植物生态治理展示区、水土保持示范区、生态池和教学辅助设施等，普及生态治理，保护水土资源的科学知识。

用竹木结构、天然藤蔓、当地石材修造具有当地建筑风格的民居茶亭，延续建筑文化。彰化大村乡平和社区以稻作为主，砖窑、草编相当发达，社区发展协会利用生产的红砖，结合春耕、夏耘、秋收、冬藏的农趣，整合农舍院墙，改善门前景观，宣扬农耕文化，成为红砖艺术村。有的社区考虑选用当地易于管理的物种作为绿化材料、改柏油路面为透水的砌石路面、改水泥石墙为自然石块与泥土砌成的生态墙，石头缝隙中长满花草，建设生态村。建简易污水生态净化池系统，处理农村污水。在不同的池内种不同的水生植物，使净化的污水池成为蛇、蛙、水生植物共存的多样生态环境。

利用当地资源修复山野步道，既反映本地开发历史，又发展旅游业。花莲寿丰乡以竹竿、树枝等材料，筑土阶梯，修复过去挑夫走的栈道，在入口处建挑夫塑像，走访长者整理口述历史，丰富古栈道的文化内涵，唤起人们历史的记忆，彰显花莲先辈奋斗的精神。不少乡镇用当地资材，结合生态、文史、修复过去打柴、狩猎、挑盐、挑米的山区羊肠小道为旅游步道，发展旅游业。通过步道或公路串联沿线景点，民宿、"田妈妈"餐厅组成跨区的休闲产业，活络山区经济。

先进带动　组织推动　教育为先

农村"七十二变"的动力来自农民对家乡的热爱和期盼。经水保系统辅导，通过调查访问社区居民，整理社区现状和过去，了解社区的美，唤起居民关心乡土、思变、要变的思想和行动。在社区发展协会等群众组织的推动下，以维护水土资源、培育生态、发展产业、以人为本的思想规划未来，使居民享受优质农产品和安宁的田园风光。

台湾水土保持系统推进"七十二变"，实施"培根计划"，以培训当地人力资源作为重要的抓手。以本地资料结合乡村建设的知识技术，用务实的精神，培训当地民众，提高热爱乡土及自主建设故乡的能力，取得好的效果。2010年"培根计划"纳入"农村再生条例"成为法定的做法。

在教育的基础上，成立社区发展协会等群众组织。台中福隆社区成立多种志愿组织，如社区发展协会、长寿俱乐部、环保志工队等，显现社区丰富多彩的活力。在发展协会的发动下，了解社区历史、生态资源、产业变迁、文史古迹等资料，编辑成图文并茂的"社区故事"，送给居民，增强社区的凝聚力。协会和居民共同讨论，提出农业要优质、农村要宜居的愿景，制定近期和远期综合发展计划。

在实施规划的过程中，涌现出不少先进人物和志愿者，他们用事迹召唤游子归来。台南林子内社区一位老人自愿提供房前土地营建社区花园。新北市三芝乡一位退休的高中教师自愿出资，购买建材，借出田地，与邻居共同劳动建起五座家庭污水净化池，用水生生物净化污水，使原受污染的八连溪恢复灌溉、生活用水的功能。社区民众看到好的效果，积极另建厨余能源再生槽，用厨余制造有机肥，开办农夫集市，使原来想离乡的青年听到外来游客称赞这里"空气好，风景好，菜好吃"，打消了离乡的念头。"9·21"大地震使新竹南埔社区灌溉渠遭受破坏，稻田被迫休耕，有四位老人主动挑起清淤的重担，使水渠恢复灌溉功能。彰化和平社区一位75岁的老农捐出三分农田作为"耕读农田"，由老农向小学生讲解二十四节气的知识、示范农田耕作，村小学六年级学生插秧、夏耘，社区协助管理，收获后的大米作为小学生的营养午餐，使农业生产、乡村建设早早融入儿童的心灵，是农村建设与教育结合的范例。这些动人的佳绩，感召外出青年回归故土创业。

台湾农村再生条例简介

(2011 年 3 月)

2010 年 7 月台湾地区通过"农村再生条例"（以下简称"农再条例"）立法，设置"农村再生资金"（下简称"农再基金"）1 500 亿新台币，在十年内分年编列预算。"农再条例"于同年 8 月公布实施。

一、背　　景

2008 年台湾地区选举时，国民党提出"爱台十二建设"，其中一项是推动"农再条例"，十年编列 1 500 亿新台币基金，执行农村再生计划（下简称"农再计划"）。"农再条例"是落实这一主张的基本依据。

台湾经济社会在发展中拉大贫富差距、城乡差距，农村公共设施落后、生活环境不好、农村青年外流、老龄化加剧、食品综合自给率下降，农村凋敝，被边陲化了。

台湾是小农经济，农户平均只有 1 公顷左右的耕地，如剔除台糖公司的农地，则仅有 0.7 公顷。近十年，农户年所得为 87 万～92 万元，占非农家所得的 75％以上，近 80％。农户所得中农业所得占 20％左右（农业所得分农业净收入及农业补助两项，农业净收入在 20％左右，农业补助很少，在 1％上下），非农业收入占 80％左右。农户平均所得掩盖了占农户 43.32％的稻作农户年收入仅 8.8 万元的低水平。这表明务农收入低，农业非专业化比重加大，农户兼业化程度提高，农业被边缘化了。

农村收入低，公共设施滞后，青年人外流，农村老龄化提速。2008 年农村劳动力平均年龄约 54 岁，2009 年为 61 岁。有人士分析，每 20 年农民平均年龄增加 10 岁。在农村"平时要看到年轻人，很难！"农村青年人外流，也意味着农村生产、消费能力的萎缩。农村家庭小型化，农村人口老龄化。

在农村边陲化、农业边缘化、农村人口老龄化、农户小型化的情况下，台湾食品自给率，以热量标准计算只剩下 30％左右（1992 年为 39.4％，2002 年为 35.4％，2005 年为 30.5％），农业生命力衰萎。

二、"农再条例"主要内容

"农再条例"于 2008 年 11 月完成草案共 5 章 40 条。经过近两年的讨论修改为 4 章 38 条，于 2010 年 7 月通过立法程序。

第一章总则，共 7 条。主要内容是：

（1）"农再条例"的目的是"促进农村永续发展及农村活化再生，改善基础生产条件，维护农村生态及文化，提升生活品质，建设富丽新农村"。对此，台湾农业事务主管部门解读说，在不改变原有区域计划土地使用分区（如乡村区，特定农业区等）的前提下，促进农村社区土地合理利用，提升农村生活品质，重视与珍惜产业、文化与景观，打造农村新风貌，让年轻人愿意留农，这是"农再条例"的远景与核心价值。

（2）推动的原则。以社区为单位，结合生产、产业文化、自然生态及闲置空间的再利用，整体规划建设，营造条件，引导农民修建农舍，集村居住以改善生活品质。

（3）"农再基金"用于"农再计划"内的项目，如环境改善、公共设施建设、个别农舍外观整修、产业发展、文物维护、休闲农业及人力资源培训等。

第二章农村规划及再生，共 17 条。主要内容是：

（1）制定县、市及社区"农再计划"。县市"农再计划"由主管机关征求乡镇意见后拟定。社区应根据居民的要求，自下而上，拟定"农再计划"并互推"单一组织或团体为代表"提出上报。社区也可以提两个以上的计划上报审核。

（2）"农再计划"的内容和"农再基金"的用途一致，并列出具体补助项目。对符合低碳设计、选用环保建材、依法应保护或违规农舍的搬迁、已定立社区公约的社区和项目予以优先补助。

（3）订立社区公约，大家共同管理和维护社区的公共设施及景观环境。

第三章农村文化及特色，共 7 条。主要内容是对社区的文物、文化资产及产业文化进行调查、保存、维护、宣传、推介；依据当地农业特色、景观资源，推动休闲农业及乡村旅游；培育农村专业人才。

第四章附则，共 7 条。主要内容是明确在都市计划区或地区公园内的农村，经过批准可拟定"农再计划"，同意后，"农再基金"予以补助。

依照"农再条例"第三十条的规定可以勾画出申请"农再基金"补助的作业流程：农渔村社区→接受农村再生"培根计划"培训→提出社区的"农再计划"→优先补助项目→上报，经核定后，"农再基金"予以补助。

三、反　　映

"农再条例"公布后，台湾人民有不同的反映：

——"农再条例"回避了台湾农业"衰萎"这个核心问题，不谈农地保护与农业发展，未解决"难以推动产业升级、调整产业结构的小农经营",这种再生"说穿了只是环境美化工程",农村难以"真正活化"。

——忽视了农业的生产功能。"农民希望从事农业生产能够获得稳定的收入,而不是一味的改造农村样貌","提升农作物产量、保障价格",农民富裕了会改善生活环境,"不能用经费让农村变成游乐园"。

——农村最大的问题是年轻人不断外流,"要活化打造富丽农村,就得真正照顾农民生计"。"农再条例""对产业政策,如何吸引人才培育与回流、发展农村,没有太多着墨"。

这些意见反映出对台湾农业的定位有不同的看法。21 世纪初,台湾农业事务主管部门主办的杂志中刊登《农业政策与农业法规》一文指出,台湾农业"从早期的生产为主的经济功能,逐渐走向提供开阔空间、绿色景观与维持生态环境等非经济性贡献"。在食品自给率只有 30%左右的台湾,要保障食品安全,需要摆正农业生产功能与其他功能的位置。上面的意见值得注意。

此外,"农再条例"规定个别宅院的整建"仅补助增进农村社区整体景观者为限",换言之,只修外观,"内部修缮不补"。农民无钱叫苦。再有,社区"农再计划"由社区"互推其中依法立案之单一组织或团体为代表(简称社区组织代表)"上报社区"再生计划",民众担心大家都争当唯一的"代表",可能会引起派系间的争夺,使"农再计划"及其补助被少数人操纵。

四、实施与期盼

"农再条例"公布前已开始试点。在试点和实施过程中,做了调研、培训,帮助某些社区拟定"农再计划",改进一些社区生产条件和生活环境、组织参观等工作。

调研是为了解本社区的"人、文、地、景、产"的宝,找出社区的优势、特色,提高居民对社区的认同、信心和凝聚力。这是传承和发展社区特色的关键。日本"一村一品"运动和韩国"新村运动"中也有类似的做法。

培训是依照"农再条例"第30条举办农村再生"培根计划"训练。"培根计划"培训已实施7年,是培养当地人才,扎根本地社区建设的行动。培训一般分为四个阶段:第一阶段是识宝,讲社区发展的方向、农村再生的意义、关心生活和环境以及"农再计划"编写等。第二阶段结合调查,找出本社区的宝、特色优势、发展潜力、限制条件及开发远景,提升当地居民对社区的认识、自信和自豪感;也可以参观其他好的社区,以开阔视野。第三阶段是展宝,大家动手,共同完成一件对社区发展有意义的工作,体现向心力、加强凝聚力。第四阶段是享宝,即汇集大家的意见,形成社区"农再计划",使整个社区有目标的向前发展。"农再计划"从2008年开始试点到2010年9月底,有4万多人次,940多个社区参加了"培根计划"培训。

参观办得好的社区,推动农村再生活动。例如曾由水土保持部门组织台东农村再生社区一日游,参观台东县五个发展好的社区。这五个社区各有特色,大多是水保部门多年支持的老典型,如有的社区木雕、竹藤草编技术优秀,有的有丰富的水土保持户外教学资源,有的社区将农村建设与文物保存结合起来,闲置旧房整修新用,有的是茶乡社区参观茶叶的产、制、品、购活动等。

除了上述工作外,推动500多个农渔村改善社区生产条件及环境美化;帮助部分农渔村办理"再生计划";举办高龄老人生活改善班,使5 000多老人受益;加强辅导700多个家政班的组织服务功能等。实施"农再条例"时间不长,工作有待开展。

早在20世纪80年代,台湾即提出"改善农村环境,推动农渔村整合性建设计划",建设兼顾农民生活、农村自然景观、传统文化的

"富丽的农村新风貌"，享受"田园之乐"。1995 年公布的农业政策小册子中要求"建设现代化农渔村"。1997 年实施"跨世纪农业建设方案"，要求建设"富裕"与"自然"的农渔村，"以平衡城乡发展，创造农村活力"。21 世纪初又公告"农村新风貌"计划，要求制定从下而上的"社区总体营造"规划等，不一而足。这次"农再条例"实施不久，效果要看实践。盼"农再条例"能给台湾的农业、农村、农民带来福音。

台湾农业信息两则

（2013 年 4 月）

一、调整休耕政策

2012 年，台湾农业主管部门负责人表示将调整实施已久的农田休耕制度，直率地对老农说"老了，就把土地交出来，65 岁就有老农津贴，"引起一阵风波。

台湾农田休耕政策由来已久。稻田休耕始于 1984 年的"稻田生产和稻田转作计划"，减少水稻种植面积和产量，稳定水稻价格。稻田休耕先采取不同数量的实物补贴，后来改为货币补贴。为因应加入 WTO 农产品进口的冲击，1997 年又实施"水旱田利用调整计划"，推动农田休耕。休耕面积一路攀升，由 1997 年的 6 万公顷，扩大到目前的 20 多万公顷，和水稻种植面积几乎相近。为争取农民选票，2004 年将休耕补贴由每公顷每期作 4.1 万元，调高为 4.5 万元，一年连续两季休耕，一公顷可领 9 万元补贴。

为什么要调整农田休耕政策？一是休耕补贴每年白白"烧掉"100 亿元，既没有产出，又恶化环境，"糟蹋纳税人的钱"（人民政协报 2013.1.15），财政负担大。二是为了提高粮食自给率，减少进口，保障粮食安全。目前，台湾粮食综合自给率 30% 左右。食品中除水稻、水产品、蔬菜可自给外，其余均靠进口或进口饲料饲养畜禽。2012 年，台湾粮食安全会议设定 2020 年粮食自给率达 40%，为此要调整休耕政策，复耕 14 万公顷。三是配合推行"小地主大佃农"政策，鼓励老农出租土地，使有志务农的青壮年租到农田，扩大经营规模。目前，有的农地所有者宁可让农田荒芜，连续休耕拿补贴也不愿出租，使想扩大经营面积的农民租不到农田。四是农民高龄化相当严重。目前，务农人口平均年龄为 62 岁，65 岁以上的老农占农业人口的 17%，急需培植青壮年农民。

当前，采取"一做一休"的方式，调整农田休耕制度，即先从连续两季休耕的 5 万公顷开始，每年由当地农业部门辅导，恢复种植一季替代进口作物或具有外销潜力的作物，另一季休耕，领取休耕补贴。全年的收入为种植一季的收成和契作补助加上一季休耕补贴，不会少于领取两季休耕的补贴。这一举措 2013 年启动至 2016 年为期四年，估计可提高粮食自给率 1.4 个百分点，创造 10 万个就业机会，增加 88 亿元农业产值。

台湾土地私有制，农田是农民的命根子。改变休耕制度，让老农出租耕地和土地所有者利益相关。有的农地是祖传基业，出租后怕收不回来，不愿出租。有的农地所有者虽不务农，农田宁可荒芜，坐享休耕补贴。这次"一做一休"涉及 5 万公顷农地和 16 万名土地所有者，引起社会关注，需要相互沟通。

改变休耕制度前几年即有研究，因涉及政经诸多因素，未有定见。这次推动"一做一休"，效果如何，尚待观察。

二、培养青壮年农民

为吸引培养青壮年从事农业，台湾农业主管部门采取以下措施：

1. 成立农民学院　2011 年 11 月在台中农业试验所成立农民学院管理中心，在全台农渔牧单位中设立 14 个专业训练中心，培养 45 岁以下青壮年，20～30 岁的优先。农民学院由浅入深，着重实际技能的训练，分别举办农业体验营了解农业生产，分为农业入门班、初阶训练班、进阶训练班、高阶训练班等，到 2012 年 8 月已有 1 400 多人次参加了农业体验营，1 900 多人次分别参加入门、初阶和进阶班。对农民还举办不定期的讲座，介绍新知识和新理念。

2. 农民学院采取系统的农业经营实务教育和农场见习相结合的方式进行 青壮年经过 23 天的训练后，到经过考核认定的见习农场，以师傅带徒弟的方式见习 4 个月至 2 年。在见习期间，见习农场每指导一个学员，当局每月补贴 1 万元，农场要付给学员 18 780 元的月薪。到 2012 年 8 月底，已有 138 人到见习农场实习。

3. 保障最低基本工资 青壮年返乡务农，在两年内，如月收入不足最低基本工资 18 780 元的，其差额由农业主管部门补足。

4. 建立青年从农贷款 贷款对象是 20～45 岁、无其他职业、从事农业的青壮年，且具有下列条件之一者，均可向户籍所在地的农会信用部申请。这些条件是：①农科有关专业毕业生；②在 5 年内接受过农民学院初级训练；③曾接受有关部门组织的农业培训 150 小时。贷款数额最高为500 万元，年息 1.5%，还款期限 3～10 年不等，视贷款用途而定。

5. 业务经营辅导 青壮年经过培训及农场见习后，独立经营自己的农场，各地区农业改良场、产销班有义务通过当地农会继续给予辅导帮助。

社会上对保障基本工资的做法，有不同的议论：一是保障最低基本工资能否保障农民生活。据近 10 年（2000—2010 年）资料分析，台湾农家收入中，农业净收入加农业补贴约占农家总收入的 21%；非农业收入占 80% 左右，是农户收入的大头。仅考虑农业收入予以补贴，怎能"养家活口"？二是保障基本工资"治标不治本"，未能理顺生产与销售、生产与生态兼顾的通路。例如有被评为"十大经典好米"的农户，好米价格"比一些喷农药的米便宜"，因上下游结合不好"卖不完"，与其给年轻农民补助"不如辅导种植、产销技巧，把钱用在推广有机农业及教育"、农民需要完整的"产业结构"上。

假

（2013 年 12 月）

台湾媒体 12 月 9 日选出 2013 年代表字是"假"字，并报道食品造假的案例，引发民众忧虑。几个月前，还曾曝露假农民领取老农津贴、冒领低息农贷等丑闻，台湾社会震惊。

台湾当局于 1992 年开始提出老农津贴，1995 年制定"老年农民福利津贴暂行条例"（下简称"老农津贴"），后来部分条款多次修改，但其目的是"照顾老年农民生活"的"福利津贴"。凡参加农民健康保险、参保年资合计六个月以上的、年满 65 岁的农民均可申请，每月可领取规定的"老农津贴"，直至本人死亡为止。领取"老农津贴"的人包括从事农业经营和离开农业的农民。1995 年 6 月实施"老农津贴"时，每人每月 3 000 元，后来逐步调高，2004 年为 4 000 元，2006 年为 5 000 元，2007 年为 6 000 元，2012 年为 7 000 元。

目前，台湾从事农牧者约为 50 万人（1996 年为 84 万人，后逐年下降），但 2012 年年底，参加农保人数为 145 万人，两者相差 90 万人，其中不少是假农民，特别是近 3 年新参加农保人数达 12 万多人，其中 80 岁以上的，每年有 200 多人。台湾农业主管部门反映，2012 年年底，参加农保的 145 万人中，有 2.6 万人是 65 岁时才投保、2.7 万人长期住在外国也没有农地。为什么近几年参加农保的人数激增？因为只要参加农保满六个月，年满 65 岁，即可领取老农津贴。2011 年年底，约有 68.7 万老农领取津贴，每年花去台湾当局 500 亿新台币，几乎占 2012 年台湾农业预算的一半。

按"老农津贴"条例规定，领取"老农津贴"必须符合"农民""老年"和"加保年限"三个条件。为什么产生假农民能领取现象呢？这涉及农民的界定、条例本身不完善和选举等问题。

关心和爱护老年农民无可非议。何谓农民？台湾 2010 年普查时规定五条标准，符合其中之一的均为农家，五条标准是：①经营可耕地面积 0.05 公顷以上者；②饲养一头大型动物（如牛）；③饲养 3 头以上中型动物（如猪、羊等）；④饲养 100 头以上小型动物（如鸡、鸭等）；⑤全年生产价值在新台币 2 万元以上。农民是直接从事农牧业生产的自然人。2000 年开放自然人可购买农地和农地分割限制后，有人购买农地，有了农地符合第一条标准，但不是为了经营而是为了取得农民资格，领取老农津贴，这是造成假农民的原因之一。

"老农津贴"规定太宽。只要参加农民健康保险六个月以上即符合领取条件。有人在 65 岁前半年买一分地，每月交 78 元农保费，6 个月共 468 元，即可领取"老农津贴"。投农保年龄又无上限，所以出现 80 岁以上才参加农保变身为农民。获领"老农津贴"后，如果再把农地卖掉，"老农津贴"照领，享受终身，因为领取"老农津贴"包括从事农业及离开农业的老农直至死亡为止。

有关部门清查不力。2012 年年底，台湾有关单位即提出纠正假农民，但清查不力，一年清查四次，每次查核人数仅 30 人。但 2012 年年底，农保人数为 145 万余人至 2013 年上半年已降至 144 万余人，半年即减少 1.2 万人，说明核查有空间。

"老农津贴"沦为选举的筹码。台湾各种选举从准备到正式投票，几乎年年都有，谁都愿意讨好农民，获得选票。1993 年起，民进党将"老农津贴"列入选举政见之一。这次假农民问题的爆发，源于 2012 年大选前夕。2011 年 7 月，民进党提出"老农津贴"由每月 6 000 元调高为 7 000 元，调幅达 16%，高于公教人员工薪调幅 3%。国民党同年 10 月提出按 CPI 指数 5.27%调高"老农津贴"，每月增加 316

元，即 6 316 元，并对新领取"老农津贴"者增加排富条款，即 65 岁新老农如有非农业所得超过 50 万元或不动产超过 500 万元的不能领取"老农津贴"，远低于民进党的主张。不仅民进党杯葛，在蓝营内部也有反弹，"满腔理想最后没有赢得选战，这些政策也无法实现"，甚至有人表示在立法机构讨论时投反对票。最后国民党妥协，国、民两党达成共识："老农津贴"上调 1 000 元，以后每 4 年按 CPI 进行调整，2013 年开始，对新领者实施排富条款。但最终防止"老农津贴"泛滥的方案并未落定。台湾 2014 年要"七合一"选举，2016 年又要进行地区领导人的选举，千万不要再以农民作选战的棋子。

另一宗假农民案是非农民冒领低息农贷。为方便农渔民获得低息贷款发展生产，台湾每年都有政策性农业专案贷款，由农发基金优先编列预算。贷款数额高、年息低，如农民经营改善贷款、农业产销班及班员贷款等，农民最高可贷 300 万新台币，年息 1.5%。不少地方假农民和农会勾结取得低息农贷作为别的用途，而农会则赚取业绩奖金及佣金，台南有关单位怀疑 30 多家区农会都有类似情况，先查了 6 家农会起诉农会工作人员 20 人，发现冒领农贷的假农民及捎客 1 142 人。彰化、云林、嘉义、高雄、屏东等县市也将侦办这一问题。2013 年 6 月台湾发布农贷办法，规定贷款发放六个月后，经办单位要核查资金是否用于审核的用途；农会每年对发放贷款要进行自查，有无违规行为。但办法公布两个月后，即爆发假农民冒领农贷案。看来要真正清除冒领事件尚须下一番功夫。

第三篇

农民组织及其功能

谈谈台湾农会[①②]

（2013 年 4 月）

农业，家庭经营是主要形式。各个国家和地区经济、文化处于不同的发展阶段，但都将分散的农业经营者组织起来，建立多种形式的农民组织，以维护自身权益，不断提高和完善农民组织化程度。这是国际社会的共同趋势，也是实现农业现代化不可缺少的一环。谈谈我国台湾省最大的农民组织——农会的演变、功能及其存在的问题，以求增添更多的思考。台湾有一位经济学者曾经表示，台湾成功的做法固然很好，但台湾的错误更应重视，意义深刻。

一、沿　革

1895 年《马关条约》后，台湾沦为日本殖民统治，直到二次大战结束。在日本殖民政府统治下，台湾的农民组织不得不受殖民统治的控制和影响。

1867 年日本明治维新，向资本主义过渡，推行"劝农政策"，改实物地租为货币地租，增收农业税。1899 年制定"农会法"，将农民组织起来，想解决农民贫困。1910 年成立"帝国农会"，从上到下建

---

① 台湾第一个农会成立的时间一说是 1900 年，但郭敏学（1966）、陈昭郎（2001）认为是 1899 年。

② 本文主要参考资料为：台湾商务印书馆 1984 年出版的郭敏学的《台湾农会发展轨迹》、1996 年出版的《农会法规汇编》、2002 年出版的《台湾农业法规汇编》、1995 年出版的陈希煌《台湾城市型农会信用部未来发展方向的研究》。

立全国性的农会组织系统，以农事改良为任务。1900 年制定"产业组合法"，对信用、供销、加工、农业设施等合作业务作了规定。为了动员人力、物资，适应二战需要，1943 年颁布"农业团体法"，将农会和产业组合两大系统合并为"农业会"，成为日本政府为战争服务的附属机构。这是台湾农民组织在日据时期所处的背景。

1. 日据时期的台湾农会 台湾第一个农会成立于 1899 年的三角涌（今新北市三峡镇），这是农民自行组织起来要求减租的组织。1908 年日本殖民当局公布"台湾农会规则"，控制台湾农会。当时各种"产业组合"也相继出现。1938 年公布"台湾农会法"，成立台湾农会，后又公布"施行细则"，使全岛农会统一组成台湾农会和州、厅农会二级制。1942 年以各地产业组合为会员，建立"产业组合联合会"，组成产业组合系统。在二战激烈时，日本为了控制和搜刮台湾的农产资源，于 1944 年将农会和产业组合两大系统及各种农民组织合并为"农业会"，直至光复。

日据时期，台湾农会几经分合，有以下几个特点：

（1）各级农会主要负责人由地方负责人兼任，农会理事由地方行政部门任命；农会经费随农业捐税附加征收，然后再拨交农会。因此它是一个半官方殖民地性质的组织。

（2）强迫入会，成员组成包括农民及农地所有者。所以农会组织多为当地权势人士、地主所把持。

（3）农会业务包括推广良种、供配肥料、征收稻谷和培训等，其根本目的是榨取台湾农业资源，为日本侵略服务，使台湾经济进一步沦为殖民地形态。例如日本殖民当局在台湾建立"农试所""原种田事务所"，推广繁殖优质粳稻品种。1931 年全台粳稻年产 180 万石[①]，其中约 2/3 出口日本。1939 年台湾出口日本砂糖占日本全国供应量的八成

---

① 石为古代容量单位，1 石＝100 升。

五。1932 年台湾米糖出口率占全台出口的近八成，到 1944 年第二次世界大战结束前夕，仍达五成以上。台湾成为日本米糖生产供应的基地。

（4）由于农会和产业组合两大系统合并，原产业组合中的合作经济因素也渗入其中，农会除了推广技术、良种、肥料等之外，还办理委托交办事项，涉及信用、供销、征购等。

2. 现行体制的形成　台湾现行农会体制的建立，章之汶先生和美国安德生教授的调查和建议起了重要的作用。

台湾光复后，按"农会法"和"合作社法"，将原来的农业会再次分为农会和合作社两大系统。合作社经营经济业务，农会负责技术推广，培训农民。但在当地合作社未建立前，农用物资供销等仍由农会继续办理。在分设过程中，业务、资产、人事等矛盾重重，舆论意见较多，又各有相关规定作依据。就一个农会讲，实际上仍为一体，职员仍合而为一，出现若分若合的现象。

1949 年夏，应台湾当局的邀请，农复会专家自力启发组组长章之汶先生（曾任金陵大学农学院院长）和郭敏学教授等赴台调研农民组织问题，建议将分设的合作社和农会合并建立多功能的农会。据此，1949 年底台湾省将农会和合作社两大系统再度合并为农会，但专营合作社如青果合作社、茶叶合作社不合，继续独立存在，从而为台湾农会的发展奠定了基础。

合作社的成员中有地主和商人，所以合并后的农会成员不完全是农民，往往由非农民把持农会，造成虽名为农会而不为农民所有的现象。

1950 年美国康乃尔大学乡村社会学教授安德生来台考察后建议：农会会员区分为正式会员和赞助会员。农民是正式会员，有选举权和被选举权，其他为赞助会员，赞助会员除得当选监事外，无选举权及其他被选举权。农会可经营"合作社法"所规定的各种合作业务。所以有人称台湾农会是农民合作组织。

根据安德生教授建议，1952年台湾公布了改进"台湾省各级农会暂行办法"（下称"暂行办法一"）改组台湾农会，使农会为农民所有；1969年对"暂行办法一"作了部分修正，并公布新的"改进台湾省各级农会暂行办法"（下简称"暂行办法二"），比较大的变动有：①规定"已成立农会的乡镇不再成立乡镇合作社"，以免影响农业合作事业的发展；②将乡（镇、区、县辖市）农会设立信用部的条文，从1953年公布的"暂行办法一"的"实施细则"中删除，正式列入"暂行办法二"，规定办理金融事业的农会，应划拨资金，设立信用部，其资产、负债、营业及会计必须独立，依法受金融事业主管机关的指导监督；③农会如不能清偿信用部之存款债务时，农会总干事及信用部主任应负连带清偿之无限责任；④理监事任期由2年改为4年，相应的会员代表任期也由1年延长为4年。会员代表中自耕农及佃农（包括雇农）的比例由1/3上升为2/3以上，对会员资格做了进一步的规定。

"暂行办法"不是法律，台湾于1974年首次公布修订的"农会法"。将省、县（市）、乡镇三级农会的体制、农会多目标功能和农会会员之区别等内容纳入"农会法"，成为台湾农会运作的依据。但在修订时删除了有关合作经济的基本精神和原则，使农会丧失合作组织的性质，衍生若干问题，至今仍为农业界人士所感叹！

二、概　　况

台湾农会是依据"农会法"建立的农民组织。"农会法"从1974年第一次修订到2001年1月，先后8次修改部分条文，其中1985年、2001年改动较多。目前按2001年修订公布的"农会法"（下简称"新农会法"）执行。

1. 组织　台湾按省（市）、县（市）、乡镇（市）行政区划分别设立农会。2002年共有304个农会，其中：省市农会3个（即台湾省、台北市、高雄市）、县（市）农会 23 个、乡镇（市）农会 278 个，构成省（市）—县（市）—乡镇（市）三级制，下级农会为上级农会的会员。

在乡镇农会下设农事小组，为农会在基层的执行单位。农事小组正副组长由会员选举产生。农会分别设立理、监事会，由会员（代表）大会选举产生。会员（代表）大会为农会的最高权力机关。大会休会期间，由理事会按大会决议推行业务。理、监事会分设理事长、常务监事各一人。

理事会在主管机关遴选的合格人员中选择总干事人选，经理事会半数以上理事同意后聘任。过去未明确总干事任期，"新农会法"规定，总干事聘期最长以当届理事任期为限。总干事向理事会负责，秉承理事会的决议推动农会各项事业。

乡镇（市）农会内部除管理单位外，还设有信用、推广、供销、保险等部门，分头开展相关业务。

2. 宗旨和业务　农会为法人，其宗旨为保障农民权益，提高农民知识技能，促进农业现代化，增加收益，改善农民生活，发展农村经济。

农会根据"新农会法"确定的宗旨，将供销、信用、推广、保险等业务融于一个组织内，实现多目标功能、综合经营的整体。

农会的具体任务分为五大方面（在"新农会法"中分列为 20 条）：

（1）有关保障农民权益方面，包括政策、相关规定的宣导沟通等。

（2）有关农业生产、推广、农场经营及农（畜）产品的贮藏、加工和营销。

（3）有关农业生产资料、农民生活用品的供销。

（4）农村金融、信贷和保险。

（5）农村文化、社会福利和医疗事业等。

不同时期农会业务有不同的侧重，但相互密不可分。例如，发展农业生产要依靠技术推广，推广技术需要相应的生产资料，如肥料、农机、种子等供应支持，农产品销售要依靠供销部门。共同采购生产资料及生活用品从而以量制价；进行共同运销可以解决小农势单力薄和分散的弱点，提高在市场交易中的议价能力；在资金不足时可通过信用部门信贷，产品出售后的余款可就近存入信用部。为此将技术、产、供、销和信贷、金融组装在一个组织内，既有利于生产，发展经济，又方便农民。所以，台湾农会在农村经济发展过程中发挥了重要的作用。

为应因加入 WTO 台湾农业所面临的冲击，农业要转型，农民要转业，在"新农会法"中将"农业旅游及农村休闲事业"列入农会任务。因此，农会任务增加为 21 条。这表明台湾农业由原来的生产、农产品加工、运销延伸到旅游业，进入第三产业，加速台湾农业转型，使台湾农业进入一个新的阶段。

每个行政区域设一个农会，所以，农会的业务活动范围和行政区划一致。

3. 主管单位 农会原主管单位属"内政部"和各级地方主管部门，所以农会示范章程等均由"内政部"颁发。农会业务多与农业有关，在地方上执行单位为农业行政部门；其他事业分别受各事业主管机关指导监督。例如信用部要受财政部门的监管，结果形成一个单位多头领导，意见不易协调，矛盾丛生。

"新农会法"将农会的主管机关改为"农委会"，在地方，也归属农业行政部门。管理系统似乎简单一些，但其他事业仍"受各该事业之主管机关指导、监督"，如农会信用部仍涉及农业、财政两个部门，很多问题难于取得共识。

4. 会员 农会会员分正式会员和赞助会员。凡户口在农村、从事农业、年满 20 岁以上的人员，可以参加所在区域的农会，为正式会员，每户限一人参加。不符合上述条件，但户籍在农村的其他人员，可参加所在区域的农会，为赞助会员。凡依法登记的农业合作组织、公司、工厂，可以加入当地农会，为团体赞助会员。

由于农民兼业比重增大，1974 年修订的"新农会法"，取消了正式会员资格中"从事农业的所得收益，占个人总收入 1/2 以上"的内容，放宽了会员的条件，出现了台湾农民比重下降，而农民正式会员反而增加的情况。1997 年与 1953 年相比，台湾农民占总人口的比重由 52％下降为 33％，农会的农民会员占总会员的比重反而由 66％增加至 72％。

农会赞助会员的人数增加很快。1981 年台湾农会赞助会员占农会会员总数的 34％，在城市化地区农会中，赞助会员的比重高于乡村地区农会，平均高达 60％。2002 年正式会员和赞助会员占总会员的比例分别为 54％和 45％，20 年间赞助会员的比重升高了 11 个百分点。

台湾农业在经济中比重下降，农户兼业化程度高，农会赞助会员比重增大和农地释放后，农会会员从事的业务也发生变化。这些变数将影响农会业务方向。

5. 经费　台湾农会经费主要来自四个方面：

（1）会费。分入会费及常年会费两种。

入会费在会员入会时一次缴纳，数量多少，由会员大会定。如花莲市瑞穗乡农会 1998 年修订的会章中规定：凡入会会员及赞助会员，入会费均为 400 元新台币。宜兰县礁溪乡是一个农业乡，1993 年修订的农会章程中规定，会员及赞助会员入会费为 220 元新台币。

常年会费按年交纳，数量多少，由会员大会定。上述的瑞穗乡农会规定会员及赞助会员的常年会费为 20 元新台币。下级农会要将常年会费的 20％交上级农会。

（2）经营盈余。农会的各项事业中，推广事业是非营利性的。农会事业盈利要靠供销和信用两个部门，经营有一定盈亏风险，盈余主要来自信用部门。

农会供销部门经营的项目分委托业务和自营业务。委托业务是接受有关部门委托进行，收取一定的费用，如收公粮、稻谷加工、储存、保管等。自营业务包括农用生产资料和生活用品的供销、经营生鲜超市、批发市场、配送中心、肥料厂（特别是小型有机肥料厂）、饲料厂等。各个农会的自营业务并不完全相同。

入世后，台湾当局允许农会联合出资办公司、投资金融事业、经营生产资料和农产品进出口、农畜产品批发、零售市场等，还可以办旅游、休闲事业，经营旅馆及餐饮业等服务业。农会自营业务范围进一步扩大。

（3）农会信用部收入。乡镇农会设信用部（县及县以上农会一般不设立信用部），分布在农村，贴近农民，方便农民存款贷款，有利于农民生产、生活，因此信用部的业务发展迅速。1973年和1953年相比，农会信用部存款增加84倍，放款增加91倍。1961年台湾开始办理统一农贷，到1973年台湾农会积累的农贷资金，由1961年的380多万新台币增加到6.84亿新台币。1981年全台有280个农会设立信用部，其中城市型农会58个，乡村型农会222个，无一亏损，最低盈余在10万新台币以下的农会只有两家，城市型农会和乡村型农会各一。1994年底台湾农会信用部除两处农会信用部无盈余外，其余均有盈余，平均每个农会达3 800多万新台币。由于农会盈余90％以上来自信用部，因而信用部业务逐步演变为农会的首要业务，产生过分重视的偏向。随着休闲农业、农村旅游事业的兴起，信用部业务将进一步扩大。

因逾放率过高等因素，2001年部分农会信用部被台湾当局强制接管，切断了农会经费来源，职工工薪无法发放，只有靠行政部门拨专款解决，最终酿成2002年11月爆发的十多万农渔民大游行。

对如何管理乡镇农会信用部及农村金融，从20世纪60年代起，岛内一直存在不同的意见。目前仅由"视同银行管理"，改为"依银行法相关规定管理"，体制未有改动。

由于经济结构的变化、农业生产要素向其他产业转移导致农业萎缩、农会会员结构变化等原因，使农会信用部的功能和一般金融机构相似，加上岛内经济不景气，管理不严，逾放率居高不下，特别是地方势力、选举不良因素介入等，使信用部成为选举中派系必争的前哨。近年来曾数度引发挤兑现象和金融风波，信用部已质变。

（4）募集事业资金。农会根据开展多种事业的需要，可以募集事业资金，其办法经会员大会通过后，向上级报备。"新农会法"取消了"乡镇农会募集的农业推广资金要上交15％给县农会、5％省农会"的规定，但专款须专用。

应该指出的是，事业资金来源于被取消的股金制。"暂行办法一""暂行办法二"中均规定农会实行股金制。乡镇农会股金每股新台币10元，每一会员至少认一股，并可随时增股，但认股总数最多不得超过股金总额的20％；股金年息不得超过一分；农会股金不得作为经费开支。对股金的退还、出让、继承与担保债务等，均有相应的规定。

与股金制相连带的是从农会事业盈余中拿出10％，依会员对农会交易额进行分配，这些反映了合作经济的精神和原则。在操作上，多数在领取肥料时收取股金。会员交纳股金意识不强，在1959年一项调查中表明，被调查的农会会员中有91.7％承认认过股，有11.5％表示领过股息。尽管如此，1973年台湾农会股金总额已达5 350多万新台币。1974年公布的"农会法"，删除了股金制及会员按交易量分配部分盈余的内容。同年还颁布"农会股金移充事业资金及其继承办法"，明确农会已收的股金应移充事业资金，按农会财务处理办法管理，会员退会时，可以申请退还原缴金额。

事业资金是募集而来，限于举办某项事业的专用经费，股金则不同。由股金改为事业资金，改变了农会与会员在经济上的相互关系，改变了会员对农会经营关注程度，丧失了合作组织的基本精神，台湾农业界专家引为憾事。

农会财务经过年度决算后，总的盈余除弥补亏损外，提取 15％作为公积金，公积金只能弥补亏损，不能使用；5％为公益金，公益金经主管部门核准后才能用于农村文化福利和社区发展事业；不少于 62％用于农业推广、培训及文化福利事业；8％作为各级农会间的互助、推广及训练经费；不超过 10％用于农会理监事及工作人员的报酬薪金。看来农会经营盈余，部分反馈农村社会，农会会员虽间接获益，但"并非会员真正所有"。

三、问　　题

台湾农会是有法源的组织，是依据"农会法"建立和运作的。当前农会信用部到底如何管理，尚无所适从。就目前情况看，台湾农会主要有以下几个问题，值得深入探讨。

1. 农会的性质 "农会法"第一条规定了农会的宗旨，第二条规定农会是法人，说明农会是农民组织，但以下情况对农会的性质提出质疑：一是，农会取消股金制后，与农民脱节，农会已非农民所有，无论在组织上还是经济上都失去凝聚力。二是，农会取消股金制的同时也取消按交易量分配部分盈余的制度，背离合作原则，因此农会亦非农民合作组织。而"农会法"又规定，农会经营的事业可以参照"合作社法"予以免税。三是，农会是法人，财产属于社团，说明农会已失去合作组织的性质转变为社团法人。虽然仍以会员为主体，但部分盈余不得分配，其财产归社团所有，不属于社员。这笔"无主财产"为权势者所追逐，产生农会改选时的激烈竞争场面，滋生无穷的弊端。

此外，每一个行政区域内只设立一个农会，其业务范围和行政区域一致，因此农会和社区组织不同。农会又不像企业以追求利润为目的，自行分配盈余。农会虽重视经营事业盈利，但其盈利受"农会法"

的限制，仅部分反馈所在区域的公益事业，不为农会所有，更不为会员所有。农会似乎是农业行政部门的基层组织，担负本应由行政部门支付经费的公益性农业推广事业，但行政部门仅补助少量经费，大部分费用由农会自行支付，因此矛盾不少。

　　由于存在上述诸多问题，早在 20 世纪 80 年代初期，就有台湾专家指出"此一农民组织在人们心目中显得迷乱。"2002 年 11 月十多万农民大游行后，"农会定位不明"问题又被重新提了出来。

　　2. 会员与农会宗旨　任何组织都有自己的宗旨，按条件吸收成员，形成整体力量，使大家目标一致，为实现该组织的宗旨而奋斗。

　　农会正式会员，即该区域内的农民，尽管兼业化比重增大，但至少仍有部分收入来自经营农业或与农有关的产业，其希望和要求自然不会背离农会的宗旨。农会的赞助会员是户籍在农村的非农民，从事的职业多种多样，参加农会的动机和希望也千变万化。有人分析，非农民参加农会的动机不外乎：一是按规定可以向农会信用部贷款，不仅其本人可以贷款，其同户家属亦可贷款。二是方便存款。三是可以当选农会监事，进入农会领导层。

　　赞助会员比重增加，影响农会更多的关注信用部业务，是导致农会产生离农倾向因素之一。以农会信用部逾放款为例：1964 年调查 60 个乡镇，农会正式会员平均每人逾放款为 4 000 元新台币，而赞助会员为 7 700 多元新台币。2002 年一项报道，在 152 家农会中，贷款 100 万新台币以内的小农户有 11 万户，共贷款 510 亿元；而贷款 1 000 万元新台币以上的大户 4 000 户左右，共贷走 698 亿新台币，且逾放率高达 45.9%，这批贷款人士多为从事工商业或农业企业的赞助会员。由此可见，原为农民服务的农会信用部功能已经淡化，实际上是在为工商业者服务，与一般金融组织无多大区别。这些事例说明，农民组织吸收非农民参加，在一定程度上会影响农会宗旨的实现。

　　3. 设置与功能　台湾在一个行政区域只允许设立一个农会。在

"暂行办法"中曾规定，"已成立农会的乡镇不得再成立乡镇合作社"，使农会带有一定的垄断性。在农民文化水平不高，农村封建宗族势力存在，民主意识滞后，民主制度不完备的环境下，这种设置的方式极易为地方势力所介入，农民难于成为农会真正的主人。因为一个乡镇只有一个农会，谁掌握了农会就等于控制了乡镇，使农会沦为党派选举斗争的工具。乡镇农会下设的农事小组，是农会最基层的执行单位。小组按农会要求办事，往往忽视农民的基本要求——提高农业生产和农产品销售，按章开会选举，无实际工作，功能不彰。20 世纪 90 年代后期，台湾农业产销班的兴起，探索出一条适应农民需要的基层组织形式，得到农民的拥护。

应该肯定的是，台湾农会在台湾的经济发展过程中，发挥过重要作用。但是随着社会进步、科技发展，社会分工越来越细，例如在流通领域中出现了连锁超市、物流配送等多种多样快捷、低利、多销的形式，有的经营单位放弃一部分原来的业务，选择合适伙伴，采用契约、合同等方式进行合作，以降低成本、赢得整体效益。因此，在知识经济、信息时代，农会如何继续维持其多功能综合经营，需要进一步探讨。

4. 选举与干部　根据"农会法"规定的程序和步骤，选举各级农会理、监事，组成理、监事会；在理事会过半数理事同意后，聘任总干事；由总干事在合格人员中聘任农会其他职员。选举办法和选聘人员的条件订得非常详尽。"新农会法"增加不少扫黑条款。然而，农会改选时，拉票、买票、贿选等案件愈演愈烈，查处妨害农会选情的案件只升不降，又往往是查无实据，不了了之，其根源来自台湾的不良政治。农会选举中的闹剧，不仅是政治混乱的缩影，也是农会积弊之源，为农民深恶痛绝。

农会实行责权划分制。在日常工作中，由理事会聘任的总干事总揽农会人事、业务大权。在农会选举中，派系角逐的直接目的，主要是企图控制挑选总干事,从而进一步控制农会,增添本派系在台湾政界选举中的力量。

在 2001 年前,总干事的聘期无明确规定。"新农会法"第一次规定总干事聘期"最长以当届理事任期为限",即理监事换届,总干事也跟着更换。"如下届理事会续聘者得续聘一次"。有关专家认为,总干事本是业务人员,只要热心服务,业绩优秀,应继续工作,不宜随理监事换届而更换,否则将加剧农会选情的劣质化。总干事"随理事会的改选而改聘,就要天下大乱",不幸为台湾专家所言中。

除了上面的四个问题外,理顺管理体制、改变多头领导也是亟待解决的问题。总之,由于这些问题的存在,使曾经为台湾经济做出过贡献的农会,已逐渐背离原来的初衷,值得深思。

四、讨 论

台湾农会从建立至今,其性质、功能、管理体制等方面的演变,地方派系的介入,金融的诱因和不良运作,已经发生蜕变。如何回归农会本业,为岛内人士所关注。

就农民组织而言,要做到受农民拥护,首先是目标要符合农民需要,由农民自愿参加,行动才能一致。其次是使会员得到经济利益,规则方法要简明,让农民容易了解和执行。三是建立民主、公平、参与的机制,使会员容易沟通协调,形成合力,以满足会员的需求。四是要具有联合和开放的意识,有利于与外部相关组织合作,壮大实力。五是行政部门的作用是辅导、帮助、教育和培训,不是领导和干预。

1. 推行合作制 合作社是联合经营的组织,合作是弱者的结合。分散在农村的小农,经营规模小,力量单薄,处于弱势。农业经营的许多业务要用合作的方式,将农户联合起来,才能扩大规模,维持自主经营,同时也能增进农民自助和互助的意识,促进农民团结。因此,农业更特别需要合作制。按合作制的原则组织起来，是提高农民组织化程度的有效途径。合作组织必须坚持两条：一是民主、公平的原则，二是合作社盈余按社员与合作社交易额的比例分配。尽管各合作组织做法互有不同，这两条基本原则应得到尊重。

2. 形式与功能多样化 围绕农业产业化经营，组织功能不同、会出现多种形式的农民组织。首先应注意产和销。农畜产品生产和销售，是农业经营的基本问题。单个小农不可能将自己生产的少量产品运销市场，只能就地就近、村边路旁零星出售。即使是农村集市贸易，也往往是通过经纪人、中间商才能上市。农民不了解市场信息，产品形不成批量，难以得到合理的价格，更不可能体现农民在农产品市场的主体地位。因此，产和销是每一个农户首先碰到的问题。近几年，台湾在农村组织产销班，使农民在自助和互助中取得了好的效益。其次，农业经营涉及的业务很多，就某一农民组织而言，只能选择其中的几项，不宜求全，以利有效地运作。因此，从总体上看，宜发展功能不同、各有侧重、相互协作、形式多样的农民组织。

3. 会员与组织 农民组织由农民自愿参加组成，会员应该是农民。如会员成分发生变化，在一定情况下会影响农民组织的功能和宗旨。台湾农会赞助会员所带来影响，应引起注意。

农民组织的基础细胞不宜太大，如台湾产销班，以相邻的 20 户左右、由生产相同产品的农户组成。这样的好处是：人少便于沟通、统一认识和行动；土地成片，便于统一规范技术，形成规模；临近便于集货等。但是规模小，产量少，市场份额小，竞争力不大。因此，采取多种形式的联合，形成垂直或水平合作的多种产业联盟，也是趋势。

农民组织是群众性的，不宜在一个行政区域内限定农民组织的数量和形式，应按农业经营事业的不同，成立功能不同的多种农民组织，避免一个行政区域内只能有一个农会所产生的弊端。

4. 教育与辅导 建立和发展农民自愿参加、自主管理、自我服务、形式多样的农民组织，首先要普及合作教育。将合作的原则、精神，通过多种渠道传播给已参加和未参加的农民、干部和社会大众，使大家了解合作的本意和基本功能，讲求奉献，强调服务；宣导自愿、民主、自主、公平、互助等基本精神及其在合作组织中的体现。这种教育要经常不断、持之以恒，使社会公众树立正确的信念。使自愿、民主、自主、公平、互助等正确的理念在多种形式的农民合作组织中传播和运作。与此同时，行政部门要变"领导"为"辅导"，虽一字之差，但扮演的角色、内涵有质的变化。这也是机关转变职能的必然。

5. 立法与章程　要提高农民组织化程度，使农民组织做到民主公平、自主经营、自负盈亏、利润返还、风险共担等，应在总结经验的基础上，制定有关农民专业合作经济组织的法律、规章和制度，按合作原则规范其运行行为，保障其合法权益，使农民合作经济组织有法可依，使有关方面的扶持如减免税收等也行之有据。

如果立法时机尚不成熟，也可先制定条例或示范章程，运行一段时期后，再起草法律。总之，应有科学的设计，在实践中再逐步完善，少走弯路，少交学费。

台湾的农业合作社场^①

（2004 年 3 月）

在 18 世纪产业革命的影响下，19 世纪初合作思想和合作社运动在欧洲开始传播。19 世纪中叶（1844 年），英国的纺织工人成立著名的"罗虚代尔公平先锋社"，这是消费合作的开端。数年之后，农业合作出现于德国，以农村信用合作为启蒙，至今已有百年以上的历史。

合作是弱者自助、互助、民主、平等、自愿的联合，以维护自身的合法权益。农业生产对象是活的有机体，经营主体是分散的个体农民，生产规模小，产品是初级产品，与日益发达、相对集中的工商业相比，农业是弱质产业，农民是弱势群体。在德国首次出现农业信用合作之后，农业合作运动逐渐在世界各地发展起来。在各类合作社中，农业合作社占有重要的比重。20 世纪 70 年代初，全球合作社共 62 万多个，社员总数超过 2.6 亿，其中各种农业合作社（包括渔业合作社）的社员约 1.1 亿，几乎占全球合作社社员人数的 1/2。1988 年全球 67 万多个合作社中，农业合作社占 33.3％，居各类合作社之首。1998 年，国际合作联盟对近 100 个国家和地区的调查，全球共有各类合作社 74 万多个，主要为 14 种，而农业合作社占 17％，位居首位，如果包括渔业合作社，则上升为 20％。在欧洲某些农业发达的国家，农业合作社成为农业经营的支柱，这充分说明农业更需要合作经营。

---

① 本文主要参考资料有：1994 年、2003 年由台湾合作事业协会编印的《台湾合作事业统计年报》，1973 年由台湾商务印书馆出版的张德粹的《农业合作的原理与实务》，1982 年由台湾商务印书馆出版的郭敏学的《合作化农会体制》。

一、简　　史

1. 日据时期　近代合作思想和组织传入台湾已有百年的历史。初期是民间结社的互助组织。1900 年日本公布"产业组合法",规定各种产业组合只能专营不能兼营其他业务。以此为依据,在删除民主选举产生职员和成立中央会、联合会之后,日据政府于 1913 年颁布"台湾产业组合规则",以便控制。1917 年,日据当局修改"产业组合法",规定农村信用组合与其他产业组合合并,同时兼营几种业务。1923 年,日据当局允许设立"台湾产业组合协会",作为全岛合作事业的联系机构。1942 年,允许组织成立"台湾产业组合联合会",因此,产业组合在台湾形成全岛和市街庄(乡镇)二级制。

1943 年,日据当局颁布"台湾农业会令",于 1944 年将台湾两大农民组织——农业会和产业组合,合并成立全岛—州—市街庄三级农业会,加紧控制和掠夺台湾的农业资源,直至台湾光复。

2. 光复后的变化　1945 年台湾光复后,按"农会法"和"合作社法",将原农业会分为农会和合作社。但实际上人员相互兼职,两块牌子一套人马。1949 年,依照"台湾省各级农会与合作社合并办法实施大纲",再次将农会与合作社合并,但专业性的合作社如青果合作社、茶叶合作社未合并,独立存在。1952 年和 1969 年,台湾先后公布和修订"改进台湾省各级农会暂行办法",规定已成立农会的乡镇不得再成立乡镇合作社,使合作事业受到很大的影响。1974 年,废除暂行办法,合作事业才松绑得以发展。

20 世纪 50～60 年代,台湾以农业的发展支援工商业。20 世纪 70 年代中期,工业比重已超过农业,经济结构发生变化。因此,要求农业扩大规模、降低成本、实施机械化,向资本与集约经营的企业化方式转变。1973 年,台湾公布《农业发展条例》,鼓励合作和共同经营。

1977 年，台湾公布"强化合作组织功能，扩展合作事业实施要点"，强调台湾已由农业社会进入工业社会，小农经济已妨碍经济进展，要通过合作，推行机械化和合作事业。于是，台湾农业合作有了发展的空间。

二、简　况

1. 23%的民众参加合作社　2002 年，台湾有各类合作社场共 5 160 个单位，社场员 530 多万人，股金总额达 250 多亿台币。如表 3-1：

表 3-1　2002 年台湾各类合作社场概况表

项目 业别	社场数			社场员数		股金总额 （单位千元新台币）
	合　计	单位社	联合社	单位社 （个人）	联合社 （法人）	
农业合作社	392	385	7	108 437	604	1 426 235
工业合作社	311	305	6	57 900	100	576 546
消费合作社	4 123	4 084	39	3 898 425	5 638	940 272
信用合作社	38	37	1	1 107 568	37	21 699 311
公用合作社	20	19	1	12 268	18	181 059
保险合作社	1	1	/	4 604	/	20 883
区域合作社	41	29	12	46 403	252	154 955
社区合作社	36	35	1	17 025	7	14 409
合作农场	202	200	2	21 473	40	199 315
总　计	5 160	5 092	68	5 352 588	6 736	25 178 477

按业务分，台湾有七大类合作社，即：农业、工业、消费、信用、公用、保险、综合（包括区域合作社、社区合作社和合作农场）。社员人数以消费合作社最多，因与民众的日常生活消费有关，多分布在学校、机关、社团等人员较为集中的单位和社区。农业合作社加上合作农场的社场员人数居第三位。信用合作社涉及民众的储蓄、借贷等金融问题，不言而喻，股金总数居首位，农业合作社场为第二位。

以台湾人口 2 300 万计算，参加各类合作社的人数占 23%，约占 1/4，这表明合作事业在台湾的规模。

2. 3.5％的农村人口参加农业合作社　2001年台湾农家人口为368万多人，参加农业合作社场的近13万人，为台湾农家人口的3.5％。按台湾方面统计，凡是户籍在农村的，不论其是否在农村工作均统计为农家户口。这说明农家户口中有一部分人并不在农村工作，如果剔除这个因素，真正农民参加农业合作社场的比例会高于3.5％。

3. 农产运销备受关注　台湾农业合作社中包括农业生产合作社、农产运销合作社和农业劳动合作社三类，具体情况见表3-2。

表3-2　2002年台湾农业合作社情况表

业别	项目	社场数			社场员数		股金总额 （单位千元新台币）
		合　计	单位社	联合社	单位社 （个人）	联合社 （法人）	
农业合作社	农业生产合作社	272	268	4	85 198	125	644 351
	农产运销合作社	110	107	3	102 557	479	774 298
	农业劳动合作社	10	10	/	382	/	7 586
	总　　计	392	385	7	108 437	604	1 426 235

如表3-2所示，农产运销合作社虽然社数次于农业生产合作社，但社员人数和股金总额均为三者之冠，表明农民不仅关注生产，更重要的是关心产品能否得到合理的价格出售，使投入转化为经济收益。社数多少固然重要，但社员人数的多寡更反映农民关注的程度。此外，农业生产合作社中的业务也不仅限于生产，很多是产、加、销综合经营，这同样表明农产品营销在农业经营中举足轻重的地位。

三、性质和运作原则

台湾农业合作社是按"合作社法"的规定设立和运作的。"合作社法"于1934年制定，至1950年几经改动，有的已时过境迁，需要修订。2000年，台湾对其实施细则做了某些修订，但未能解决台湾合作经济发展的瓶颈。

1. 性质   人们联合从事某些活动是常有的事，而弱势群体组织起来，以集体的力量争取平等地位，维护自己的权益，谋求应有的利益，使合作意义又进了一步。

台湾"合作社法"界定合作社是"依平等原则在互助组织基础上，以共同经营方法，谋取社员经济利益与生活之改善……之团体"。合作社是独立法人。这规定了合作社是平等、互助的组织，和企业有原则区别，前者是在合作、互助的理念基础上，通过自助与互助，谋求社员经济和生活的改善，而不是以追求利润为目的，因此它是以人为主体的结合，而不是资本的结合，企业则是资本的结合，追求利润的最大化，两者有原则性的区分。

2. 三个重要原则   一是民主办社。台湾"合作社法"规定要有7人以上申请才能成立合作社。社员入社、退社自愿自由。在社内实行一人一票制，不以认股多少增加投票权。社员（代表）大会为最高权力机构，选举产生理、监事，组成理事会、监事会，按规定的职责处理社务，由理事会任免社内干部，如经理，副经理等。

二是社员必须认股，限制股息。社员必须认股，最低认股数不宜过高，以维护合作社是互助组织的宗旨。对最高认股数有一定限制，避免认股多的操纵社务。认股后第一次应交纳所认股金的1/4，以保证合作社有较充足的资金。因为合作社不是资本的结合，故限制股息，无盈余时不发股息，股金不参加盈余分配。

认股和缴纳股金，不仅是增加合作社的资金，而且是强化社员和合作社经营好坏的联系。在"合作社法"中规定合作社之责任分：有限责任，以社员所认股额为限负其责任；保证责任，以社员所认股额及保证金额为限负其责任；无限责任，在合作社资不抵债时，由社员连带负其责任。无论哪一种责任形式，都与社员认股有关，与合作社的盈余有关。所以，交纳股金可增加社员对合作社经营的关心程度。

三是以交易额多少按比例分配盈余。这是一条最重要的原则，既体现互助，又体现公平。合作社的盈余按规定扣除公积金（10%）、公益金（5%以上）、酬劳金（10%）后，以社员与合作社交易额的多寡，按比例进行分配。这是发展合作经济，增强社员向心力的一条重要原则。

此外，"合作社法"还规定合作社免交所得税及营业税，以示对弱势群体的扶持。

3. 业务活动的方式 "合作社法"规定"以共同经营方法"组织合作社的经营活动。共同经营是以联合的方式，在产销活动中实行全部或部分生产要素或环节的自愿结合，共同经营，以求发挥规模效益、降低成本、增产增效。

共同经营的形态是多样的。如完全的共同经营，即参加者共同投资、共同经营、共同承担风险和分享效益；有的是部分作业，农产运销、设备利用上合作经营，不改变农地所有权和合作经营以外的经营形态。目前以部分作业（如水稻育苗）、农产运销和农业机械共同使用的共同经营较为普遍。

在"合作社法施行细则"中明确规定十种业务名称：生产、运销、供给、利用、劳动、运输、消费、公用、信用、保险等。这也是台湾合作社按功能的分类，合作社名称上要写明上述业务内容。在生产业务中还要进一步表明其种类，如粮食、渔业、畜牧、造林、园艺等，在运销业务中要表明其运销物品，如茶叶、蔗糖、柑橘等。

4. 联合社 在同一地区、同一业务，两个以上的合作社可以成立合作社联合社。联合社不能包括不同业务的合作社，以维护合作社的组织体制和经营范围。联合社一般是松散型的，通过介绍交流社场情况、农政信息、农业技术和农产运销，以及培训合作人才和维护合作社权益等，为合作社服务。联合社也有紧密型的。

四、农业生产合作社

1. 社数增多，社员减少，规模缩小 近 20 年，台湾农业生产合作社数量、股金总额均有增加，但社员人数下降，社的规模相对变小。

在 1984—2002 年的近 20 年中，台湾农业生产合作社由 110 个增加为 268 个，联合社由 2 个发展为 4 个；每社平均股金（包括单位社及联合社）由 79 万台币增加为 236 万台币；但社员总数由 8.8 万人，在 1993 年增加为 9 万后，又下降为 8.5 万人；参加联合社的社数亦由 166 个下降为 125 个；每个农业生产合作社的社员人数由 800 多人下降为 300 多人，规模小一直是困扰合作社发展的问题（表 3-3）。

表 3-3 台湾农业生产合作社变化表

项目 年代	社　数			社　员		每个单位社平均社员数（人）	股金总额（新台币元）	每社平均股金（新台币元）
	合计	单位社	联合社	人数	参加联合社的社数			
1984	112	110	2	88 582	166	805	89 043 821	795 034
1993	154	153	1	90 589	26	592	237 516 000	1 542 312
2002	272	268	4	85 198	125	317	644 350 908	2 368 937

产生上述现象的主要原因：①台湾农业转型，生产下降，农村经济低迷，年轻劳动力外流、务农人口下降。②实施农地释出方案和放宽农地分割下限（过去规定 0.5 公顷以上农地才可分割，现在放宽至 0.25 公顷，且有若干例外），耕地细化，农户向两极分化，经营规模更为细小。耕地在 0.1 公顷以下的农户增多（2000 年为 33.6 万户，2001 年上升为 36.2 万户，增加 2.6 万户），接近台湾 72.6 万农户的半数。耕地在 0.5~3 公顷的农户下降，3~10 公顷以上的农户又有增加（2000 年为 2.1 万户，2001 年为 2.4 万户），虽然增加幅度不大，但农户耕地向两极分化的趋势很明显。农户经营规模小，需要互助合作，导致社数增多。③加入 WTO 以后，经济不景气，失业人员回流，投资农村、从事农业，投资虽然增加，但他们一般缺乏农业知识，需要互助。④农村老年化比重增高，65 岁以上农业人口 2001 年比 2000 年增加 2.1 万人，而 20~45 岁的成年人则由 10 万人减少至 8 万多人，

具有大专、高中文化程度和不识字的农业劳动者增多，而初中、小学
文化程度的下降。年长农民，因体力、知识等因素，需要通过合作社
得到帮助。

　　由于以上综合因素，造成农业生产合作社社员数下降，社数增多，
规模缩小。

　　2. 分布集中在农业县　台湾农业生产合作社多集中在西部农业区，
具有 12 个以上农业生产合作社的县依次为云林、南投、台南、嘉义、
彰化、台中，以及数量相同的高雄和屏东（表 3 - 4）。台湾东部的台东
县有 8 个农业生产合作社，其他各县均在 8 个以下。台湾本岛最少的为
新竹、花莲，各有 2 个农业生产合作社。上述农业生产合作社包括农、
林、牧、渔各业。

表 3 - 4　台中等八县农业生产合作社情况表

县名	社　数			社　员		股金总额 （新台币元）
	合计	单位数	联合社	人数 （人）	参加联合社 （社数）	
台中	16	16	/	655	/	10 585 448
彰化	22	21	1	3 410	14	76 000 300
南投	36	35	1	6 500	29	113 362 930
云林	77	77	/	6 411	/	86 267 900
嘉义	23	23	/	1 276	/	20 688 000
台南	24	24	/	3 109	/	44 840 100
高雄	12	11	1	1 723	48	75 511 260
屏东	12	12	/	1 497	/	11 163 850

　　在表 3 - 4 的 8 个县中，南投县土地面积最大，但高山地区占
63%、耕地占总面积的 16.3%，农业产值占县总产值的 26%，是果、
菜、花卉、园艺事业发展的大县之一，农业生产合作社数量居第二位，
股金总额为第一位。云林耕地面积 8.3 万公顷，仅次于台南县，耕地
占总面积的 64.7%，是台湾耕地比重最高的县，农业人口近全县人口
的半数，农业产值是台湾农业产值的 12%，是农业大县，也是农业生

产合作社最多的县。

此外,有跨地区组成的生产合作社,如高冷地区果菜生产合作社,既反映经营业务又反映地区特点。又如蔗农农业生产合作社是台糖公司蔗农服务社引申而来的,成立于 1973 年,凡是台糖公司蔗作推广区内的蔗农,符合社章的,均可申请入社。虽已超越县市行政区限,但接纳与公司有契约关系的蔗农。由于台糖公司转型,该社的业务也已超出蔗作,包括花卉、养猪及其产品加工、运销等,还办理社员福利、子女教育等事宜,但民主办社、社员认股、限制股息和盈余按比例分配等原则未变。

还有若干生产种类相似的合作社组成联合社。如养猪合作社联合社,开展产、供、销业务,同时也接受委托业务。

3. 产品以果菜类为主 从经营业务分析,2001 年以果菜生产合作社最多,占农业生产合作社总数的 36%;次为毛猪生产合作社,占 16%;再次为花卉、家禽、鱼类生产合作社,各占 5%～6%①。

2002 年云林县 77 个农业生产合作社中,70 个农业生产合作社的资料显示,果菜类占 28.5%,毛猪产供销类占 22.8%,水产类占 11%,家禽类占 8%,大蒜占 5%,花卉占 4%,果菜类为第一位。彰化、南投、嘉义、台南、高雄五县反映相似的情况。

云林汉光果菜生产合作社是一个很好的典型。该社成立于 1989 年,适逢台湾产业结构调整,鼓励共同、委托及合作经营,推动农业机械化。该社成立初期只有社员 52 人,股金 50 万新台币,耕地面积 51 公顷。2002 年,社员已达 212 人,股金总额达 320 多万新台币,耕地面积 160 多公顷,是社员认股较多的合作社之一。2001 年,估计该社总资产达 1.75 亿新台币。在业务上从设施农业入手,成立育苗中心,穴盘育苗;在组织上成立产销班,通过技术传播和设施利用,确

①　许文富:《农业合作原理与实务》,丰年社,2003,第 65 页。

保农产品的优良品质；在营销上建立"益康"品牌，由共同运销发展直销，建立一整套产后处理设施和流程，包括包装、加工、储运、冷藏、物流配送等，还开发了保鲜直销有机菜的新模式。目前该社 95％的果菜直销超市、部队、大的伙食单位和家庭。1999 年，销售额为5.1 亿新台币，为 1991 年的 1.3 倍。

4. 产、加、销综合经营　农业生产合作社是生产同类产品的生产者，依"合作社法"组成的，在名称上标明生产的种类如粮食、畜牧、园艺等，但实际上农业生产合作社的名称千变万化，既有标明生产种类的，也有直接以产品命名的。前者如果菜生产合作社、花卉生产合作社等，后者如生姜生产合作社、青梅生产合作社、大蒜生产合作社、有机肥生产合作社等。

合作社的业务是产、加、销综合经营。虽然台湾合作社分专营和兼营两大类，但从农业生产合作社的经营现状看，都是产业化经营，很难区别专营和兼营。有的经济学者认为，生产就是创造价值，运销是生产的延续，农业生产合作社产加销一体化经营是顺理成章的事，往往和农产运销合作社的业务交叉。

有些生产合作社生产某些特色产品，值得关注，如生姜、大蒜、紫菜、有机肥等。有的拓宽业务项目，为社员提供仓储服务。毛猪合作社还开展饲料供应和废水处理，个别的还延伸至种畜进出口服务。因此，虽名为生产合作社，但其业务内容是产业化综合经营。

五、农产运销合作社

农产运销是指农产品由农业生产者手中转为消费者所有，是由产品转变为商品，使农产品不断商品化的过程，其中包括若干环节如集货、分类、分级、包装、储存、冷藏、加工、检验、运输及交易等。农产品有季节性、易腐、体积较大、较为粗重等特点；加之分户经营，每户产品量少，不可能远销市场，难以获得适当的价格；在同一地区，同一种类产品因管理水平不同，品质差异很大。所以小农经济不组织起来，分散经营，在农产品的品质与数量上很难符合统一的大市场的要求。因此，依照合作经济的原则组织农产品运销合作社，可以按市场要求使农产品成批量的标准化、商品化销往市场，满足消费者的需求。

台湾于 1981 年公布"农产品市场交易法"，鼓励农民团体、运销合作社、合作社场办理共同运销，规定农产品批发市场应优先处理他们的农产品，并给予免征印花税及营业税等优惠。1982 年，台湾农业部门颁布了"农民团体共同运销辅导奖励监督办法"，其中规定办理共同运销的农民团体得与农产品批发市场办理保价供应契约等，进一步推行农产品共同运销。

1. 目的和优点　农产运销合作社的目的是办理共同运销（即合作运销），即依照台湾"合作社法"规定的合作社业务之一，"为谋取求农业之发展……社员生产品之联合推销"，简言之，以销售社员的农产品为业务。

农产运销合作社办理共同运销有以下优点：

——通过集货、分类，使同类产品积少成多，批量上市；通过分级，使农产品品质划一、标准化，提高产品价格；包装既保护品质，又便于运输，同时标明种类、品牌、质量规格、产地等，宣传促销。所以，从集货到包装，使标准化、均一化的农产品成批量、低运输成本地进入市场。

——利用公用设施，如仓库、冷库，调节农产品上市时间，增加时间效益；通过运输，增加农产品地域效益，使农产品在市场上得到合理价格出售，同时调剂市场的余缺。

——沟通产销信息，农产运销合作社与农产品批发市场、合作社社员签订供销契约，以利产销衔接，市场供需均衡。

——代表农民在农产品市场上的议价能力，体现农产品市场的主体地位和维护农民应有的合法权益。

——作为对外贸易的窗口，包括对外报价、议价、交涉等，促进农产品进入国际市场。

2. 分布和类别　2002 年，台湾共有 110 个农产运销合作社，其中单位社 107 个，联合社 3 个，社员达 10 万人，股金总额 77 万新台币，社数和股金总额均居农业合作社的首位。台中等 8 个县的农产运销合作社的社员和类别列表如表 3－5 所示。

表 3－5　台中等 8 县农产运销合作社表

业务 县名	总计	果菜类	花卉	畜产毛猪	家禽	渔产	其他
台中	6		2	2		1	1
彰化	3	1				1	1
南投	3	1	1	1			
云林	4		1	1			2
嘉义	12	9				2	1
台南	8	6		1	1		
高雄	3	3					
屏东	18	14		2			2
总计	57	34	4	7	1	4	7

表 3－5 所示农产运销仍以果菜为主，畜产毛猪次之，花卉有发展前景，这和台湾农业结构调整是一致的。在 2002 年的营业额中，除几个跨县市成立的农产运销合作社外，嘉义县仑尾果菜运销合作社高达 7 800 多万新台币，该社还兼营副食业务。农产运销合作社的营业额差异很大，在同一个县经营相似业务，其营业额有的高达 800 多万台币，有的仅 2 万多台币，虽然社员人数大体相等，但股金总额前者是后者的 30 倍，说明资金实力和营运有密切关系。

此外，有跨县市的农产运销合作社，其业务项目有土鸡、花卉、果菜等。青果合作社还经营水果出口业务。由 356 个农产运销合作社组成的台湾区农业合作社联合社进行综合营销，影响较大。

3. 运作方式　主要是订立运销合同和确定农产品价格两个问题。

农产品销售和市场供应余缺，关系到农产品价格和农民的收益。为协调这几方面的关系，台湾"农产品市场交易法"中规定，"农民团体与其会员、社员、场员及农产品批发市场间，得以契约生产或契约供应方式行之"。在"农民团体共同运销辅导奖励监督办法"中提出，"农民团体得与农产品批发市场办理保价供应契约"，即通过合同约束供销双方，对市场行销、农产品价格有一定的保护作用。

青果合作社以外销水果为主，特别是香蕉，在社章中规定社员资格之一是"有种植青果土地面积 10 公亩①以上，愿意参加本社共同运销者"，还规定"本社社员负有共同运销的义务，每年最低交果量为香蕉 700 千克，山坡地 350 千克，其他青果不分平地、山坡地一律 300 千克"。青果社的业务包括产、运、销、加工、供应等 15 条之多。

台湾农业合作社联合社办理果菜共同运销，参加联合社的各合作社场在每月 20 日前，申报下月可供应市场的果菜种类及数量。农联社与各地批发市场洽定每日供应的种类及数量后，分配各社员社场供应。社员（农民）向所属的合作社场的集货场进行集货、分级、包装等，办理委托和共同运销。各合作社场按时运达各批发市场，参加交易。农联社将每日交易行情传给各供货社场。各批发市场直接将货款汇拨各供货社场。

如何确定合同运销农产品的价格？目前台湾主要是两种方法：一种是接受社员、农民委托代销的农产运销社，只收取手续费，不承担风险，农产品价格依市场行情而定；另一种是多数采用的"普林运销制"或者称为"共同计价运销制"，即在一定时期和一定地区内，同类同一等级的农产品价格会有变化，但采取平均价格付给社员。这种办法的优点是社员共同承担风险，并鼓励社员生产优质的产品，存在的问题是时期、地区如何划分，分级是否准确等，但这种计价办法为运

---

①　公亩为非法定计量单位，1 公亩＝100 平方米。

销合作社普遍采用。

4. 两个案例

——台湾青果运销合作社（以下简称"青果社"）

"青果社"成立于1945年，是由日据时代经营香蕉出口商的"企业组合"演变而来。1973年，台湾颁布"香蕉产运销经营改进方案"，明令商人全部退出香蕉出口行列，由"青果社"承办全部香蕉外销业务。

2002年，"青果社"有社员7.8万人，股金总额达新台币1.8亿元，营业总额达30亿台币，设有总社及8个分社，并在日本设有业务机构。青果社由社员代表大会选举产生总社理、监事会，由理事会聘任总经理，管理全社业务，对理事会负责。总社负责全社的规划、计划、市场开拓、对外交涉等业务，分社按计划负责蕉源、集货、分级、包装等运销业务。分社独立经营，社员多分布在产蕉地区。

"青果社"外销香蕉以日本为主。20世纪70年代后，菲律宾香蕉产业崛起和保鲜技术的改进，拉美香蕉也发运日本，加上台湾农业成本上升，"青果社"外销日本香蕉市场日益缩小（表3-6）。

表3-6　"青果社"香蕉外销数量表

单位：箱（16千克）

年度 \ 地区	外销总量	其中销日本的数量
1987	718万	681万
1997	311万	300万
2000	355万	355万
2001	213万	213万
2002	210万	210万

注：1982年以来，"青果社"出口日本香蕉曾高达681万箱，目前已不足1/3。

2002年，台湾香蕉种植面积约8 000公顷，年产18万吨，主要分布于南投、高雄、屏东。因规格不符合外销要求，日本又调高关税，外销受阻，造成产地价格下跌，每千克新台币 0.5 元。"青果社"宣布凡契约社员生产符合规格的依契约保价收购，不符合规格的或契约外的香蕉以共同运销的方式促销，以每千克新台币 3 元结算，不足部分由"青果社"补足。同时以同样价格收购多余的香蕉销毁，以缓解产地滞销压力，调节市场。

这场风波引发了社会议论，也揭露出"青果社"在管理上的弊端，如催讨欠款不力，品质管理不严，浪费公款，财务亏空等。岛内有人提出要改变"青果社"独家垄断香蕉外销的局面，这也反映出合作社如何真正实行民主监督，社员当家做主，仍然是一个严肃的课题。

——台湾农业合作社联合社（以下简称"农联社"）

"农联社"是由成立于 1962 年的台湾省合作农场联合社改组更名而来的。2002 年有社员社 356 个，股金总额 720 万台币，业务营业额达 41 亿台币。业务以农产品共同运销和农机修配资料供给为主。

1989 年以前，"农联社"以毛猪共同运销业务为主，后来改为以果菜运销为主。有五点值得关注：

（1）成立直供中心。1988 年开办生鲜超市，因受连锁超市的冲击，把经营形态改为集运和配送。台湾农业合作组织多为小型，就一个合作社而言，生产的种类少，但在一定时间内上市量大，需要通过社间合作，将产品集中配合，才能满足市场多样化的需求。因此，"农联社"的直供中心从 1993 年起把工作重点转向为社员社产品的集运和配送，开拓营销业务，受到成员社的欢迎。

（2）积极探索合作社间的横向联合，促进生产合作社和消费合作社合作。"农联社"不时举办促进消费合作社与农业合作社之交流、促销、产品展售活动。

（3）办理部队副食供应，因其需要量相对稳定，发挥其调节市场供需的功能，以缩小市场波动对农民收益的影响。

（4）重视帮助合作社场提高生产知识和管理水平。"农联社"成立推广部，负责向所属社场提供各项生产、加工、管理知识和技术，帮助社场强化组织功能，提高社员向心力。

（5）发行《农业合作》（月刊）和《农联社刊》，宣传农政、交流经验和社场动态，推动农业合作事业。

岛内农业合作专家认为，"农联社""是一个真正应用合作制度推动农业产销事业的合作社"。它推动社间合作，将为台湾小型合作社场在复杂的竞争中探寻一条新出路。

在台湾农业合作社中，还包括 10 个农业劳动合作社，社员人数382 人。农业劳动合作社是农业劳工市场上劳务的供应者，并维护其权益。在这 10 个合作社中有台湾农作物试验劳务劳动合作社，社员为293 人，股金总额 87 万元，可能是由农业科研试验单位劳动者组成，并为农业技术劳务市场服务。

六、合作农场

1. 依据、目的和业务　台湾合作农场是依 1946 年公布的"设置合作农场办法"，1974 年"台湾省合作农场管理办法"（以下简称"办法"）和 1982 年"台湾省合作农场筹备许可及设立登记审查要点"（以下简称"要点"）等文件设立的。

目的：以发展农业合作，实行集体生产为宗旨。

场员：实际从事该合作农场所经营业务，愿意遵守合作农场的规则者，均可申请加入为场员。

组织：以场员大会为最高权力机关，选举产生理、监事，分别成立理、监事会，由理事会选派正、副场长管理场务。

在同一县内有两个以上合作农场可以组织联合会。

土地：1974 年的"台湾省合作农场管理办法"规定，实施机械作业的合作农场，土地不少于 20 公顷。1982 年的"要点"中要求"合作农场除山丘地区外,应具备 50 公顷以上之毗连耕作土地"。

业务与经营:业务以扩大面积、实施综合经营、推行农业机械作业、农产加工及共同运销为重点,产品以直销市场为原则。1989 年起,合作农场可以经营休闲农业,但不得雇佣及出售非社员及其产品。除上述业务外,合作农场还要配合地方办理农村社区发展和场员福利等业务,范围相当广泛。在经营方面,早期要求在农场范围内的土地,废除场员私有耕地界限,以利合耕合营。1974 年的"办法"未强调这一点,但要求承租公有土地的合作农场应以合耕合营为原则。

资金盈余分配:合作农场最低资金与股金总额为 50 万台币,合作农场盈余分配比例为:生产基金、公积金、公益金各占 10%;员工福利金占 5%;各种奖励金占 20%;依场员劳务份额分配的占 45%。

2. 概况和分布 目前台湾共有合作农场 200 个,合作农场联合会 2 个,场员 2.1 万多人,联合会会员 40 个合作农场,股金总额 1.9 亿台币。

近 20 年来,台湾合作农场的数量、场员数变化不大,大体上合作农场在 200 个左右,场员 2 万人左右,唯耕地面积 1998 年以前在 2 万公顷左右,但 1999 年猛增至 2 300 多万公顷(表 3-7)。看来,数字有误(2002 年台湾耕地总面积为 84 万公顷)。但合作农场的耕地面积会有所增加,这与接受委托经营的数量增多有关。如 1994 年,合作农场接受 1 354 家农户代为经营的耕地为 830 多公顷。

表 3-7 近 20 年来合作农场变动表

年代	场 会 数			场会员数		股金总额	耕地面积
	总计	农场数	联合会数	场员(人)	会员数	(台币元)	(公顷)
1984	211	203	8	19 763	99	81 287 175	23 821.70
1993	202	199	3	22 071	55	156 205 000	27 488.51
1998	212	211	2	21 698	7	347 771 000	24 425.05
1999	197	195	2	19 536	44	296 940 640	23 082 278
2002	202	200	2	21 473	40	199 315 277	23 082 278

注:1999 年、2002 年耕地面积有误。

合作农场（联合会）分布在台湾 16 个县市，有 10 个以上合作农场的县都集中在台湾 7 个农业大县。桃园等 10 个县均有 5 个以上，其概况如表 3 - 8：

表 3 - 8　2002 年桃园等 10 县合作农场概况表

县名 项目	桃园	新竹	苗栗	台中	彰化	南投	云林	嘉义	台南	高雄
合作农场数	38	6	8	15	16	21	33	12	10	33
场员人数	3 233	359	560	2 599	1 881	1 455	4 033	836	1 303	4 338
耕地面积（公顷） （1993 年数）	4 157.94	533.04	1 115.92	2 332.91	1 806.66	1 688.42	3 568.57	1 431.79	1 703.11	6 273.55

值得注意的是，桃园县地处台湾北部，是工业大县，农业比重很小，但合作农场达 38 个，居各县之首位，而且都是社区合作农场，还有 33 个合作农场组织成立的社区合作农场联合会。桃园县有 2.5 万公顷农田，在台湾加入 WTO 之后加速转型，组织起来，发展当地农特产品，以达到组织产销的目的，这可能是该县社区合作农场发展的重要因素。桃园农业转向精致农业和休闲农业，推广和提升当地优质米、有机米、水蜜桃、蔬菜、茶叶的技术和品质，发展莲花产业，同时积极培植观光农业。通过转型，使传统农民"变成经济的农民"，即"很有经济产值的农民"。社区合作农场联合会以辅导成员业务，进行合作教育为主要业务。

3. 经营　合作农场的业务是生产、供应、销售综合经营，是一个兼营性的合作经济组织。种植的作物和饲养畜禽的种类，各地重点不一。桃园县合作农场以稻田转作，发展精致、休闲农业和农机调配利用为主要业务。高雄的合作农场以水稻为主，特别是水稻育秧业务占有很大比重，其次是果菜运销和毛猪运销。云林县合作农场除合作生产外，以供销、仓储为主，有的开展碾米加工和进出口业务。

在经营形态上，合耕合营实际上很难运作。台湾有的农经学者认为，在私有制的情况下，无法做到使农民废除田埂，合耕合营，即使领种公有土地，也难以做到。这是由于合作农场经济利益并不显著，农业劳动管理困难，还涉及场员、土地、资本和劳动合作等，非常复杂，因此合作农场合耕合营行不通。目前台湾合作农场为分耕合营，场员在自己的土地上耕作，依不同需要和意愿参加全部或部分环节的合作经营。特别是合作农场可以接受农户委托，代为经营之后，合作的作业更具有弹性。对此，有的农经学者认为，台湾分耕合营的农场，虽名为合作农场，实际上是某种合作组织，"自然亦不是合作农场"，特别在接受农户委托经营后"已成为一种典型的农企业（Agribusiness）"。

合作农场的好处，在于不改变耕地所有权的情况下，在同一区域内，参与生产和运销合作，扩大经营规模和农用设备的共同利用，既解决台湾农村劳动力不足又可以降低成本，提高农民收入，特别是有的农民将全部耕地委托合作农场经营，自己外出工作，只需缴一定的费用还可分得收获物，因此受到欢迎。

七、问题和挑战

台湾农会和农业合作社场是农民组织的两大系统，已有多年的历史。应该肯定，农业合作社场在农业生产，特别在农产运销方面发挥了良好的作用。但是，几十年来，世界经济社会的变化，特别是加入WTO后，台湾农业受到严重的冲击，农产品竞争激烈，农业面临困境，给农民组织带来新的挑战。除外界因素外，就农业合作社场自身情况而言，存在以下问题：

1. 运行中的问题

——规模小，缺乏竞争力。2002年，台湾农业生产合作社为268个，是近10年来的最多，但每社平均社员310多人，每社平均股金230多万台币，是1996年以来的最低。农产运销合作社平均每社有社员 900 多人，股金 700 万台币左右；合作农场平均场员 100 多人，股金 90 万台币左右，规模不大，资金少。台湾的农会和农民合作组织，业务有相似之处，但前者业务综合，特别有信用部金融业务，资金活络，实力雄厚，在竞争中后者处于不利的地位。

——经营不善，效益不佳。据刘富善分析，1994 年台湾 451 个农业合作社场财务状况为：总资产为 73.82 亿台币，总负债 49.6 亿台币，省级合作社总资产为 50.9 亿台币，总负债 39.59 亿台币；在宜兰、基隆、台北、桃园、新竹县、新竹市、苗栗、台中市、台中县、彰化、南投 11 个县市中，6 个县市有盈余，其余均亏损，其中台北、桃园、彰化、台中四县分别亏损新台币 240 万元、571 万元、370 万元和 130 万元。造成亏损的因素虽然很多，但业务平平，财务状况恶化，"很少分配股息"，"甚少按交易额比例分配盈余"，要增加社员向心力和合作组织的凝聚力无从谈起。

——民主功能不彰，监督不力。合作社（场）的民主功能未能真正发挥。农业合作社场虽有选举和罢免理、监事和经理等条例，但往往是写在纸上的条文，社员并未能真正当家做主。合作社场经营好坏，领导层起决定性作用。如果他们私心太重，就有可能忘掉集体，不谋求合作社场的整体利益，只顾个人私利，甚至违法乱纪，而社员平时却无法了解和监督，直至事件爆发。因此，如何建立一个透明的运行机制和有效的民主监管机制，仍然是办好合作社场的关键问题。

——法规严重滞后。台湾农业合作社场还沿用 1934 年颁布、1950 年修订的"合作社法"，不少规定早已过时。1990 年台湾学者曾议论要不要单独制定"农业合作法"，对此有不同的看法。10 年后，台湾农业行政部门曾草拟了"农业合作法"，现正在进一步研议中，完善有关规定尚需时日。

2. 对合作社原则的挑战　合作社是"人的结合"重于"资本的结合"，规定一人一票制；限制股息和最高认股数，股份不参加盈余分配；合作社盈余按与合作社交易额比例分配，这三点是合作社的重要原则。一人一票制体现了合作社是"人的结合"，是平等、互助的组织。社员必须认股，无论认股多少，在投票权上只能一人一票，因而社员不愿多认股。限制股息和最高认股数，避免合作社被资金多的社员控制，但也产生社员不愿多投入资金的负面影响，造成自身资金不足。合作社盈余按交易额比例分配，对促使社员积极通过合作社进行各种经济活动有推进作用，要有盈余必须经营好。上述三方面问题都涉及合作社的基本原则，在其他国家和地区也有不同的观点和做法。

3. 应对的思考 面对合作社场发展中的问题，台湾学者曾有若干议论和思考，可以概括为以下几个方面：

——首先搞好合作社场经营，这是关键。使社员有较好的经济回报，如兑现股息，盈余分配等，合作社场才有向心力和凝聚力。因此，特别强调企业化经营管理，注意农产品运销，在竞争中注意联合。

——有限度地、以与合作社交易额按比例增加投票权与认股数。有的专家认为，合作社就是"人的结合"，但结合起来是为了从事某项事业，所以合作社也是"事业的结合"。为了推进共同合作事业的发展，可以有限度地按与合作社交易额比例增加表决权和认股数额，可以鼓励社员增加对合作社交易的同时，密切与合作社的关系和增加对合作社场的投入，以缓解运行的瓶颈。这涉及合作社的根本原则。

——提高社员的认股数和股金数量，特别是理、监事要有认股下限的规定，使其自身利益和经营合作社的好坏紧密联系在一起。

——加强管理和教育，前者希望建立有效的民主管理和监督机制，后者是通过教育，在合作社社员中及社会上逐步树立起互助、合作的理念和精神，"我为人人，人人为我"，以提高社会对合作经济的认识，使合作事业健康发展。

八、结　束　语

农民自愿联合组织起来，是当前国际社会的现实，也是必然的走向，在许多国家和地区已有成功的经验并不断发展，不再赘述。

就建立农民合作经济组织而言，宜研究以下的问题：

1. 组织方面　农民自愿，进退自由，运行公开，才能公平、公正地建立民主办社的机制；建立社员参与农民合作经济组织的管理机制，对选出的职员进行监督。在形式上应多样化。

2. 管理与经营　农民合作经济组织是经济组织，要加强经营与管理，使参加的成员得到好的经济效益和合法的权益，这个组织才有向心力和凝聚力。因此：

——在农民合作经济组织内部要实行企业化管理，提高效率、效益，降低成本，合作社要盈利。

——注重农产品运销，使小生产和大市场相对接，使农民生产的农产品转化为商品并得到合理的价格。

——综合经营。有条件的合作组织宜实行产、加、销一体化经营，集各个环节的增值于一体，提高总体效益。

——接受农民委托代为经营。好处是在不改变土地承包制的情况下扩大经营规模，释放部分农村劳动力，土地又不荒芜，使农民组织更具有弹性和活力。

——加强纵向与横向联合，从总体上提高市场竞争力。

3. 盈余分配　合作经济组织应坚持按交易额比例分配盈余，鼓励社员加强与合作社的经济活动，利益共享。为了鼓励社员多认股，增加合作社的自有资金，除坚持按交易额分配盈余外，应考虑认股数额的因素，即在一定限度内社员的认股额与按交易额比例分配结合起来，既鼓励多认股又鼓励社员多与合作社交易。目前，有的合作经济组织采用股份合作制也是一种好的做法，应在实践中总结完善，探索合作经济组织中盈余分配的原则和办法。

4. 推进合作教育　合作社经营的好坏关键在人，要开展合作教育，不仅在合作组织内部，同时要在社会上进行合作教育，宣传"我为人人，人人为我"的理念，树立互助、友爱、守信的社会风气。

台湾农会转型①

（2008 年 1 月）

台湾乡镇农会是区域性的农民组织。2001 年颁布的"农会法"及其"实行细则"中规定，农会可设立农产品及农用生产资料加工厂，经营农特产品、农用生产资料及生活用品，还可投资办有限公司或金融机构。2001 年 9 月，台湾农业主管部门颁发施行"农会出资或投资审核办法"，推动农会经营。但农会囿于传统做法，对如何因应参加 WTO 后农产品进口的压力，缺乏紧迫感，对经营事业缺乏应有的认识和关注。

转 型 的 背 景

农会转型的背景主要是：

——**农产品市场竞争的需要。**台湾农业系小农经济，分散经营，成本高，缺乏竞争力。加上务农人口老龄化（2006 年台湾 55.5 万务农人口中，55 岁以上的为 24.6 万人，占 44.3%），难以为继。特别是加入 WTO 后，农产品开放，台湾农民直接面对外国大农经营和组织起来的各种农产品行业协会、公司、跨国行销的巨大压力。因此，农会必须转型，组织农民，发挥本土优势，提升品质，搞好营销，农民才能维持生计，农会才能生存。

---

① 本文主要参考资料为台湾《农政与农情》杂志。

——**农会自身发展的需要。**台湾有 300 多乡镇农会，是依法成立的最大农民组织。经费主要来源于会费、行政主管部门委托办理各项事业的手续费和信用部盈余等，以信用部盈余为主，并从总的盈余中支出 60％用于农业推广和当地文化福利事业。有的农会经营不善，出现亏损，信用部虽投资组建由农业主管部门统一领导的农业金融体制，但金融业竞争激烈，势单力薄。如 1990 年度信用部整体盈余达 108 亿元，2006 年下降为 33 亿元，未来很难取得好的效益。农会经费拮据，不得不减少农业推广和公共福利事业的支出，影响农会发挥正常功能。因此，农会必须开源转型。台湾农业主管部门实施"辅导农会发展经济事业计划"，加以辅导推动。

转 型 的 内 容

农会转型是在以往多功能服务的基础上，强调创新和经营，即充分利用当地资源发挥特色，发展优质农产品，开发新产品（如农产品加工或提取有效成分，研制营养、保健、化妆品等）；开拓行销通路和市场；一、二、三产业综合开发，推动农村经济。总之，在生产标准化的作业下，整合资源，整合生产和营销，拓展产业，以优特农产，提高市场竞争力。

转型是渐进的，近两三年表现在以下几方面：

（一）转变观念突出创意和行销

推广是农会的主要功能之一。2002 年台湾农业推广规程中列出 16 项业务，分属技术、供销、金融、家政和教育五个方面。2006 年台湾首次评选农业推广机构并颁发"金推奖"。在 266 个农会参加下，48 个农会获奖，其中 6 个农会获优等奖。从 6 个获优等奖的农会中可以看出推广工作的导向：

(1) 强化当地农特产品、安全优质、打造精品，开发新产品。

(2) 强调分级包装、品牌行销或发展礼品，推销上市。

(3) 结合当地习俗节日，进行文化行销。

(4) 将农特产品、教育、旅游、休闲结合起来多角化经营。

(5) 与同行业或跨业合作，建立产业联盟，深度研发，扩大销路。

(6) 综合、循环利用农业资源，发展有机农业和农村手工业。

农会推广工作的取向不仅是技术创新，提高农特产品的产量和品质，而且利用当地资源，拓宽产业面，延伸产业链，多角化经营。有的乡镇农会利用闲置的旧仓库，保留外观，装饰内部，成为乡镇举办教育、娱乐、农特产品展售等公共活动的场所和对外的窗口。

（二）激励农民提升农特产品品质，拓宽销售渠道

台湾近年来举办稻米选优比赛，取得优异成绩的乡镇农会和个人都名噪一时。特别是拍卖，冠军米卖得天价，打响品牌，提升乡镇知名度和带动优质米生产。台东县池上乡在过去几年中，曾四次夺魁。因而池上米也闻名台湾，不愁没有销路。

稻农和碾米厂结合，小包装直销上市，打开新的直销通路。如2007年稻米评选比赛中，台南后壁乡黄昆滨种植的台农71号获得冠军。黄昆滨与碾米厂合作，主攻礼品市场，小包装上市，每千克高达355元，销售一空。"只要米好，价高也有人要"。激励稻农种好品种，生产优质米，就会有好收益。

优质米还和米食文化结合，加工品尝当地特色米食糕点，拓宽销路。稻米经过批发市场销售到直销上市、从销售大米到出售米食糕点呈现多样化稻米产销渠道，也延伸了农业的产业链。

台湾茶叶种植面积1.7万公顷，产量1.9万吨，年产值约40亿元。推行茶农与制茶厂合作，生产安全卫生、优质健康的茶叶，使生产、加工、销售相联结。2006年有141家制茶厂和1 500户茶农、

1 800多公顷茶园参加这一计划，得到好的效果。

（三）办超市

云林虎尾镇 1984 年成立第一家农会超市。1996 年台湾按地区成立农会联合采购中心及生鲜农产品调配中心，在台北县农会设立对外窗口。2006 年全台有 90 多家农会超市。

农会办超市的好处是：①活络农产品营销，特别是降低生鲜农产品在收获季节的销售压力；②降低运销成本；③发挥农会供产销一体化的功能，对农民及消费者均有利；④超市除经营生鲜农产品外，还购销农用资材和生活用品，将农产品产销、农民生活联系在一起，缩短营销通路，降低成本，惠及农民，也利于农会经营。

台湾农业事务主管部门关注农会超市经营效益，将建构农会超市连锁经营，形成多元化的营销渠道和有特色的生鲜农产品连锁门市店，提高农会超市的形象和竞争力。

（四）中介农地租售

2003 年修订的台湾"农业发展条例"第 22 条之一规定，农民团体可以办理农业用地买卖、租赁、委托经营的中介业务，办得好的农会予以奖励。2007 年台湾农业主管部门制定了"农渔会办理农业用地中介业务辅导奖励要点"，规定中介费不得超过成交金额的 5％或一个月的租金，具体多少由农渔会理事会决定。凡在去年年底前开办这项业务的农渔会，台湾农业主管部门补助不超过 10 万元的开办费。台湾农会中介农地租售，活化农地转移和利用，农会也增加收入。

目前，台湾有 83 万公顷的农地，其中每年休耕约 20 多万公顷。2000 年之后，在放宽"农地农有，农地农用"的口号下，农地已成为商品可以自由买卖，非自耕农也可购买农地。"农地农用"已逐渐淡薄，引发岛内争论。

（五）投资金融业

农会信用部是农会经济来源的主要依靠，在农业发展过程中发挥过正面作用，有一套区别于一般金融机构的做法。由于监管不严，不良政治介入，弊案重生，曾发生挤兑、亏损、倒闭等危机。2004 年实施"农业金融法"，由农渔会信用部出资 51%，"政府"出资 49%组建农业合作金库，建立以农业合作金库、信用部二级制的农业金融体制，统一归农业部门管理。

农业合作金库成为信用部的上级机构，按规定接受信用部的存款，帮助信用部资金融通和财务查核、业务监管等。农业合作金库成立不久，税前盈利 2006 年较 2005 年有所增加。但金融业竞争激烈，风险较大，农业金融体系势单力薄，经营不易。农业金融整体盈余 2006 年已有所下降，信用部逾放率高的问题也不易解决。最近，农业合作金库高管人事调整，传闻受美国次贷波及，如果属实，农业合作金库资本将亏损 17%。靠投资金融业加惠农民是一个不确定的因素。

（六）经营休闲农业

近 20 多年来，台湾休闲农业发展较快，这是农业的一种经营形式。它利用当地的农特产业、自然生态景观、人文资源等，通过休闲、旅游、体验、教育丰富人们的生活，显现农业的多种功能，增加当地农民就业和提高收入的机会。2001—2004 年台湾 145 个乡镇办理休闲农渔园区，吸引众多游客，增加 2 万多人次的就业机会，创造 35 亿元的商机。

观光农业带动民宿经营。2007 年全台登记的民宿约 2 500 多家，但实际上达 8 000 多家。民宿结合乡镇旅游约占台湾旅游市场的 1/4，商机很大。因此，农业主管部门和乡镇农会非常重视这一新兴的农业经营方式。

为了推动这项事业，台湾农业主管部门设有主管单位，还举办与休闲农业有关的设计竞赛、展览、宣传，使特色农业生产、自然生态、生活体验、文化教育融为一体，扩大和提升休闲农业的功能和作用。从事休闲农业的业者、有关学术群众团体联合成立多个有关的协会，进行咨询和交流。有的乡镇农会专门设有休闲旅游部门具体推动乡村休闲旅游事业。

值得一提的是产学合作。设有与休闲农业有关专业的院校与休闲农业区（场）合作，前者负责教学，后者提供实习场所，共同培养休闲农业人才。

（七）开发农村妇女资源发展服务业和手工艺品

乡镇农会通过家政班提高农村妇女素质，开发服务业。台湾有5 000个家政班，吸收 12.2 万农村妇女参加。家政班的内容初期以改善农村环境和农家生活、教育为主。由于农村人口外移，老龄化比重加大，家政班工作和教育重点转向营养、保健和开展居家养老服务。同时，配合休闲农业的发展，利用当地农特产品、结合乡土文化教育，开发有地方特色的餐饮烹调服务业和手工艺品，增加农家收益。如"田妈妈"班，已成为知名品牌，仅 2007 年 1～10 月营业额就约达 2亿元。

从金融风波看台湾农会

（1996 年 8 月）

1995 年年初以来，台湾基层农会信用部挤兑风波迭起，7～10 月底即达十多起。虽然时间长短、金额多少不等，但已引起社会和台湾高层的关注。在挤兑事件中，以 1995 年桃园县中坜市农会和 1996 年 5 月中旬屏东县盐埔乡农会的两起影响较大。中坜市农会信用部于 1995 年 9 月 20 日出现挤兑，两天即遭兑领 38 亿台币；10 月初又发生第二次挤兑，共兑 67 亿台币。连存放在该信用部的公款也一度遭冻结，影响工资发放。当时认为，这是继彰化四信风暴后的一次规模惊人的基层金融挤兑事件。1996 年信用部挤兑风波未断，5 月中旬屏东县盐埔乡农会信用部挤兑风潮中，存户农民因拿不到钱，成立"自救会"进行斗争。每当发生挤兑，台湾当局一般采取行库与农会间相互支援的办法，帮助遭挤兑的信用部渡过难关。但连续发生此类事件，在基层引起严重的不安，也暴露出台湾农会若干矛盾。

一、农会及其信用部

目前台湾共有 305 个农会，农会以行政区域为其组织区域，分乡镇、县、省市三级，没有全地区的统一农会。三级农会中，上虚而下实，工作及实力在基层乡镇农会。

（一）农会的性质及任务

台湾农会是地区性、综合性的农民组织。它是台湾四大农民组织

· 181 ·

（农会、农业合作社、水利会、渔会）中，覆盖面最大、功能最全的组织。台湾"农会法"规定，农会任务共 20 条，归结为四个方面：发展生产、组织供销、农村金融、文化福利。它是以"保障农民权益、促进农业现代化、增加生产收益、改善农民生活、发展农村经济"为宗旨的独立的公益性民间社团，具有法人资格。农会又具有中介功能，沟通农民与行政部门的联系，增进共识。

（二）会员及其领导机构

农会除吸收农民、农业推广人员和农业工作者为会员外，还吸收住在该农会区域内的其他人员为赞助会员。赞助会员除当选监事、无选举权和被选举权外，享受与会员相同的权利。

农会以会员大会或会员代表大会为最高权力机构，由它产生理事、监事，组成理事会、监事会。理监事在会员大会或代表大会闭会期间行使职权。农会日常工作由理事会聘任的总干事执行理事会的决议并向理事会负责。

（三）农会内部组织

基层农会根据需要一般设立会务、会计、信用、推广、供销、保险等六个部门，并经营企业。由于时期不同，农会业务的重点亦在变化。以农业推广为例：20 世纪，50 年代以推广技术、增产粮食为主；60 年代注意推广经济作物，注重经济效益；80 年代积极推进农业机械化和农产品加工，提高产品附加值，开始注意环境保护；90 年代注意生产、生态、生活的协调发展。当前农会业务中，第一位是信用业务，第二位是农产品运销，第三位是农业推广教育，第四位是自营业务。农会业务重点的变化，反映农业发展的不同阶段和农会经营逐步走向多元化。

（四）农会经费来源

农会的经费主要来自会员的会费、农业金融机关按规定拨给的费用、募捐、行政部门委托代办事业收入和农会举办的各种事业、企业的盈余等。在上述诸来源中，来自信用部的占90％以上。这是基层农会重视信用部的原因所在。

（五）农会信用部

农会信用部是在20世纪60年代推行农贷基础上发展起来的，逐步增强了农村金融的功能，至今农会信用部已成为农村最大的金融机构。1994年底，各农会信用部吸收存款总额与吸收商业资金为主的信用合作社不相上下，仅次于邮局系统。信用部办理的"小农贷款，远远超过三家行库的总和"，"是最受农民欢迎的银行"。

台湾"农会法"规定，仅在乡镇基层农会设信用部，办理会员金融事业。县及县以上农会无信用机构及任务。信用部"视同银行业务管理"，受财政金融主管机关的管理、监督。

台湾"农会信用部业务管理办法"规定了信用部的具体业务是：办理会员及其同户家属存放款、受行政部门及行库委托代理事项、代理乡镇公库、汇兑等。在发放贷款上以农产品运销、会员本身事业或生活正当需要为主，以中短期为主。对非会员办理存放款业务，有一定条件的限制。

1994年12月底，台湾农会信用部存款总额为1.2万亿台币，放款总额为8 000多亿台币。1994年信用部经营的金融事业，除两处农会无盈余外，其余农会均有盈余，共计117亿多元，平均每个农会盈余3 827万台币。信用部成为农会首要任务。然而，信用部的业务方向和经营方式的变化，反映了台湾农会有偏离主要业务的动向。

二、风波的起因

（一）政治因素插手农会

岛内有人分析，1988年以来，台湾社会由过去的"经济挂帅"转为"政治挂帅",引起社会"泛政治化"。基层农会作为基层社团不能幸免,仅是程度不同而已。在"民选"的情况下,政党通过地方派系插手农会更深了。农会有健全的系统,信用部有充裕的资金,谁掌握了农会,就控制了地方的选票及一笔经费。因而农会成为选举的重要基础,也是党派竞争的前哨。台湾报刊感叹地说:"农会最严重的是与政治撇不清的关系","信用部大多掌握在地方派系手中。"台湾政大一位教授分析高雄县农会情况后认为:"在高雄县,国民党介入各级农会,95%是依靠地方派系,而民进党所获得的职位,同样是完全具有地方派系背景","地方派系不但掌握地方基层选举,同时掌握地方基层农会及其所属金融部门。"因此,农会的性质起了变化,信用部不仅具有经济功能,还具有"政治性功能的特性。"

介入的方法是通过选举及聘任的总干事来掌控农会。所以,每届农会理、监事改选都成派系必争之地。按台湾"农会法"规定,实际上由总干事掌握农会实权,包括人事任命等。所以,有的总干事不仅不听命于理事会,相反,操纵农会选举进而左右乡镇长人选。谁被选上总干事,自然为其支持者服务,从而形成相互利用的闹剧。台湾新闻媒体曾坦率地说:"农会理、监事本身就是'选举机器',派系早已透过选举制度掌握基层金融。"

(二)体制不顺,管理不善,性质不明

1. 农会多头领导 台湾"农会法"规定,农会归"内政"部门主管,其具体业务又分属财政、农业部门主管。因此有人称农会有"内政""财政""农业"三个"公婆",还有地方政府,共四个方面,遇有问题相互推诿,很难协调,无法进行有效监督,也反映了农会体制不顺,问题难以速决。

2. 信用部业务外延,有待定性 农会信用部仅是农会的一个工作部门,不是银行,不具有独立法人地位。它是带有地方信用合作社性

质的农业金融机构。由于金融市场缩小，农业萎缩，信用部在实际运作中远远超出原来的业务范围，参与了一般商业银行的竞争，使其业务与经营方向发生了变化。这种不是银行、不具备银行条件但又参与银行业务活动的特殊性，使信用部成为金融体系中的"雷区"，由此引发出对农会信用部的性质及业务范围的议论。

3. 超贷、逾期放贷比率过高，是引发挤兑的经济原因　借贷者往往将大额贷款投向目前不景气的房地产及股市，到期不能归还，或者贷款业务受到不正当的操纵，造成超贷，逾期放款比率居高不下，使本已资金不足的农会信用部，头寸更加紧缺，衍生危机。

4. 制度不严，管理不善　发生挤兑的农会信用部，在管理上也需要改进。例如通常贷款 1 000 万台币的项目，必须审查其资金用途及流向，但有的信用部并未认真执行，贷款流向不明。再者，管理人员的素质也难与一般正规行库相比，经营贷款的经验和业务水平均需提高。

制度不严，管理不善的主要原因在于"人治"。农会总干事良莠不齐。有的明知违背信贷规定，仍开绿灯；有的涉嫌违法舞弊，遭到有关部门审查，结果影响信用部声誉、影响存款人信心，引发挤兑。这种人为的违规事件，从"放款原则五个 P（借款人、还款财源、资金用途、贷权保证、借户展望）比不上总干事的一个屁"的流言中，可见一斑。

三、风波何时了

农会信用部的金融波折，暴露了农会若干固有的矛盾，使农会在群众中威信下降，如何了结？有不同议论，主要有：

1. 领导问题　有人认为农会由农业部门统一管理，可克服多头领导、相互推诿的弊端。但有人认为，政治手段不能解决金融问题，怀疑农业部门是否有能力管理金融，金融的统一管理能否改由农、财两个部门分管？

2. 合并基层农会，进行组织调整　一方面扩大经营规模，应付农业贸易自由化带来的矛盾，另一方面，面对金融风波进行组织整顿。如拟议桃园县农会合并中坜市农会，为此，县农会需增设信用部。但时至今日，认识并未一致，更谈不上行动。

3. 信用部脱离农会，组成银行，纳入银行体系　但有人提出，这样做，农会整体功能势必萎缩，经费无着，甚至无法生存，所以应从整体制度上加以考虑。

4. 限制信用部业务范围，加强金融检查、监督等　上述议论如何取得大体上的一致，尚有待时日。但应该肯定，台湾农会及其信用部在发展农业和农村经济的过程中发挥过好的作用，做出了一定的贡献。日前发生的金融风波，是台湾多年来政治经济演变的结果。任何组织及业务调整，不仅需要花费时日，取得共识，修改相应的有关规定重要的是这种调整将带来政治力量和经济利益的重新分配与组合，必然会有新的矛盾和冲突，绝非一时能够调适。台湾当局如能听听岛内群众关于尽量摆脱政治介入，"让农会业务回归农民"的呼声，也许会在权、钱的争闹声中找到一条途径。

修"法"　换届　抽薪　联盟

——回首 2001 年台湾农会四件事

（2002 年 2 月）

2001 年台湾农会有四件事值得关注。一是修订"农会法"部分条款，二是农会干部改选换届，三是部分农会信用部被接管改制，四是加入 WTO 后组织农业策略联盟。前三件事关系到党派势力的消长和农会的功能，后一件事关系到台湾农业的出路。

一、修改"农会法"部分条款

台湾"农会法"，曾几度修订，还有实施细则和选举罢免办法等，不可不谓之详尽。但世风日下，受不良政治影响，黑金泛滥，积弊甚久，农会为农民服务的功能逐渐淡化，已成为争夺选票的工具。因此修改"农会法"列入"排黑"条款，议论多年，由于党派政治因素介入，加上多头领导，四方角逐，难于一致，一再拖延，任其发展。2000 年 3 月台湾政坛巨变。台湾当局口头强调净化选情，推促修改"农会法"，几经磋商，于 2001 年 1 月初通过"立法"程序。由于农会正、副农事小组长、会员代表、理监事候选人已在 60 天前登记公告，时间已过，所以修改后的"农会法"只用于省农会、县市农会理、监事的改选。

"农会法"部分条文修改的重点是：①增加农事正、副小组长、农会代表、理监事候选人及总干事候聘人选的资格限制，严格规定入选条件，排除不良分子介入；②增添农会业务范围，开发农业"三生"功能（生产、生态、生活）；③因应入世的变化，扩大农会经营范围。现分述于后。

关于农会干部条件的规定，主要是：①排除有经济问题和品德不良的人进入农会领导层。例如规定凡是在农会或其他金融机构借款一年以上，延滞返还或缴纳利息者，或者对农会有保证债务，通知清偿而过一年未清还者；受刑事处分未满或执行完毕未满五年的人，均不得登记为农会干部候选人。②避免农会为家庭势力控制，规定在同一农会内，配偶及有一定家属关系的人，不能同时担任农会理事长、常务监事或总干事。③原来农会总干事无任期限制，即连聘可以连任。这次修改后最多不能连任三届，即农会总干事聘期一届，可连任一届，成绩优异者可再续聘一届。④如农会选任及聘任人员被判刑，均应解除职务。如改为罚金则除外。如在任期内解职，四年内不得参选或被聘任。这些内容的目的是为了保证农会干部无黑金问题，因此一般称为"排黑"条款，是这次"农会法"修改的重点。

为了农业的转型和开发农业的多功能性，在农会的任务中增加"农业旅游及农村休闲事业，"以拓宽农会的业务范围。

为因应入世后的冲击，避免基层农会势单力薄，提倡农会联合，提高竞争力，明确5个以上农会可共同投资组织股份有限公司。

上述内容也同样反映在修改后的"渔会法"中。根据修改后的内容，进一步修订"农会法"实施细则及相关条例。

"排黑"是岛内人民群众的要求。2000年10月一份民意调查显示，近九成农民支持"排黑"条款，黑金为社会所唾弃。执行"排黑"条款估计有近四成的农会干部不合格，将引起地方势力重新洗牌。2000年年底台湾农业主管部门公布现任农会总干事考核结果，302位农会总干事中，列为优等的为114人，1/3强，他们可优先列入下届农会总干事遴选人员。由于"农会法"列入"排黑"条款，将打乱派系地盘，影响年底"立委"选举，所以岛内政党非常关注，焦点不在扫黑，而是各有所图，谋求如何有利于己，掌控基层农会。这是为什么拖到农会选举前夕，才被迫取得一致的根本原因。

二、农会换届改选

台湾农会四年一届，2001年适逢换届改选。按程序各基层农会先推选正、副农事小组长、会员代表后，15天内召开代表大会，选举农会理、监事；10天后召开新理、监事会，选出理事长、常务监事；理事会成立60天内聘任农会总干事。在基层新理事会成立后，才是县、市农会和省农会的改选。

这次改选从2000年年底正、副农事小组长、农会代表候选人登记公告开始。2001年2月中选举农事小组长及会员代表，2月底选举理、监事，4月上旬省农会召开第14届会员代表大会，选举省农会理、监事，原预定4月中旬选举理事长，组成新的省农会理事会，换届工作全部结束。由于选举省农会理事长时发生波折，结果延至6月初才告一段落，比预定结束时间延后两个月。这次改选换届有以下几个特点：

1. 扫黑表面化　这次农会换届正处于修订"农会法""排黑"条款出台的前后，所以舆论报道及检察单位注意净化选情，打击查办贿选、买票、拉票、严禁黑道介入等违法活动。然而农会掌握在谁手中，谁就有"财源""票源"，直接影响年底"立委"选举，大家都心照不宣。虽然查禁"雷厉风行"，但案件节节升高，令不能行，禁不能止。2001年年初，选举农会代表时，各地受理的选举案件173件，其中农会161件，161件中贿选130件，暴力事件5件，涉及215人。2月初基层农会选举理、监事时，妨害选举案件上升为311件，被告人数增加至470人，其中农会贿选案件有266件，暴力介入7件。案件上升，涉嫌人数上升。台湾岛内选举年年有，有选必有贿，已是常规。特别是 2001 年农会改选是"立委"选举的前哨战,是"选"家必争之地,虽有"排黑"条款,徒托空言,更为隐蔽而已。

2. 省农会理事长选举闹剧　2002 年 4 月初台湾省农会第十四届会员代表大会选出 21 名省农会理事和 7 名监事,原预定 4 月中,理事会选举理事长,遴聘总干事。因两派角逐难于协调,延至下旬召开。结果在两位理事长候选人中,一位无党派人士以一票微弱多数当选理事长,另一位无党派人士被遴聘为总干事,但派系争夺并未结束。随即传出贿选丑闻,省农会理、监事,农会职员遭有关部门隔离侦讯。第二天新当选的理事长因涉嫌贿选,遭收押并停止职务。台湾农业主管部门指定选票最多的理事召集理事会推选代理理事长,因不足法定人数,两度流产。新聘总干事虽被理事会聘任还未获得聘书,但自认总干事身份已经确认;原总干事则认为手续不全,仍应由他继续履行总干事职责,结果演出新旧总干事同时到省农会上任,互质对方的合法性,争夺职务的丑剧。后者还动员上千名民众"声援",要求农业事务主管部门宣布理事长选举、总干事遴聘无效。6 月初,遭关押一个多月的新当选的理事长,被法官宣布无关押的必要而保释,随即很快复职。派系闹剧一场,告一段落。姑且不问贿选案件查办如何,仅从 4 月至 6 月初围绕产生省农会理事长的过程中,派系介入,农会劣质化可见一斑。

3. 推荐制名存实亡　台湾农会总干事由农会理事会聘任。对总干事的条件,如学历、经历等均有明确要求。农业事务主管部门在选举换届前,对现任农会总干事按学历、经历、品德、工作表现、面谈表现等五项,评审考核其成绩,如总分在 70 分以上,列为合格人选,可以作为下届理事会选聘的候选人,低于 70 分的,不列入候选人之内。"农会法"要求理事会就主管机关考核合格的候选人中选聘总干事。如在理事会成立 60 天后还未能聘任总干事,上级农会可派合格人员暂代。

2000 年年底台湾农业主管部门考核农会总干事，仅有 1/3 被认为有资格列入下届总干事候选人之中，这个比例低于前一届有 1/2 合格的比例。但是有的农会为了保护自己势力，拒绝在推荐人选中选聘总干事，以代理总干事的办法敷衍，推荐制"事实上已名存实亡"。

三、部分农会信用部被接管改制

1. 农会信用部的设立和功能　台湾"农会法"规定农会任务之一是办理会员金融事业，应设立信用部，并视同银行业务管理。按"农会法"和"银行法"制定了农会信用部业务管理办法。设立信用部的目的在于方便农民储蓄存款和进行小额贷款、生活贷款。信用部还承担供应农会其他部门周转资金，以发展业务；接受委托发放款；代理乡镇（市）公库等业务活动。20 世纪 60 年代初，信用部贷款总数一般不得超过存款的 70%，同时将存款的 25% 存入银行，以维护存款人的利益。信用部每年用于农会辅导及推广事业的经费不得少于纯利的 10%。台湾农会信用部曾为农村经济的发展做出一定的贡献。

2. 逾放的源头　信用部逾放款问题早已存在，逾放款占总放款的百分比：1958 年为 57%，1964 年下降为 17.7%；当时逾放款中近 30% 过期 1～3 个月；21% 在 2 年之内；2.3% 在 5 年以上。逾期不还者和平均每人占有过期未还的金额，以两类人最多，一是农会干部，二是当地的"民意"代表。历史情况表明，信用部逾放款问题是可以改进和防范的，也显示出信用部经营不良的根源。

由于政治介入，黑金泛滥，信用部成为政党派系争夺选票的桥头堡，使信用部逾放比率居高不下，经营劣质化，诱发挤兑和金融风波。

1995—1996 年适逢台湾"选举"，农会信用部出现超贷，有的存款少于放款，造成严重亏损；逾放率有的高达 30%，多次多处发生挤兑并引发县长遭暗杀事件。有的农会如中坜市农会不得不和省农会合并，以化解危机。2001 年省农会逾放率高达 90％，账面负债达 50 多亿台币。2001 年又是台湾"立委"选举，信用部再次发生危机。全台 287 家农会信用部 2001 年上半年平均逾放率达 20％，其中 26 家信用部净值是负数，已危及农会生存，将衍发金融危险。从上述情况看，农会信用部近两次风波都与台湾选举相连，不是偶然的。

3. 处理的原则和措施　如何处理农会信用部金融问题，台湾农、财当局曾确定农会信用部将和农会分离和分类处理的原则。根据信用部营运情况拟分三类处理：甲类是运行良好的信用部，将以投资或作价等方式转制成银行，再决定信用部是否保留；净值是负数的丙类信用部，则强制并入好的金融机构；介于两者之间的乙类信用部视其发展再定。

如何操作曾有不同设想：如由信用部投资入股，将合作金库改制为农业银行，因合作金库自身难保，股东反对而未能成功；又曾考虑"邮储化"，信用部只存不放，但影响到信用部的基本功能，未能取得一致。虽有将丙类信用部并入行库，甲类信用部合并改制的设想，但方案尚未完备。至于信用部从农会分离后，农会的功能将如何运作等，更无通盘规划。

4. 仓促中强制接管　在通盘方案尚未确定之前，2001 年 8 月台湾经济主管部门派员进驻 36 家有问题的金融单位，了解其业务、财务状况，其中有 29 家净值为负值的农渔会信用部（27 家农会信用部，2 家渔会信用部）。9 月中，借助警方力量，采取强制手法（如锯锁换锁、黑夜挂牌等），将这 29 家农渔会信用部，分别挂上被接管行库招牌，成了行库的分支机构，引发省、县、乡镇农会不满，一度气氛相当紧张。

29 家农渔会信用部被仓促接管改制后，暴露出若干矛盾：

（1）进驻前未完成信用部资产评估。因为不少农会将原属供销、推广、保险等部门的资产列在信用部名下，必须从信用部分出来，如将不属于信用部的资产随信用部转移出农会，将严重影响农会的发展，也是不公平的，但需要花费一定的时间。

（2）信用部人员的去留，各接管行库标准不一。有的农会表示，先安置好职工再接管，否则员工权益没有保障。

（3）信用部和农会分离后，农会的功能如何定位，人员工资，运销、推广、保险、培训等业务如何进行，未被重视，更无方案。致使29 家信用部被接管的农渔会不仅工资发不出，农渔会业务、农业推广等也处于停摆。台湾农业主管部门不得不紧急拨款缓解。

（4）有的县市行政对接管事先不知情，也未参与，事后表示无法协调。

（5）台湾舆论表示，台湾经济不景气，行库本身营运不佳，虽推动金融机构合并，逾放率也在升高。台湾当局用经济手段如减征营业税等方法，以充消呆账，帮助行库缓解危险，为什么不采用同样方式，帮助信用部渡过难关？

总之，矛盾的焦点不在金融本身，而是由于"立委"选举。强制接管是台湾当局有意尽快切断地方桩脚金源，釜底抽薪，而采取的急迫措施。回顾 1996 年的金融风波和这次的强制接管，两起事件均与台湾选举有关，如何摆脱不良政治，使农会真正发挥综合功能，服务农民是岛内农民所祈求的。

四、推行农业策略联盟

台湾人多地少，农业规模小，成本高，属小农经济。农户平均只有一公顷左右的农地。虽然有农会、产销班、农业合作社场等农民组织进行产销服务，但难以抵御入世后进口农产品的冲击。近两年来，台湾农业事务主管部门，参考外国的经验，整合农村和相关资源，推行农业策略联盟，作为工作重点，以缓解入世后的冲击。2000 年 11

月成立台湾农业策略联盟发展协会。2001 年成立辅导小组，2001 年年底已成立 12 个农业策略联盟。

1. 几个农业策略联盟实例

（1）例一，黑毛猪策略联盟。由桃园县平镇市农会黑毛猪生产示范班、获得优质认证的屠宰业者（雅胜公司）和松青超市组建"黑毛猪策略联盟"产销体系。从生产、屠宰、分割、直至销售进行全程品质监控，并以"松青黑毛猪"品牌供应市场猪肉。松青超市的销售点已由 7 家扩展至 14 家，还准备发展至 30 家供应这个品牌的猪肉。

为进一步提高品牌的品质和风味，养猪研究所加盟，就猪种改良、饲料配方、饲养管理进行指导，帮助建立规范化操作规程和产品质量标准。下一步将推广黑毛猪策略联盟产销体系的模式，扩大生产示范班，建立策略联盟示范店并办理黑毛猪场认证工作，使消费者能够享受新鲜、卫生、安全、味美的黑毛猪猪肉。

（2）例二，"关怀森林生态之旅计划"。针对"9·21"震区重建，在森林旅游景点规划九条旅游路线，设立 10 处农产品展售服务中心，配合促销及旅游吸引游客。这是一种以合同形式将生产、加工、物流及休闲等结合在一起的农业策略联盟。2001 年 1～4 月估计已带动 40 万人前往重建灾区旅游，对该区的旅游观光和农产品促销都有好处。

（3）例三，苗栗县在农业改良场的指导下，由区农业改良场与县、乡镇农会、台湾养蜂协会、时报育乐公司及超市等相关业者联合组成策略联盟，以共同品牌推销苗栗地区农特产品，并与家庭文化、传统美食结合，开发休闲农业，以达到生产者、运销者、消费者共同受益，促进苗栗地区农业持续发展。

2. 农业策略联盟及其构建因子 农业策略联盟是企业或经营实体通过合同或参股，以本身优势和有关企业、团体合作，整合产业内或产业间乃至一个地区的资源，以求优势互补，强强联合，降低成本，提高竞争力，提高效益，使加盟各方均受益的一种产业组织形式。这种形式改变了过去在一个企业内大而全或小而全的做法。农业策略联盟多数从农业生产入手，开发农业的多功能性，使农业向二、三产业延伸，繁荣农村经济，帮助农民增收。

农业策略联盟一般具备以下因素：

（1）农民要有基本的产销组织，这是农业策略联盟的基础。

（2）发展农产品加工业，制定质量标准和操作规程以保证产品的品质。品质监控要贯穿生产、加工、流通的全过程。

（3）与物流部门、营销企业结合，以拓展市场打开销路。

（4）与金融部门建立联系，以便融通资金。

（5）要有企业化经营的理念和措施，同时讲究商业道德，崇尚诚信，遵守合同，联盟才能巩固。

（6）突出本土性，有利于区隔市场，才有竞争力。例如利用本地特有资源发展特色产业；结合乡土文化，历史景观，开发特色休闲农业等。

（7）要有科技支撑，做到产、学、研相结合，使产品不断更新。

（8）建立相关的规定、条例等，规范行为和解决合作中的矛盾。

台湾农业策略联盟刚刚开始，被认为是入世后农业的"软堤防"，值得重视。

盼台湾农业金融回归专业本位

(2005 年 3 月)

近三四年台湾农业金融发生一些变化。现简述其要。

一、急 转 弯

2001 年台湾当局凭借行政力量，强行命令行库（银行、合作金库）接管营运不良的农、渔会信用部。从农、渔会信用部下手，企图整顿基层金融。2002 年提出"二五八"金改计划，主要内容之一是用两年时间使金融机构逾放率降至 5％以下；接着台湾财政主管部门发出对"农、渔会信用部分级管理措施"。据估计农、渔会信用部逾放率均高于 5％。换言之，在 2004 年台湾地区选举以前，要解决农、渔会信用部营运和管理问题。陈水扁强调"怕丢失政权，而不敢改革是懦夫"，"如果今天不做，明天会后悔"，观点明朗，态度强硬。

部分农、渔会信用部被行库强制接管和将分级管理，给各级农、渔会和台湾社会带来极大的震动。在接管期间又爆发低估信用部资产、高估信用部债务、行库多领金融重建基金的丑闻，更激怒民众。台湾农、渔会组成自救会相抗争。台湾当局想抢在 2004 年台湾地区选举前夕完成"二五八"金改计划，"项庄舞剑"，意在打击泛蓝阵营与经营多年农、渔会的财力联系，引起泛蓝阵营不满，力挺农、渔会自救会。泛绿阵营内部意见不一。台联党表示"信用部有存在的意义"，希望"热情""不要打败经济理性"，支持自救会。民进党内部也有不同的声音。陈水扁老家台南县的县长认为："北部观点不了解基层"，"接管的做法是浪费资源又毫无效果"。农、渔会的抗争和党派斗争相结合，形成巨大的反弹力量。自救会先提出"三大诉求、十大主张"，酝酿于2002年年底举行10万人抗争大游行。

陈水扁感到形势不妙，亲自南下"绿色票仓"，听取五位民进党籍县市长意见，并力劝不要参加游行而未果。为了选票不得不突如其来急转弯，宣布暂停"农、渔会信用部分级管理措施"；一改"农业归农业，金融归金融"的口号，由农业主管部门一元化管理；成立农业金库作为农、渔会信用部上层组织，构建农业金融体系等。政策突然大转向，弄得台湾高层"措手不及"。继而陈水扁表示主管部门"一意孤行""没有讲真话""有人要负责"等，前后言论"判若两人"，企图缓解矛盾，打消游行，但已无济于事。2002年11月23日爆发了台湾史无前例的近12万人的大游行，引起社会、政坛震荡。民进党内部也议论纷纷。台湾农业、财政主管部门的负责人成为替罪羊，丢官下台。

二、妥协求和

在大游行后，台湾当局立即召开了由行政部门、学术界、民间社团包括农、渔会自救会参加的农业金融研讨会。这是一个咨询性的会议，借此下台。研讨会的主要意见有：

（1）农、渔会和农、渔会信用部由农业部门一元化管理。

（2）设立农业金库作为农、渔会信用部的上层金融机构，建立农业金融体系。

（3）金融监理一元化。

（4）制定"农业金融法"。

为了拖延和协调，台湾当局迟迟才提出"农业金融法"草案。几度磋商、妥协，于2003年7月通过。讨论磋商中的主要焦点是：

（1）确定农业金库的出资比例。初稿，行政部门出资 20%，而自救会认为行政部门应出资 49%，最后妥协，先出资 49%，后三年逐步降至 20%。

（2）如何处理被接管的 36 家农、渔会信用部财产问题。自救会要求全部归还，财政部门认为接管后财产已为行库所有，归还不可能。最后妥协，由农、渔会原价购回，对有争议的资产，待通过"农业金融法"6 个月后，由主管部门提出处理办法，但后来又发生变化。

（3）关于农、渔会信用部主任任用问题，自救会放弃农会总干事决定权，取得一致，由农业主管部门制定资格标准，聘用人选报主管机关批准后任用。

"农业金融法"要点是：

（1）建立农业金库，构建农业金库和农、渔会信用部上下两级制的农业金融体系。

（2）关于农业金库。

设立——台湾农业金库由各级农、渔会本着合作理念发起设立。

任务——督导信用部业务，办理农业融资和政策性贷款。

性质——股份有限公司。资本总额不低于 200 亿台币。行政部门出 49%，三年后逐步下降至 20%，农、渔会认股 51%，农、渔会信用部除净值为负值外，其出资额不低于农、渔会净值的 10%。

组织——成立董事会。

盈余分配——金库盈余分配及行政部门股份所得股息、红利，按预算程序作为农、渔业推广预算。

主管机关——分别由"农委会"及县市行政部门实行两级管理。

（3）关于农、渔会信用部。

服务范围——不局限于会员，扩大至整个社会民众，也可以跨区经营。

业务——办理存贷款、农业融资和政策性贷款，经过批准可办理外汇业务。

会计——与农、渔会其他部门分开，单独设立。

资金——富余资金一律存农业金库。

公积金——信用部事业盈余至少拨 50％作为事业公积金。如年度决算净值占风险性资产比率未达主管机关规定的，应全部拨为信用部公积金，以增强承担风险的能力。

整顿——凡亏损累积超过上年度决算净值 1/3 或逾放率超过15％，"农委会"与农业金库帮助整顿 3 年，如未达目的，则与其他信用部合并。

人事——信用部主任任免条件及程序。

（4）农业金融机构依存款保险条例参加存保。

（5）农业金融监理由主管机关委托金融监理机关统一办理。

（6）对购回被接管的 36 家信用部资产中有争议的问题，主管部门在"农业金融法"通过后 6 个月内制定解决办法。

为什么"农业金融法"于 2003 年 7 月在"立法院"民进党团主动要求召开的临时会上通过？关键是 2004 年台湾地区选举在即，农、渔会自救会和多位农、渔会总干事参加讨论或旁听，现场了解各党派的表演，无疑将影响选票走向。因此民进党求和不求战，想抹去因"接管"和"分级管理"造成与农、渔会摩擦的伤痕。这是通过"农业金融法"的背景和原因，但给如何处理对被接管的 36 家信用部资产问题留下尾巴。

农、渔会自救会一再坚持要求"归还"被接管的 36 家信用部的资产。相持至 2004 年 7 月，"农委会"决定 1975 年以前的信用部资产，包括股票、债券及不动产，接管行库应无偿全部归还农、渔会。自救会原想追溯至 1983 年以前，因财政部门不同意，只好接受"农委会"决定。这样农、渔会的土地大部分可以拿回来，因地价上升，可以化解农、渔会财务问题。结果 10 家行库将损失近 7 亿台币，谁来弥补？

不管是金融重建基金或"农委会"列编支出，归根到底还是用纳税人的钱弥补窟窿，"早知今日，何必当初"。

根据"农业金融法"，台湾"农委会"于 2004 年 1 月成立农业金融局，并着手制定和修改 11 个相关配套文件，召开农业金库筹备会议，筹建农业金库，预计 2005 年金库可挂牌营运。

三、前景难料

为什么台湾农、渔会信用部问题引起岛内社会深度关注？又为什么拖延数年之久才有方案，除了党派选票之争推波助澜外，值得深思。

首先，农民离不开农会。台湾农民都参加农会，据统计 2001 年台湾共 72 万多农户，占台湾总户数的 10.71％，农村人口约 369 万，占全台人口总数 16.5％。1991—2000 年间农、渔会盈余中用于推广的费用达 900 多亿台币；有 47.9％的农贷是通过农、渔会信用部发放给农户，约等于台湾农业银行、土地银行和合作金库三行库发放农贷的总和，表明农民、农村离不开农会。接管农、渔会信用部伤害了农、渔民的利益，牵一发而动全身，自然会引起抗争。台湾经济不景气，城乡失业人口返回农村务农。2002 年农业就业人口为 70.9 万人，比 2001 年增加 0.42％。2001 年无论是农户平均收入和农家人均收入分别较上年降低 3.96％和 0.78％。在经济不景气、农业低迷、农民怨愤的情况下，强制接管农会信用部，火上加油，越发引起社会不满。据报道，2002 年 11 月 23 日农、渔民大游行参加人数近 12 万人，以 2002 年农业就业人口 70 万人计，近 1/6 农渔民参加游行，如以 20～65 岁家庭农场管理者 40 万人计，参加游行的人数超过 1/3。即使陈水扁亲自去老家台南县"拜托"不要游行，也无法阻挡，还有 6 000 多人从台南乘车赶到台北参加，这充分表明群众的气愤。

其次，农会离不开信用部。台湾农会是依"农会法"成立的民间社团。所以"强行接管信用部是违法行为"。农会有较长的历史，具有农业技术推广、农产运销、农业信用、保险等四方面的功能，在运行过程中虽有瑕疵，但瑕不掩瑜，受到社会和广大农民的肯定。农民与农会密不可分。农会与信用部功能互为补充和依存，其经济支撑主要依靠信用部的盈余。如"农会法"规定农会的总盈余扣除亏损外，用于"农业推广、训练及文化福利事业费不得少于62%"。信用部从农会分离后，农会一切功能处于瘫痪，甚至连员工工资都发不出，人员失业，引发农民和农会员工不满。

行库和信用部职能不同，特别是行库民营化后，商业化运作，追求利润，不能替代农、渔会信用部。何况台湾还有93个乡镇无行库机构，农民信贷融资全靠农会信用部，如果信用部被行库接管，"农会举办的季节性贷款、推广费用、公益性活动、地方及青年创业贷款等农民权益，无形中被剥夺"，使困难的台湾农民雪上加霜。

第三，处理不公。台湾的银行、金库、信用社和农、渔会信用部均有营运不良的情况，为什么不一视同仁，先从大头行库入手？台湾农业主管部门民进党籍前负责人曾说，"政府可以拿一兆亿打消银行呆账，但农、渔会信用部逾放率只要7亿就可以解决，却不做"，处理不公平。在接管过程中高估信用部债务，低估信用部资产，行库多领金融保险资金，更激起社会不满。如一家被接管的信用部，一部旧汽车评估仅值台币一元。这次退回信用部资产时，不仅送还这部汽车，还赔进修车费20万台币。

此外，农会是农民与行政部门沟通的桥梁，是农产运销、农民增收的枢纽。农会不能运行使农民遭殃。总之，选票冲击农业，漠视和简单处理复杂的农村社会问题，其根本原因在于不重视农业、农村和农民。民进党籍的"农委会"前主委勃然大怒称"有人瞧不起农业"，辞职而去。

第四，有了"农业金融法"，是否能解决农、渔会信用部营运不良的情况，这是台湾业务人士的疑虑。

"农业金融法"和过去不同之处在于：

（1）统一管理。过去农会多头领导，问题难于协调处理。农会信用部受财政部门管理，农会主要业务属农业部门领导，农会是民间社团由民政部门主管，加上所在地方的领导等，四驾马车很难方向一致。这次明确农会信用部农业金融系统由农业部门领导将有利于今后管理。

（2）成立农业金库，构建农业金融体系，增强信用部间的资金融通。过去只有乡农会有信用部，县、市农会不设信用部，由合作金库承担信用部上级的金融单位——"中央银行"的功能，信用部的指导及金融检查都由合作金库办理。2001年合作金库民营化，已无法继续承担过去的功能，成立农业金库完善了台湾农业金融体系。

（3）扩大农会信用部服务对象和范围，增多获利的机遇，提高竞争力。

（4）加强监管，防止风险，明确处理营运不良信用部的方式方法。

（5）农业金融系统承担"政府"贷款，有利于提高信用部盈余。

但机遇与挑战并存，前景难料：

1. 农、渔会信用部非农业务增大　农、渔会信用部主要服务农业经营，为农业、农民、农村服务，因此农业信用业务具有以下特点：

——农民存贷零星分散，每笔数量不大，贷款项目分散，包括农业产销和农民生活；地点分散，管理不易。

——存贷有季节性，时期相对集中，还款周期长，资金周转相对缓慢。

——自然风险大。人们目前还难以控制大面积自然灾害。

——抵押品价值低。农民往往靠土地抵押贷款。在经济不景气和边远地区，地价不高，难以出售。如在接管36家农、渔会信用部时，金融重建基金共承受28笔耕地，到2004年秋只卖出8笔。

——营运成本大。农民要用好生产贷款，依靠农会推广部门帮助选好项目和技术指导，搞好生产，疏通运销，才能盈利如期还贷，加上农户居住分散，因此做好农贷的发放和回收要花相当的精力，势必增加农会信用部的营运成本。

上述农会信用部的特点正是信用部存在的价值。在金融一体化的形势下，信用部扩大服务对象和地区可以增强信用部实力，提高市场竞争力，同时非农业务增多，农业金融的特点和农、渔会信用部为农服务的宗旨易被忽视。所以在扩大业务营运的同时，要彰显为农服务的功能，否则就"越来越像银行"，丧失设立信用部的意义，这是台湾社会担心的问题之一。

2. 弱势参与竞争前景未卜　农、渔会信用部基础薄弱，扩大服务范围后，面向社会参与金融市场竞争，不得不想方设法吸取社会游资，壮大实力，同时也潜伏危机。如已批准恢复营业的高雄县鸟松乡农会信用部 2004 年 6 月开始营业，以高出转存合作金库的利率吸取存款，贷款抵押品有保护区土地和山坡地等，信用部解释是刚开业"要给存户一点甜头"，"农会本来只能拿到这种抵押品"，因此有人认为"看起来与以前一样"，营运不良的问题并未消除。如果另外被接管的 35 家信用部一起重新营业，"当年花费纳税人 481 亿元的农金坏账会不会再度复辟"？

3. 源头未清　农、渔会信用部问题不外是超贷、逾放率过高，以致资不抵债，净值亏损。截至 2002 年年底，农会信用部逾放率为 18.6％，渔会信用部逾放率为 16.8％，全年农、渔会信用部亏损超过 17 亿台币。2003 年 3 月中旬，台湾报纸报道，信用部逾放率中，贷款 100 万台币以下的农户占逾放率的 4.8％，不足 5％；而贷款大户逾期不还是造成逾放率高的原因。为什么会产生这种现象？这些大户又是些什么人物？未见深入揭露。所以台湾舆论认为，"基层农会赔掉的钱，不是赔在农民身上，而赔在那些挖空农会的人身上"，然而这些人并未得到应有的惩处，源头未清，根源未除。即使在整顿建立农业金融体系的过程中，2004 年年初，农、渔会信用部逾放率高达 17.61％，逾放金额 986 亿台币，高出信用部净值（766 亿台币）220 亿台币，换句话说信用部负债经营。这一方面说明信用部承担风险能力和营运质量亟待改善，另一方面也说明整顿并未消除人谋不臧的痼疾。"基层金融管理失当在先，全民付账在后，荒谬闹剧，要到何时才能收场"。有人进一步分析"农业金融法"和农业金融体系后认为，如果信用部破产"还是靠存保公司拯救，与过去没有差别"。如何协助农、渔会信用部排除政治干扰，导向专业经营，防患于未然，才是希望的所在。

台湾农业推广工作简况

（1993 年 9 月）

一、农业推广工作系统

台湾省农业推广大体可分为三个系统：

（1）由农会组成的主渠道，台湾省有省农会、县市农会和乡镇农会。农业推广由乡镇农会进行，水产业的推广工作由渔会负责。

（2）农业教育、科技部门作为农业推广的技术支持系统。这是以区农业改良场为中心，与有关的农业科技、教学部门组成区农推会，从技术上支持基层的推广工作。

（3）公营和私营企业的推广系统。它主要是为企业服务，在整个推广工作中起补充作用。

二、农业推广工作内容

台湾省在不同时期，农业推广的工作内容是不同的。1952 年确定由农会办理推广工作，先选定七所农校和四个乡镇开展青年农民推广工作；1955 年开始成年农民的推广工作；1956 年将家政推广纳入农业推广范畴；1975 年部分渔会办理水产推广工作；1981 年起在大专院校设推广教授。

台湾农业推广主要覆盖三方面内容，即技术推广（农事）、生活（家政）、青年（四健会的工作），逐步涉及农村社区发展问题。

技术推广服从于整个农业发展的趋势。台湾农业处于萎缩转型时期，农产品重在提高品质，开拓新的领域，在生产、生活、生态和经济效益几个方面求得好的效果。台湾选择了有市场与开发潜力、附加值高、不影响环境条件的农产品作为发展重点，技术推广工作围绕这一趋势，介绍推广新技术和新知识。

青年辅导工作主要是通过"四健会"的活动培植农村青年。

家政推广教育的内容，主要集中在衣、食、住、行、育、乐六个方面。"衣"包括衣物保管、服装设计、穿衣艺术等；"食"包括食品卫生、食物营养、烹调技术、食品加工等；"住"包括农宅修建、卫生改善、美化环境、室内布置等；"行"包括交通礼仪和安全；"育"包括敦亲睦邻、家庭计划、消费教育、求职教育；"乐"包括康乐辅导、技能训练、家庭娱乐，以及参观访问等。

三、农业推广工作方法

台湾的农业推广工作主要是进行技术传授，使农民提高生产和经济效益，实际上是组织教育农民的工作。所以台湾学者认为农业推广是农村社会教育工作，是一种非正规的农民教育系统。这种看法决定了农业推广工作的方法。目前，台湾一般采用以下几种方法：

（1）现场观摩。

（2）举办农业训练班。

（3）推广人员下乡对农民进行面对面的帮助。

（4）印发文字材料进行信息传播。

（5）利用现代化工具如电话、电传、电视传播等咨询信息和解答问题。

训练班一般分三个层次，即中期（一个月）农业经营管理训练班，短期又分中级（两周）、高级（一周）农业训练班。各班再按内容分不同的班次，每班招 30 人，一年办班次数不等。如 1993 年度中期农业经营管理训练班，即分成养猪、家禽、花卉栽培三个不同的班次。两周的短期农业训练班，分成养猪、家禽、园艺及庭院设计各 2 个班，花卉、蔬菜、芒果、柑橘、常绿果树栽培管理各 1 个班。省农会将全年要办的训练班列表印发，在基层农会公布。由农民向乡镇农会报名，汇总到省农会选定。学员条件一般为家庭农场规模在 0.5 公顷以上，年龄在 18～40 岁之间的农民。中期班对第一次参加学习者优先，中级班（两周）对参加过中期班者或有经营农场 5 年以上经验者优先。高级班（一周）对参加过中级班者优先。学习期间除往返旅费自付外，免收其他一切费用。庭院设计班酌收部分材料费。

关于文字信息传播，台中农业改良场用四种形式进行：

（1）台中区农推专讯，这是就某一问题做简单介绍的材料，如农民健康保险问题、休闲农业问题等，按编印先后顺序编号。

（2）台中区农业推广简讯，这是普及性的刊物。

（3）训练教材及指导手册，前者是为适应训练班的需要而编写的，后者就推广过程中农民提出的问题及其解答，按专题集中印刷而成。

（4）结合当前面临的问题印发宣传小册子，如怎样应对参加关贸总协定，农业应做哪些准备等。所有文字材料均免费提供。

台中农业改良场为了加强推广工作，提出今后应强调"服务到家"的咨询服务；注意"训练需求"的教育训练；着重"生活调适"的农村生活改善；从事"成本与效益"调查，改善农业经营；强调"录像带图书功能"的农业传播工作，与此同时积极进行推广的研究工作。

四、两个推广工作单位

（一）南投县鹿谷乡农会

农会是具体进行农业推广的单位。鹿谷乡以生产茶叶为主，以冻顶乌龙而闻名。全乡有 5 637 农户，人口 2.3 万余人，土地 1 万多公顷。农会由会员代表 60 人选出理、监事会成员，理事 9 人，监事 3 人。理事会下设总干事 1 人，主持农会工作。

鹿谷乡农会设一室（秘书室）、三股（会议、会计、推广）、四部（信用、供销、保险、医疗），有职员 102 人，农会有固定资产 1.4 亿新台币。推广股下分三个组：

（1）农事组主要是推广茶树栽培、茶叶加工的技术。

（2）家政组设有专职及兼职的家政辅导员，辅导内容包括烹调、卫生、妇幼保健、环境保护、婆媳关系、邻里关系、娱乐等。

（3）四健会工作主要是辅导未婚的青年农民，使他们有灵敏的"头脑"、健全的"心胸"、万能的"双手"、健康的"身体"。四健会成立若干训练班，帮助青年农民学习农业知识，如成立兰花班等。

鹿谷乡农会的供销部正建供销大楼。这个楼将包括该乡产品的展示中心、培训中心、茶文化厅等。供销部可以代台湾肥料公司向农民销售化肥，收取一定的手续费，代销的数量由"政府"分配。除肥料外还代销其他生活资料。此外，还积极开拓销售本乡农产品，印发宣传品，扩大销售门路。

该乡农会的信用部共有职员 50 人，主要是吸收会员、非会员的存款，向会员发放贷款。近年来每年约有存款 22 亿新台币，贷出 10 亿左右，扣除流动资金后，余额存入银行或金库。贷款分信用贷款及抵押贷款两种。前者最高额为 80 万新台币，后者最高额为 1 300 万新台币。为了支持青年务农，对 40 岁以下受过训练的青年农民，经本人申请、审查合格后，可发放长期低息贷款用于生产，期限一般为 7 年，最长为 15 年，利息为 5.5% 左右。

（二）兴农公司的推广工作

兴农公司是一家由农药起家的综合经营的大公司，经营的行业达

10 余种，如人寿保险、旅游、度假村、超级市场等。该公司有自己的营销网络。

该公司设有教育推广处，在 312 个乡镇设有兴农供应中心（台湾全省有 330 多个乡镇）。他们认为"产品＋技术服务＝商品"，所谓"技术服务"就是教育。教育除指导农民如何最有效地使用农药外，凡与农民生产有关的内容如作物栽培、农产运销、农业气象等均包括在内。推广方法强调示范。每一个新农药的推广至少经过多次示范。农药由供应中心直接向农民供货。全公司有 800 多名受过专业训练的人员，分布在各供应中心，为农民作售前、售后服务，他们将购买农药的农户资料输入电脑，以便跟踪服务。

五、存在的问题

由于台湾农业处于萎缩转型时期，受外界经济环境的影响冲击很大，农业推广工作存在以下问题：

（1）基层推广组织难以发挥组织作用，推广工作不易落实。

（2）推广内容亟待由过去以提高单产为主，转向产销协调、提高农业经营技能。

（3）推广人员素质低，兼办其他业务的多，有的地方高达 72％，流动率高达 15％。

（4）农会重视不够，普遍认为农业推广人员工作积极性较其他部门低，专业技术人员不足。

（5）由于农村青年外流，四健推广教育不易落实，农村青年上学是为了升学或离农，因而农村老龄化的趋势加快。

（6）有的地方面临农业推广经费不足。因此，台湾农业界人士曾警告：农业推广业务将面临停顿的窘境。

台湾农业推广体系概况

（2007 年 5 月）

一、台湾基本情况

台湾是祖国的宝岛。全岛呈纺锤形，东临太平洋，西隔台湾海峡与福建省相望。全岛面积约 3.6 万平方千米，略大于海南省（3.4 万平方千米），南北长 380 多千米，东西宽 145 千米。由于板块挤压，近 30 年台湾每年平均上升 8 厘米，地形变瘦了。岛内的中央山脉将全岛分为不对称的东西两部分，西部较宽，东部狭窄，玉山是台湾第一高峰，海拔达 3 900 多米，原建有于右任先生塑像，使山高达 4 000 米；1955 年 11 月，塑像被毁，留下于右任先生对大陆的思念："葬我于高山之上兮，望我故乡。故乡不可见兮，永不能忘。葬我于高山之上兮，望我大陆。大陆不可见兮，只有痛哭"。东部海岸山脉和中央山脉形成峡谷，有著名的太鲁阁风景区。

台湾属热带亚热带气候，适宜作物生长，年降水量在 2 000 毫米左右，南北有差异，分布不均，5～10 月降水量占全年的 78%，其余 6 个月雨水较少。因腹地狭隘，河流短急，最长的河流为浊水溪，长 186 千米，是云林和彰化的界河。由于河流落差大，使地表径流能拦蓄利用的仅占总径流量的 18%，其余雨水流入大海。所以台湾有季节性的水荒，有时影响早稻插秧。夏季高温影响蔬菜生产。

台湾人口 2 300 万人，大部分住在城市，有 70 多万农户，农村人口为 370 多万，农业就业人口约 70 多万人，耕地面积 80 多万公顷

（水、旱田约各占 1/2），有下降趋势，农业生产总值约占台湾 GDP 的 2% 左右。

　　参加 WTO 后，台湾农业受到冲击，近 10 年来，台湾农业发展情况如表 3-9 所示：

表 3-9　台湾农业发展情况（1996—2005 年）

年份	农业经济成长率（%）	农业占岛内生产毛额（%）	耕地面积（千公顷）	作物复种指数	农产品贸易逆差（亿美元）	粮食自给率（以热量计）（%）
1996	−0.31	3.05	872	114.4	45	37.3
1997	−1.94	2.42	865	115	59	37.1
1998	−6.32	2.36	859	111.4	46	36.8
1999	2.73	2.43	855	108.8	45	35.9
2000	1.21	1.99	851	106.2	43	35.6
2001	−1.95	1.85	849	103.3	38	34.8
2002	4.74	1.75	847	100.3	40	35.8
2003	−0.06	1.69	844	94.4	46	34.3
2004	−4.09	1.68	836	88.2	53	32.3
2005	−8.07	1.70	833	91.2	58	30.3

　　表 3-9 说明，台湾近 10 年来农业经济成长率、农业在岛内经济比重、耕地面积、作物复种指数、粮食自给率等指标均出现下降，唯有农产品贸易逆差上升，由 1996 年的 45 亿美元到 2005 年上升至 58 亿美元，增加 13 亿美元，说明台湾农业的处境和依赖进口的程度。

　　台湾是小农经济，农户耕地面积平均为 1.1 公顷（欧盟为 18 公顷，美国为 207 公顷），有 47% 的农户耕地面积在 0.5 公顷以下，有 75% 的农户耕地面积不足 1 公顷，兼业农户占 75%。农户经营规模小，生产成本偏高，生产结构调整缓慢，加上青壮年离农流入城市，农村就业人口中 55～65 岁以上的占 42.3%，如以家庭农场主年龄分析，平均年龄约为 61 岁，年龄在 45 岁以上的占 92.7%，农村老龄化。

近年来台湾农户减少（表3-10），农民所得下降，其中农业收入变化不大，而非农收入减少，反映台湾总体经济不景气。

台湾23个县市319个乡镇[①]。2002年农业年产值超过160亿新台币的有8个县市，依次是云林、屏东、彰化、台南、嘉义、高雄、南投、台中，都分布在台湾西部。台湾工业又集中在西部，污染严重，在稻田转作计划中，花莲、台东反映应减少西部稻田面积，发展东部无污染的优质米。稻米是台湾农业生产的大宗产品，1993年糙米总产量达181.9万吨，但逐年下降。2006年估计糙米总产量为127万吨，预计2007年将进口糙米14.5万吨，岛内自产糙米将下调为120万吨。目前岛内糙米消费量为134万吨左右。

表3-10 台湾农户数量（1996—2004年）

年份	1996	1997	1998	1999	2000	2001	2002	2003	2004
农户数（万户）	77.9	78	78.2	78.7	72.1	72.6	72.4	72.8	72.1

二、主要政策条例

有关农业推广的主要政策有："农业发展条例""农会法""农业推广规程"和"农业推广实施办法"。

——农业发展条例

"农业发展条例"（以下简称"条例"）是母法，1972年公布，几经修订。2003年修订的"条例"中有关农业推广的有：

第65条 要求有关部门"制定农业研究、教育及推广的合作办

---

① 台湾设25个县市，但农业统计年报只列23个县市的数字，少了金门、马祖。

法"，"主管机关办理农业推广业务，应编列农业推广经费"。

第 67 条　"主管机关应指定负责单位设置农业推广人员办理农业推广业务，必要时得委托院校、农民团体、农业财团法人等办理，并得予以奖励"。第 67 条之一："提供农业推广服务者，得收取费用"。第 67 条之二："建立农民终身学习机制，主管机关应构建完整的农业推广体系，并加强培训农业经营、生活改善、青少年指导、咨询传播及乡村发展等相关领域的专业推广人员。""应指定负责单位规划办理农业推广及专业人员的教育、训练及资讯传播发展工作"。

这些条文明确规定了：①农业推广要有负责机构和人员；②可以委托农民团体执行推广任务；③推广要有经费；④强调教育、培训农民及推广人员。

——农业推广实施办法

这是按"条例"67 条制定的。于 2000 年公布。

"办法"共 11 条，主要涵盖了以下几个方面：

（1）界定农业推广。农业推广系指"农业推广机构整合农业推广资源，应用信息传播、人力资源发展或行政服务等方式，提供推广对象终身教育机会及促进农、林、渔、牧产销业务及农村社区发展之计划活动"。

（2）要求农业试验研究机关运用现代传播方式，建立区域性科技传播及咨询服务体系。

（3）强调教育农民和推广员的在职教育。

（4）农业推广负责单位应负责辖区内的农业推广工作。

（5）明确推广对象为农民、农村妇女、农村青少年、专业农业经营者、产销班及消费者。

——农业推广规程

该规程于 1929 年发布，经多次修订。2002 年再次修订，共六章21 条，主要内容包含以下几个方面：

（1）明确"农业推广以促进农民知识技能、增加农业生产、发展农村经济、改良农村社会及改善农民生活为目的"。

（2）农业推广的业务列出 16 项，分属于农业技术、农产品销售、农业经营、农村金融、农业保险、农村副业手工业、家庭家政、青年文化教育等，可以概括为：技术、供销、金融、家政和文化教育五个方面。

（3）农业推广方法列出 21 条，强调示范、参与并通过文字、形象、现代传媒、网络传播农业信息。

（4）在组织方面有 9 条，强调由机关、团体、热心人士组成推广委员会或推广处（所），管理推广事业。必要时"将全部或部分推广事业委托农民团体或其他农业机构办理"，"推广人员职前及在职中分别给予业务训练"。

（5）农业院校、农业科研单位、农业金融机关、农业经营事业机构和推广机构合作，协助办理推广事业。

（6）经费分两种：一种是行政部门列入预算；一种是农民团体负责，行政部门酌情补助。

—— "农会法"

"农会法"列有多项关于农业推广的条款，主要是三条：①在农会 21 项任务中列有"农业推广、训练及农业生产奖励"；②农会总盈余除弥补亏损外，用于推广、训练及文化福利事业的不得少于 62％，各级农会间有关推广、互助及训练经费占 8％；③在"农会法"施行细则中规定，可募集农业推广基金，专款专用。

"农会法"中其他有关农业推广的条文和前面的"条例""规程""办法"相似。

这些相关规定，可以归结为以下几点：

（1）农业推广的概念：由过去推广技术为主要方向，进而强调教育、强调人才资源的开发。正如国外有的推广专家认为，农业推广是一种非正规的农民教育。

农业推广的目的：发展生产，繁荣农村经济，推动农村社区发展，改善农民生活。

农业推广的范围：生产技术→农产供销→农村金融；生产→生活→家政→青少年文化教育。农业推广的对象不仅是农业生产者，还包括消费者。

（2）建立专门负责农业推广的单位或个人，执行单元多元化；建立科、教、推紧密合作和专家、农民参与农业推广的机制。

（3）农业推广要有经费保证。

（4）明确推广内容的区域性、实用性、针对性。推广手段多样化、现代化、特别强调教育。

由这些规定、认识、文书构成了台湾农业推广的框架，多功能、全方位为农民服务。美国专家说，"农业推广教育不仅是农业生产指导，应包括卫生、教育、家政以及有关乡村生活的一切问题"。所以，"农业不仅是一种产业，而且是一种文化"。

三、推广体系

台湾农业推广体系有四个系统组成：即辅导系统、支撑系统、执行系统和辅助系统。

——辅导系统

它是指各级农业行政部门，主要工作是制定农业推广政策，筹拨经费，提供信息、资料，协助执行单位办理推广工作，协助解决与有关方面的联系；对好的推广单位进行表彰。如2006年年底从266个农会中选出6个有特殊贡献的农业推广单位发给特殊贡献奖进行表彰。同时举办"农业技术交易展"，方便农业技术的转移及产业化。2004年颁布的台湾"农委会"组织系统中设有辅导处，负责农业推广工作。

在县乡由政府及乡公所负责辅导。

——支撑系统

一是科技支撑系统，以区农业改良场为中心，对辖区范围内的农会推广工作提供支撑。台湾共设立台东、花莲、高雄、台南、台中、苗栗、桃园七个农业改良场，并与有关农业科研单位、院校组成区农推会，支持推广工作。除区农业改良场外，还有茶叶改良场、农业试验所、家畜卫生试验所、畜产试验所等科技单位，同样支持推广工作。与推广工作最密切的是区农业改良场。

如台南区农业改良场的服务区域包括云林、嘉义及台南等县市，其任务是研究、改良区域性的农业技术、农业经营和农技推广与教育，辅导农民产销组织。其他区农业改良场的任务相似。不少改良场建有农业推广大楼，为培训、展示之用。

这些改良场经过试验，介绍本区域农业如何转型，提供选择作物、技术、收益等资讯，供农民选用；还和高等院校合作，编写介绍台湾农业发展方向、生产技术、生活保健等方面的小册子，免费发给农民。例如，因稻米生产过剩，1983 年开始实行稻田转作计划，减少水稻种植面积改种其他作物。各区农业改良场先进行试验，探索、筛选在辖区内替代水稻最佳的作物、耕作方式及技术，供当地农民选择，为台湾水稻转作、产业结构调整提供适合各区的具体方案。再如开发、发展休闲农业。20 世纪 90 年代台中农业改良场和台大教授合作编印介绍休闲农业的小册子；花莲农业改良场从 5 个方面筛选适合地区性、乡土性、新奇性、观赏性的农作物供当地农民选择，推动休闲农业的发展。这 5 个方面是保健植物、适合作景观用的绿肥作物、香草植物、野菜开发、果树等。为了推动休闲农业，桃园农业改良场组织"地方料理竞赛"，评比农家饭菜，推动"田妈妈"烹调。除了生产技术的传播外，还编印有关生活、保健的资料。如台中区农业改良场还编发过"谈农民健康保险""高尿酸血症与痛风"的小册子，还举办"农村亲职教育座谈会"，注重尊老，教育子女处理好家庭关系等。综观各区农业改良场的工作，突出地区性、实用性，在农村生产、生活中起到重要的支撑作用。

另一个支撑系统是金融系统，俗话说"无钱办不了事"。台湾乡镇农会设有信用部（省、县农会不设信用部），上级单位是"合作金库"，属财政系统主管。"合作金库"民营化后无法承担农会信用部上级的任务，加上 2002 年 11 月，12 万农民大游行抗议陈水扁"金改计划"和接管 36 家农会信用部后，2003 年台湾通过"农业金融法"，成立"农业金库"，成为信用部的上级单位，统一归农业部门的农业金融体系管理，使农业推广体系有了经济的支持，同时农业金融部门开展农村信贷，需要推广部门的支持和配合，两者相辅相成，互有裨益。

——执行系统

台湾农业推广的执行系统是农会，省农会—县市农会—乡镇农会—产销班。工作重点在乡镇农会。

农会是地区性农民组织，以行政区划为服务区域。在 1949—1950 年期间，筹划建立台湾农会时，吸取了中外农业专家章之汶、安德生等的建议，将农会定位于多目标功能的农民团体，将推广、供销、信用、保险融于一个组织，综合经营，服务农民。

农会除选举产生理、监事外，由理事会聘任总干事主持日常工作。其组织机构除内部管理单位外，乡镇农会一般设有供销部、保险部、信用部、推广股。农业推广由推广部（股）负责。

农会依据相关规定，推动本地推广工作，主要工作内容有：

（1）农业推广教育。培训、参访；技术指导、良种良法；配合行政部门保价收购农作物，指导农民购买农用资材，加强产销班的工作。台湾农业转型，农业技术推广工作围绕有市场开发潜力、附加值高、不影响环境的农作物和休闲农业作为推广工作的重点，介绍相关的新知识新技术。

（2）四健会教育。相当于美国的 4H Club（脑、手、心、健康），培训教育农村青年，有的和农村学校结合进行。针对民众只注意水稻的生产功能、忽视水稻田的生态功能及稻作文化的现状，从 1997 年起四健会举办学习班、水稻田三生体验营、水稻田艺术展览等，希望青少年建立完整的水田概念。有的农会对农村子弟学农给予奖学金资助。

（3）家政教育。例如组织家事改进班，改善农村环境美化村庄、促进精神文明建设，主要内容集中在衣、食、住、行、育、乐六个方面。"衣"包括衣物保管、服装缝纫裁剪等；"食"包括食品卫生、营养、烹调技术、食品加工、保持乡土风味；"住"包括住宅修建、卫生改善、环境布置；"行"包括交通、礼仪和安全；"育"包括敦亲睦邻、家庭计划、消费教育、亲职教育；"乐"包括康乐辅导、技能训练、家庭娱乐、参观访问、旅游等。有的还举办妇女创业训练，办烹调"田妈妈"班、缝纫班，增多就业机会。

（4）举办农村文化福利活动和农村节庆活动，表彰模范农民，办理会员子女奖学金，创造会员进修学习的机会。

在推广方法上，强调教育、示范和咨询服务。使农民获得新知识、新技能，一般是通过现场观摩、举办培训班、印发文字小册子，利用现代手段如电视、光盘、网络等传播和解答问题。

总之，农会推广部门是以提高生产、繁荣农村、增加农民收入、提升农民生活品质为目标。

乡农会如何将信息技术迅速传播到分散的农户？这主要依靠农民基层组织。开始农会下设有农事小组，但功能不彰，经过多次调整，1992 年以后推行农业产销班。产销是农业经营的核心，抓产销班，受到农民欢迎。产销班是将生产相同产品、土地毗邻的农户组织在一起，一般 20 户左右，共同经营、共同采购、共同运销，从而形成规模优势，生产一定批量规格化的产品上市。产销班自订班约，以简单易懂、易做为原则，以便班员遵守。

在农会内部各部门之间相互配合。信用部门向农民贷款需要推广部门的配合，了解贷款项目、技术保障、市场销路，共同与贷款农民商定贷款数额、期限，使农贷能按期回收周转。信用部存货利息差额、经营盈余又是推广部门的经费来源。供销部门经营农用资材和销售农产品，有的经营超市，也都要和推广部门配合，了解技术需要、农产品规格。供销部门的盈利可增加农会盈余。

台湾中兴大学农学院前院长李成章教授在分析了海峡两岸农业科技情况后认为，台湾农技信息由农会传达给农民，在推广组织、技术方面都有优点，并配合信用部提供所需资金，所以利用情况较佳。

总之，农会向农民提供多功能全方位的服务，在台湾农业发展过程中做出了贡献。

——辅助系统

这是指一些推销产品办推广的农资企业。这种推广方式对企业来讲是售后服务，对农民来讲是获得新的物化技术，另外还有一些财团法人从事公益性的农技项目，有助于农业科技的传播，如"中正农业科技社会公益基金会"等。

四、问　题

台湾农业推广存在以下的问题和困难：

（1）农业衰退，青壮年不愿务农，影响推广工作的落实。

（2）随着时间的推移，农会的工作重点有不同的侧重。初期以推广技术为主，继而由提高产量转向提升品质，再转向供销业务。信用部成立使农会业务逐渐转移到金融上来，成为主要业务，因为这是农会盈利的来源，公益性的推广已属于次要地位，增加了推广的难度。同时农会的经营效益影响推广经费的稳定性。

（3）不良政治介入农会运作，农会质变。农会信用部有钱，同时推广又联系广大农民，有广泛的人脉，谁掌握农会谁就掌握一个乡的财政和票源，因而农会成为台湾选举的御用工具。农会质变，成为选举的工具，这是台湾泛政治化的表现之一。正常的农业推广业务受到冷落。例如陈水扁上台后，为了拆散国民党经营多年的和乡农会的联系，于2001年强行接管36家信用部，不仅违背了"农会法"，也使这36家农会业务瘫痪，连员工工资都无法支付，不得不由行政部门临时拨款应急。农业推广同样受到不应有的冲击。

有农业就有农业推广，就有农业推广体系，覆盖乡村的网络。这是由于农业是由分散的农户经营所决定，这和工业、商业不同。台湾农业推广在农业发展的过程中曾发挥积极的作用，功不可没。因此岛内舆论呼吁排除不良干扰，农会应回归业务本位；推广是公益性的事业，应有固定经费保证才是出路。

从奖励看趋势

（2012 年 11 月）

农业推广的根本目的是通过传播知识和技能，提高农民素质，使农业生产精致、农民生活富裕、农村美好宜居。在不同时期和地区农业推广有不同的重点。

台湾农业推广由乡镇农会具体负责，是农会的命脉。光复初期以推广增产技术、提高品质为主，继而开发加工、增加附加值和产品多样化，注重营销开拓市场，让农民既有好收成、好产品，又有好收益。后来逐渐关注农家生活、农村休闲、社区建设和扶助高龄老人等内容。这些已纳入农会成绩考核范围。

农业推广"金推奖"从 2006 年起，每两年评选一次，到 2010 年已举行三次。每次约有 200 多个乡镇农会参加。2010 年第三届"金推奖"有 270 个乡镇农会参加评比，41 个乡镇得优等奖，从中选出 6 个农会获优等奖暨特殊贡献奖。从奖励中可以看出台湾农业推广的走向。

一、系列服务，出精品、惠农民

花东地区池上乡农会坚持种好米，采用优良耕种技术、低温谷仓、分品种分级储藏、由农会优质米加工厂加工碾米、分级分价上市，使池上米在台湾评比中蝉联三届冠军。好米要有好的营销，才能卖出好价钱。农会开发大方实惠的礼品盒，使优质米打入礼品市场，扩大销售。产、制、销系列服务，使池上米在台湾市场名列前茅。

二、农会负担风险，产销结合

新港乡农会以帮助农民发展能赚钱的特色产业作为推广目标。凡依照农会提供的良种、栽培技术生产的水稻，产量风险由农会负担，以保证农民的收益。农会收购稻谷碾米以"新禾牌"行销，销售量成倍增长，农民、农会、消费者三者共赢。在农会推广部门的建议下，将过去贴在包装箱上的"吉园圃"标章，改贴在每把菜上，以标示蔬菜的品质，方便消费者识别，每千克多卖4～5元新台币。

三、农会代耕代管，利益均分

台湾农村青年人外移，农村劳动力老龄化，有的小学校舍被废弃失修。为避免土地荒芜，校舍破损，由农会代为经营，发展农村旅游，农会、农民共享经营所得。平溪乡产茶，乡农会与离乡茶农合作代为经营茶园，同时承租废弃小学教舍，经过整合，增设旅游食宿设施和制茶教室，形成体验茶产业文化特色的农村休闲点。平溪乡农会变当地资源为旅游资产是其特色和创新。

四、节庆和展销联动

台湾农村举办节庆活动和展售农产品结合既传承传统文化，又开拓商机，发展农村旅游业。一般有两种作法：一种是举办特产节，提高当地产品的知名度，拓广市场；另一种是借传统节日或民族习俗活动举办农产品展销。

宜兰县三星乡产葱蒜，举办葱蒜节，分级包装，文化行销。苗栗大湖乡推广草莓高架栽培技术，在草莓成熟季节结合附近三义乡传统木雕，举办草莓节，吸引 300 万人次的游客，既活化传统的木雕技术，又创造商机，增加就业和农民收入。南投县草屯乡农会与农民签合同，推广台粳 9 号水稻良种和种植技术，农会以高于市价收购，结合当地生产的薏仁，开发多样的礼品盒，参加县乡展销会及传统民俗庙会促销。这类活动在台湾农村是常见的，农业推广体系已成为台湾推动"创新农村社区人文发展计划"的核心。

五、办四健会，培养新农民

台湾不少农会办"四健会"，鼓励青年扎根农村，培育新农民。平溪乡农会辅导青少年学习本地生长的植物栽培繁殖技术，南投草屯乡农会配合中学办好"四健会"，使农业扎根于青少年心中，并鼓励他们投身农业，回馈农村，帮助弱势群体。

"四健会"来源于美国的 4H Club，是培养农村青少年手脑并用、身心健康、投身农业的推广教育，在台湾已有几十年历史，目标是培养新农民，学习内容是从认识家乡入手，学习农业技术、了解乡土文化、环境保护、社区服务等，有学校课程学不到的内容，这也是"四健会"的特色。花莲新秀地区农会通过"四健会"以模拟、沟通、实习等活动，尊重、照顾高龄老人，以适应农村人口高龄化的需要。但是由于多种因素存在，影响"四健会"活动正常开展。

六、辅导和扶助农村老年人居家养老

台湾人口老龄化，农村因青年外流，老龄化更显著。台湾把对农村老年人生活辅导和服务列入农会考核和评比"金推奖"的内容之一。辅导和扶助的内容：一是通过举办各种学习班，使老年人有尊严、自主、健康的生活。二是传授农耕经验、技艺和传统农村文化，变老年人的经验为社会资产。三是通过服务组织或组织志愿者关怀照顾老人，开发照护老人产业，增加就业机会。台中市农会针对银发族举办竹类利用及加工编织研习班，传承传统技艺和音乐疗法课程。草屯乡农会举办健康讲座、健康操，丰富老人生活。平溪乡农会鼓励老年人学习与服务，成立老年志愿者服务队帮助独居老人，互相照顾。

七、发挥县农会引领整合功能

桃园县农会是"金推奖"中获得优等奖暨特殊贡献奖的县农会。桃园县因桃花而得名，是工业大县，农业人口比例小。加入WTO后，面对进口农产品压力，县农会组织本地资源发展本地特产，开拓产销，积极面对。

县农会从桃园区改良场引进桃园3号水稻良种，良种良法一起推，生产优质米，举办优质米礼品盒比赛，提高包装设计和质量，使优质米礼品盒打入精品市场，提高价格，同时采取适量真空小包装，方便一般消费者。农会还和媒体、企业结合促销，拓宽稻米行销通路，使稻农、农会、消费者均受益，也减缓进口大米的压力。

为配合农业转型，县农会辅导乡镇农会，结合实际，有计划的创办不同主题的休闲农业，整合全县主题不同的休闲农业，举办农村游，宣导桃园美。县农会从更高的角度引导乡镇农会交流经验，提升推广人员素质，鼓励青年人务农、扶助老年人居家养老，促进就业和发展特产。

台湾农业产销班

——台湾基层农民组织的新变化

(1998 年 3 月)

一、台湾基层农民组织的演变

台湾农业是小农经济结构。为克服分散、势单力薄的弱点，台湾农业当局一直在探索基层农民组织的形式和功能，使生产经营与社会经济条件的变化相适应，与市场运作相融合，以达到发展生产、增加农民收入的目的。故台湾基层农民组织处于动态的演变中。

台湾目前实行的"农会法"及其有关细则规定，在乡镇农会下，村里可设农事小组，作为农会的基层事业单位，承农会之命办事。农事小组下，按居住邻近或农会会员的共同意愿可设班，受农事小组的指挥与监督。但在产销过程中，基层农民组织随着社会经济的变化和农业的地位、结构的调整而不断变动。

20 世纪 50 年代至 60 年代，台湾农业以提高产量为主，除满足岛内需求外，争取出口换汇，发展加工业，增加附加值。1952 年曾在农民中成立综合农事研究班，1953 年推行共同作业，1962 年改为共同栽培计划等，都以推广应用新技术为主。从 20 世纪 70 年代开始，由于工商业的发展，台湾农村劳动力外流，农业生产成本上升。20 世纪 70 年代中期，台湾工业比重开始超过农业，经济结构发生变化。因此，农业生产方式由劳动集约经营向资本与技术集约经营的企业化方式转变。但由于"农地农用"相关规定的限制和农民惜售土地的影响，每家农户所有的土地面积难以扩大，只得从联合经营入手扩大经营规模，克服农家面积过小的瓶颈。所以，20 世纪 70 年代，台湾农村出现共同经营班，推行共同经营或合作经营。20 世纪 80 年代以来，台湾农业又面临世界贸易自由化的冲击，进口农产品增加，农业被迫转型，调整结构，引入现代企业经营观念，提高经济效益。因此，从 1992 年起，逐步调整现有基层农民组织，积极发展农业经营产销班，成为基层农民组织的主要形式。

二、产销班的组建"要点"

台湾于 1992 年 10 月颁发"农业产销经营组织整合实施要点"（以下简称"要点"），1993 年曾作某些修改。"要点"指出：整合的目的在于"建立现代化的产销体系及制度化的组织辅导系统"，将名称多样、组织重叠而功能相似的农业推广或产销经营组织，全面规划调整为产销班，使其成为农业产销的主力。

1. 调整的原则及做法 ①以农户为主体，以生产经营同类农产品的农户组成不同的产销班，从而达到专业化生产的目的；②每户 1 人参加；③土地使用应符合有关规定，特别是要符合当地"农地利用综合规划"；④产销班选定一个辅导系统，并优先办理各项奖助及辅导。

2. 对种植业、养殖业产销班的具体要求 在"要点"的附件中，对蔬菜、水果、花卉、水产养殖、养猪、肉鸡、蛋鸡等七个行业的产销班提出了具体的组建条件、规模以及主要工作要求。这七个行业可分为种植业及养殖业两大类。现以种植业产销班为例，分述于后。

组建的条件及规模：①经营土地是合法的农业土地，土地宜邻近、集中；②要有良好的排灌条件；③所属农民团体愿意帮助其产销；④参加产销班的农民，能参加班的会议，能相互团结合作，愿意接受新技术；⑤蔬菜、果树、花卉产业有各自的特点，因此产销班的规模也不尽相同，花卉班要求栽培面积在 1 公顷以上，蔬菜班要求在 10 公顷以上，果树班要求至少 10～20 公顷。花卉班、果树班还要求参加者为专业农户。

几项工作：①通过培训等教育手段，提高农民的技术和经营管理的能力；②改进生产技术，增加产量，改善品质；③对蔬菜班、花卉班重点要求改进生产设施，改善生产环境；④对果树产销班强调果园规划和机械化作业；⑤辅导运销作业。在列举的重要工作中，产销方面的内容较多。以蔬菜产销班为例，列举了十项重要工作，其中有关产销一元化作业的占四项。其余六项分别为培训、新技术应用、改善设施条件等。这说明产销班不仅要生产好，更要销售好，以达到增加农民经济收入的主要目的。

养殖业产销班的组建条件及主要工作与种植业产销班相似，但班的规模不以栽培面积多少为标准，而以人或农户的多少为标准。如水产养殖产销班每班人数不少于 10 人，养猪产销班每班不超过 20 家养猪农户。凡是养鸡的农户，须分别参加蛋鸡或肉鸡产销班，每班以 10～20 户为原则。此外，养猪、养鸡产销班，均以乡镇为基本单位组建。养鸡业在县（市）成立联谊会，统一指挥、联系产销班班长；在全岛由养鸡协会的肉鸡组、蛋鸡组统一指挥，联系各县联谊会长，从而组成养鸡业的网络。

3. 产销班的发展现状　由于农业主管部门的推动，1996 年年底全岛共有产销班 4 000 多个，班员近 11 万人，1997 年 6 月产销班发展到 6 100 多个，班员近 12 万人。据了解，目前岛内各类产销班已达 1 万多个。产销班的产业范围也由 1992 年的 7 项扩展为 16 项，即：蔬菜、花卉、果树、毛猪、肉鸡、蛋鸡、水产养殖、茶叶、稻米、杂粮、乳牛、养羊、养鸭、养鹅、养蜂及特种作物。产销班的迅速发展，一方面说明这是台湾农业主管部门目前努力推广的基层农民组织形式；另一方面也表明，产销班可使参加的农民得到实惠，受到农民欢迎。

三、产销班的特点

产销班是随着社会经济的变化逐渐演变形成的，其基本点在于把小农集合起来发挥规模经营的效果，以达到发展生产、提高投资效益、提高农民收益的目的，从而建立现代农业的产销体系。因此，克服小农经济结构的缺点是产销班的意向所在。

从目前情况看，产销班有以下的特点：第一，产销班是生产经营同类农产品的农民的自愿结合。因此，在不改变农地所有制的前提下，能扩大经营规模，克服小农经济造成的产业瓶颈，便于从事专业化、商品化生产。第二，产销班是一组有共同需求的农民组织。目标要求一致，产销结合，共同经营，便于引进现代化企业经营管理的观念和办法，加强管理，降低成本，提高效益。第三，台湾农业面临参加世贸组织将带来的沉重压力，只有发展本地农产品，以品质（营养、风味、鲜度）、安全（无残留、无污染）、环境（不污染环境）、成本（减少投入）的优势占领岛内市场，抵御外来农产品的输入，岛内农业才有出路。实施产销班对发展本土名特优农产品，将是一种好的形式。

四、产销班的主要工作

1. 选定项目是设立产销班的前提 根据"要点"，设立产销班，首先要确定生产项目，即先确定生产经营农产品的种类，然后再建立生产该项农产品的产销班。项目的选定一般由以下三个因素所决定：①适合当地自然经济条件，农民有长期种植习惯，又具有发展前景的农作物；②"农地利用综合规划"中拟定的作物；③本土性强、省工、又有市场前景的作物。如花莲县气候土壤适宜种植文旦柚，产量稳定，

品质亦佳。因此，全县共辅导成立 39 个文旦柚产销班。1987—1996
年的 10 年中，文旦柚的种植面积和产量均成倍增加，面积由 274 公顷
增加至 2 311 公顷，年产量由 1 162 吨增加至 24 265 吨，成为当地名
特优产品。再如南投县中部的水里乡，经过农地利用综合规划，将全
乡分为九个农业生产区段，五个发展重点，即：果树区、果树杂粮区、
茶叶果树区、蔬菜杂粮区和都市农业区。根据这个规划，辅导成立相
应的产销班。如梅子产销班使所在的区段成为梅子生产、加工、销售
一元化的特产专业区；茶叶产销班使规划的区段发展成为茶叶生产专
业区。

2. 共同经营是产销班运作的中心内容　共同经营是以产销班为单
位，在生产经营过程中，进行共同作业、共同采购、共同运销，从而
从产前开始直到市场销售，把全班组织起来，形成整体，形成规模
优势。

共同采购是指班内需要的生产资材统一采购，以量制价，降低成本。
屏东县枋寮地区莲雾产销第一班，实行统一采购农用物资，如农药、肥
料、豆粉、纸箱、水果套袋、遮阳网等，每年可节省 60 万元新台币。

共同作业是指在农技部门或农会的辅导下，在生产经营过程中，
班内行动要求一致，相互支援。屏东里港杨桃产销第一班为缩短班员
间生产杨桃的品质差距，制订了杨桃栽培管理时间表，明确每月的工
作项目和要求，大家统一执行；在劳力上，班内换工支援，体现先自
助而后人助的理念。

共同运销是指班内生产的农产品收获后统一理货、统一品牌，形
成批量，集中销售，从而提高议价的能力。台中县新社乡蔬菜产销第
二班，共有班员 17 人，蔬菜栽培面积 13 公顷，农产品以苦瓜为主。
在采收季节，班员每天上午 10 时，将苦瓜运至班集货场，经过分级、
称重、登记、装箱，产品于中午由货运车运送到果菜市场。南投县仁
爱乡清境高冷花卉产销班，为了避免花卉上市忽多忽少，影响价格，

做到均衡上市，班员在出货前一个月报出货计划，包括种类和数量，统一由农会制订出货调配计划，然后在规定的时间内，在农会指定的地点共同集货，按要求分级包装，以农会统一编定的代号为商品代号，通过农会共同运销体系销售产品。班员生产的农产品是否必须参加共同运销，各班要求不一。有的在产销班公约中规定"产品办理共同运销，绝不私自销售。"但有的班对于班员生产的农产品，已建立品牌或有销售渠道的，不强求参加班的共同销售，也可以自行销售。各班经农会共同运销的比重，多少不一。有的产销班将生产的农产品直接送批发市场或生鲜超市出售。

为了做好共同经营，使产销衔接，首先是根据市场要求及预测，作为生产的参考。有的班明确提出，产销班最大的特点是实施计划产销，既保证市场供应又维持合理的价格，对农民和消费者均有利。其次是通过参观、研讨会、培训等方式，接受农会或农事改良场的新技术和信息指导。第三是构建一些必要的共同设施，如育苗设备、农业机械、班集货场、冷库以及分级包装、理货等设施，以满足操作的需求。

五、产销班向心力是成功的关键

产销班能否有效地运作，在于有无强的向心力。向心力强才能把班员凝聚在一起。向心力一般由四个因素组成：①具有共同的目标；②班的活动必须公开、公平；③班员能够得到经济实惠；④人数规模不宜过多，以便于协调，容易达成共识。

1. 制定班公约，统一班员活动及要求 产销班把班员应遵守的规定和应尽的责任，以及共同目标经过讨论，以班的公约形式确定下来。公约由各个产销班自行讨论制定，无统一的模式。因此内容不一，繁简不一，以易懂、易操作为原则。

彰化县大村乡葡萄产销第十班的公约为五条，分为三个方面：①确定固定的班会时间；②规定班员参加班会，不能迟到早退、不能缺席，如连续两次缺席，视同自动退班；③规范安全生产措施，注意安全使用农药，安全采收，向生产高品质的葡萄迈进。花莲县东丰区段文旦柚产销第四班的公约为十条，可分为四个方面：①四条是关于安全生产和保证品质的，强调按规程使用农药以及采收后的分级包装等，以保证优良品质；②四条是规范班内会议活动的，班员应遵守班的公约，准时参加各种活动，班会两个月举行一次，因故请假，一年不得超过三次，如无故缺席三次则取消班员资格，迟到20分钟和无故缺席均罚款1 000元，作为产销班的共同基金；③另两条，一条是由产销班统一办理运销，不能私自销售，另一条是产销班内的劳力相互支援，生产资材共同采购。

2. 开好班会，协调一致，加强团结 产销班非常重视开好班会。班会是产销班的组织活动，便于相互沟通，协调一致。为保证出席率，对迟到、早退、缺席、请假等均做了规定，直至取消班员资格。班会的活动内容包括选举班长、班务报告及活动安排等，均在班会上讨论，达成共识，确定后一致遵行。班会记录要清楚，便于班员查阅。为了发挥班会的议事功能，便于讨论时取得一致意见，班的组织规模不宜过大，以邻近农户为宜。如枋寮莲雾产销一班，1993年组建时为23人，人数多，向心力不够。经改组留下10人，每人交纳1万元台币作为班的基金，向心力有了增强。

3. 筹集基金，增加共同事业的比重 为了开展班的活动和建设，各班视情况建立基金。基金一般来源于五个方面：①班员交纳的"班费"。各班规定的数量不等，有的一次交纳，也有的分期交纳；②出售班内生产的农用资材所得的款项；③从公共作业中提拨部分款项；④行政补贴款发放后的余额；⑤共同采购农用资材的差额等。班内设有会计，账目公开。

4. 班员参与，公开公平 产销班一般设班长、出纳、会计各 1人。班干部由班员选举产生。班内还设有各种业务小组，如行销组、劳力支援组、农机组、采购组、包装组、产品管理组等。每个产销班设什么小组，由各班自定。产销班人数不多，尽量使每一个班员都参加不同的组或轮流参加某一作业，把班的日常工作与每个班员活动融合在一起，既满足班员参与的要求，又可以做到班务公开、公平。如枋寮莲雾产销第一班，有班员 10 人，每人都有自己负责的工作岗位。里港杨桃产销第一班，有班员 17 人，班内除设有班长、书记、会计、评级员各 1 人外，其余班员均分别参加行销、资料采购、设施规划等工作，人人都按分工各负其责，使班员都能参与班的整体活动，与产销班息息相关。

5. 经营效益是核心 产销班有无向心力的核心是能否使班员增加经济收入。因此降低成本，提高品质，实行企业化经营管理非常重要。东丰区段文旦柚产销班，由于生产经营好，品质提升，文旦柚的售价上扬，效益是建班前的 4～5 倍，班员收入增加，班的规模也不断增大。1993 年成立产销班时，有班员 31 人，一年后增加至 84 人，产销班共同经营文旦柚的面积达 250 公顷。由于规模不断扩大，在班下又分七个区，以利班务开展。台中县和平乡 1987 年成立第一个甜柿产销班，班员 26 人，生产甜柿的面积为 59 公顷。由于经营效益好，于1990 年、1993 年，又分别成立了第二、第三产销班，从而使该乡成为甜柿的特产区。这类事例不少，但应在完善产销资讯的基础上，进一步制定好产销班的发展计划，以免产销失调，影响市场和经济效益。

6. 辅导与自主经营 在"要点"中明确指出，"同一产销班以选定一个辅导系统为原则"。目前，产销班往往以农会作为辅导系统，区农事改良场通过农会予以帮助。辅导系统是通过宣传、教育和完善公共服务条件的方式，如提供产销资讯、技术指导等，对产销班进行帮助和引导，而不是代替或干预。让产销班自身自立自主地运行。唯有这样，产销班才能健康地发展。

六、今后的发展趋势

产销班是台湾近几年发展起来的基层农民产销组织，已取得一定的效果，但还处于不断完善之中。就产销班自身的情况看，今后将注意以下几项工作：

1. 开拓产销面，推进综合经营　有不少产销班除生产主要农产品外，还开展农产品加工，建立有机肥料厂处理农牧业废弃物，生产农用资材，如育苗穴盘等。一方面开拓产业面，另一方面也使资源得到综合开发与利用。

2. 运用新技术提升品质，加强品质管制，使生产的农产品成为健康、美味又安全的农产品　增加农业设施和农业机械操作的比重，以节省劳动力、降低成本和增强抗御自然灾害的能力。

3. 增加公共事业的比重，逐步完善公共设施　充分发挥产销班集体的优势，逐步建立企业化经营管理的制度，提高经营效益。

4. 完善产销资讯的搜集办法和制度，使产销班依据市场预测情况，确定生产计划、供货计划，降低风险，逐步形成最佳的产销规模，使农产品维持在合理的价位上，农民得到合理的利润　同时，充分发挥产销班在行销中的议价作用，使农民通过集合起来的力量，在决定农产品价格的过程中发挥作用。

台湾农民组织的细胞^①

——产销班

(2009 年 7 月)

农民经营家庭农场，寄希望于生产好收成，卖出好价格，得到好收入。优良的产销效果是农民劳动的期盼，也是农业合作的基础。

台湾有农会、农业合作社等农民组织，但一直探索生产一线农民的结合形式。20 世纪 50～60 年代，土地邻近的农民组成"农业研究班"，相互帮助，并由综合向专业性生产演变；20 世纪 80 年代结合"农地综合利用规划"和第二次农地改革，鼓励农民组织"共同经营"，扩大经营规模，提高效益；20 世纪 90 年代初以产销一元化的理念，将各种农民产销组织整合为农业产销班，作为基层辅导单位。

关于产销班的组建、运作等，已另有介绍，不再重复。本文主要介绍进入 21 世纪后的进展。

一、数量与类型

1. 数量和产业分布 台湾 1996 年年底共有产销班 4 000 多个，班员近 11 万人，1997 年产销班发展至 6 000 多个，班员近 12 万人。分布在蔬菜、水果、花卉、毛猪、蛋鸡、肉鸡、水产养殖、茶叶、稻米、杂粮、奶牛、养羊、养鸭、养鹅、养蜂及特种作物等产业。进入 21 世

---

① 本文主要参考资料为台湾《农政与农情》杂志。

纪，经过规范、整顿，2003—2006 年期间，有农业产销班 6 000 多个，班员 11 万余人（表 3-11）。产业分布除上述 16 项外增加香草、有机农业、菇类、休闲农业四项共 20 项。目前产销班以生产水果、蔬菜最多，占一、二位，畜牧业占第三位，最少的是刚刚兴起的休闲农业。

表 3-11　台湾农业产销班

年份内容		2003		2004		2005		2006	
		班数	人数	班数	人数	班数	人数	班数	人数
农业产销班	合计	6 615	124 423	7 002	130 253	6 350	117 192	6 159	109 660
	稻米杂粮	286	7 009	333	7 927	354	8 071	387	8 294
	蔬菜	2 043	37 985	2 173	40 051	2 019	37 799	1 917	35 980
	水果	2 454	48 162	2 573	50 013	2 325	44 889	2 308	42 524
	花卉	537	7 495	577	8 021	477	6 355	451	5 806
	特作	312	6 065	333	6 507	329	6 325	327	5 861
	畜牧	685	13 450	683	13 019	582	10 167	522	7 982
	水产养殖	103	1 531	103	1 525	74	1 036	68	902
	休闲农业	75	1 262	83	1 374	71	1 051	49	598
	其他	120	1 464	144	1 816	119	1 499	130	1 713
吉园圃	合计	1 535	21 426	1 645	23 118	1 750	24 556	1 850	25 636
	蔬菜	582	8 122	621	8 811	722	10 134	755	10 452
	水果	953	13 304	1 024	14 307	1 028	14 422	1 095	15 184

注：台湾《农政与农情》杂志，2007 年，No. 177。

2. 经营类型　产销班以参加共同作业的程度，分为五种类型：①共同研究，分享营销知识和技术；②共同采购生产资料，降低成本，提高效益；③共同使用设备；④产品共同运销，提高市场议价能力；⑤共同投资经营合作事业。上述五种或其中的数种，在一个产销班内会同时存在，多角化经营，但无论采取什么营运方式，均需通过班会议定后执行。

二、支持与辅导

进入 21 世纪，台湾农业主管部门于 2001 年颁布"农业产销组织辅导办法"，2004 年又公布"农业产销班设立暨辅导办法"。这两个文件涉及规范产销班的组织管理、金融支持、产销辅导和评比奖励四个方面，其基本点在于面对经济全球化，推动产销班企业化经营，突破小农瓶颈，进而实现同业或异业结盟，发展产业策略联盟。

1. 组织管理

——明确产销班是户籍属于同一农会、农业合作社或某一产业团体内的农民（养殖业以乡为组班范围）"自愿结合"的"共同经营"组织。"自愿""共同经营"是核心。

——筹建产销班，先向所在的农会、农业合作社或相关产业团体申请并初审，通过后报县行政部门登记。换言之，产销班是农民最基层的经营组织，是农民组织的细胞。

——参加产销班的农民，以专业农民为主，年龄下限由 20 岁改为 18 岁。

——产销班班会是最高权力机构，每两个月开一次会。

——产销班的重大事项需经 2/3 班员出席、出席人数的 2/3 通过才有效。重大事项如班员的权利与义务、重大投资项目、财务报告及分配等。

——班会记录要送所属组织，如农会、农业合作社等，开会时也可请他们派人参加。

2. 政策支持

——产销班可在所属农会信用部或其他金融组织开户。

——产销班出售自产农产品免征营业税及印花税。鼓励产销班通过策略联盟出售产品、开拓市场。

——班员可低息贷款。每个班员可贷周转金，最高 50 万元，还款期 3 年，利息 2%。全班无贷款上限。

3. 产销辅导

——选定辅导单位。产销班登记后，向所属农民（专业）组织申请补助和辅导。也可以邀请科教单位的专家做咨询。

　　——辅导内容主要是推行企业化经营管理。通过辅导，改善经营管理；提高产销技能；加强共同运销或直销；发展休闲农业、民宿经营；强化财会及投资分析等。

　　——台湾农业主管部门聘请有专业技术和企业经管知识的专家为经管顾问，下乡辅导，培训产销班人员，推动企业化经营。

　　4. 评比奖励

　　——对产销班的业绩进行考评。经过辅导，连续两年仍不及格，则注销登记。

　　——从 1955 年起，每年评选优秀、优良产销班，公开表扬鼓励。

　　——经过评选，优秀的产销班得到奖励。如 2005 年十大优秀产销班每班奖励 20 万元，前二十名优良产销班每班奖 5 万元。

三、地位和作用

　　产销班是台湾农民组织的细胞，是农村产业的基点。

　　1. 产销班是生产安全农产品的支撑　为了生产健康、安全、优质的水果、蔬菜，台湾在水果、蔬菜生产中推行"吉园圃"标章验（认）证制度（GAP）。2003 年通过 GAP 验证的果蔬产销班为 1 535 个，2006 年增加到 1 850 个。2008 年恢复 GAP 验证制度。当年即有 1 100 个果蔬产销班希望继续参加验证。台湾农业主管部门希望 2009 年通过 GAP 验证的果蔬产销班达 2 000 个。产销班成为生产健康、安全、优质的水果、蔬菜的重要支柱。

　　2. 产销班是规模经营主体之一　台湾为促进农地流通、农业企业化经营，2008 年实施第三次农地改革，即"小地主大佃农政策"，先在 10 个试点区试点。在试点区内有农会、农业合作等五种经营主体。经营主体集中租佃农地，向规模化、企业化经营方向发展。产销班是经营主体之一。

3. 产销班是组建策略联盟的核心 台湾应对入世后进口农产品的冲击，组建产业策略联盟作为"软堤防"。组建策略联盟的条件之一是农民要有基本的产销组织。在此基础上，实行同业或异业联合、产学研结合和产业化经营，突出本土优势，形成有竞争力的综合实体。为此，2001 年制定了"农业产销组织辅导办法"，其基本目的在于辅导农业产销班扩大规模、提高营运效率，希望"成为策略联盟的核心团队"。产销班——农民的产销细胞，成为组建策略联盟的基础。

4. 产销班是实施农业政策的基本辅导单位 台湾农业经历三个不同的阶段，由 20 世纪 60 年代的"三农"（农业、农村、农民），到 20 世纪 80 年代的"三生"（生产、生活、生态），再到 2008 年提出"健康、效率、永续经营"的方针。"健康"，要求生产安全、优质并符合 GAP、CAS（台湾优良农产品）规格的农产品。产销班是基本的生产单位。追求"效率"，要扩大经营规模，提高生产和经营效率，产销班是台湾第三次农地改革试点的经营主体之一。诚如台湾一位农业专家说"产销班已成为农业施政的基本辅导单位"[①]。

---

① 《人民政协报》，2006 年 5 月 25 日。

试析绩优农业产销班

（2013 年 3 月）

一

台湾为克服小农经济与大市场的矛盾，以产销一元化的理念，逐步探索将基层农民组织起来，成立农业产销班，扩大经营规模，提高市场竞争力，增加农民收入，已成为农业经营的主体。

为了推广这种经营模式，2005—2007 年，台湾逐年评选十大绩优农业产销班，2007 年后改为两年评选一次。2011 年为第五次，这次从 6 300 多个农业产销班中，经过基层辅导单位（乡镇农会）、县市"政府"、区农业改良场三级推选，再经台湾农业主管部门选定，产生 2011 年十大绩优农业产销班，于 2011 年 12 月公布颁奖。为了推广他们的业绩，扩大影响，2012 年在该部门主办的月刊上分十期介绍，这也证明农业产销班在台湾农产品产销中的重要地位。

这十大农业产销班以种植业为主，水产业仅有一个，种植面积在 20～30 公顷，平均每个班员种植 1～2 公顷，班员所得收入较高。2011 年十大绩优农业产销班简况见表 3－12。

表 3－12　十大绩优农业产销班简况

名　　称	产　　业	班员人数	经营面积（公顷）	简要业绩
桃园县大园乡良质米产销第 1 班	稻米（秧苗、稻谷）	21	33.1	培训班员，分组作业，稻米以"大贺米"品牌行销。2010—2011 年获全台十大经典好米奖，外销新西兰

（续）

名　称	产　业	班员人数	经营面积（公顷）	简要业绩
苗栗县狮潭乡产销第2班	果树（无籽桶柑）	28	30.3	生产无籽桶柑，年产值3 180万新台币，吸引青年回乡
彰化县田尾乡花卉产销第10班	花卉（盆栽，苗木，切花）	30	31.9	班员知识水平高，研发专利，花期互补、产品外销，发展休闲观光业
南投县名间乡，特用作物产销第10班	茶叶		12	草生栽培，生产有机茶，农、厂合作，主动与消费者沟通，鼓励班员进修考证
云林县口湖乡文蛤产销第3班	文蛤			以"SPA"品牌行销，发展加工品，营业额1 500万新台币，外销日本
嘉义县新港乡蔬菜产销第52班	甜椒	39	45	生产"金富久"品牌彩色甜椒，用网架固定栽培，改良土壤，出口新加坡和马来西亚
高雄市六龟区果树产销第26班	木瓜	26	20	生产"波飞"牌木瓜，产期调节，2/3班员是百万农家，留住青年人
屏东县屏东市蔬菜产销第13班	牛蒡	14	20.2	生产"大力参"品牌牛蒡，开发加工品，议价销售，产品外销
花莲县玉里镇果树产销第5班	火龙果、甜柿	22	34.82	建隔离带，有机栽培，以"红霸天"品牌行销，果实自然成熟后采收，甜度高，年产值3 600万新台币
台东县卑南乡美农番荔枝产销班	释迦凤梨	35	52	创"万释迦"（谐音"万事佳"）品牌，引入风险机制，通过修剪，一年一熟，错开台风灾害，每年外销300吨

二

从介绍材料分析，十大绩优产销班有以下特色：

1. 班务有序，凝聚力强　农业产销班是以提高产品品质，提高经营效益和市场竞争力为目的而组织起来的农民群体。发挥班员的作用，提高班员素质，增强凝聚力，这是办好产销班的关键。

这十大绩优产销班的班务运作虽有不同，但都注重以下几点：①注重学习交流。帮助、鼓励班员参加学习班，通过参观考察提高班员知识和技能。如鼓励班员学电脑，上网了解市场行情、新技术、病虫情况、天气预报等；鼓励班员进修考专业执照。南投县名间乡特种作物产销第 10 班，有的班员通过进修考试，获得高级品茶师执照。田尾乡花卉产销第 10 班有 2/3 班员具有高职学历，极大提高了整个班的营销水平。②班员分组，按专长分工，共同担负班内的工作，发挥集体力量。如有的班分育苗组、整地组、加工组、财务组、管理组等，懂机械的班员负责管理农机具及有机肥料厂。③班有公约，定期举行班会，公布财务状况，讨论决定班内活动。④建立基金或利用班费帮助班员学习、办意外保险、购置班服。⑤有一位好班长。如大园乡良质米产销第 1 班班长、田尾乡花卉产销第 10 班前后任的班长都曾获得台湾杰出农民奖。

2. 规范化作业，产品优质优价，销路好　这是十大产销班共有的特色。从规划、育苗、培植、加工、分级、包装、运销等全程进行标准化、规范化作业，实行品质管理，保证生产优质农产品。在此基础上建品牌，通过验证取得安全农产品标章；参加农会共同运销或通过直销、宅配、网购、外销多种方式，开拓行销通路，有的配合休闲业，开发伴手礼，提高附加值。

"大贺米"是北台湾第一个通过稻米产销履历验证的品牌，针对不同消费群体和距离远近，采取不同的包装和营销方式。还参加农会共同运销外销新西兰。狮潭乡果树产销第 2 班生产的桶柑取得"吉园圃"标章，产品优质优价，以高出市场价格 50% 销售。田尾乡花卉产销第 10 班班员在不同花期生产不同花卉，以统一品牌对外销售，使产销班能接受大型订单，壮大整体力量和经营规模。名间乡特作产销第 10 班采取茶农茶厂合作，产销全程品管，产品通过产销履历验证，开发伴手礼，举办茶叶体验营，让消费者了解茶叶生产、加工及茶农生活，沟通城乡关系，扩大商机。口湖乡文蛤产销班在嘉义大学的指导下，创建"SPA"文蛤品牌，用海水替代淡水冲洗排沙，减少开采地下水，真空包装，低温冷藏外销。"红霸天"品牌的火龙果，采用有机栽培与邻田建隔离带，人工除草，延长采摘期，以提高甜度，产品严格分级，全班有 2/3 班员的产品通过产销履历验证及有机验证，除参加农会共同运销外，采取多元化行销。

"金富九"牌彩色甜椒、"波飞"牌木瓜、"大力参"牌牛蒡、"万释迦"牌释迦凤梨等都外销日本、新加坡、加拿大等地，外销成为十大绩优产销班的一大特色。

3. 科技支撑是绩优的推进器 知识就是力量。绩优靠运用科技而加分。十大绩优产销班都分别接受高等学校、农业科研单位的辅导，应用新成果参与新探索。种植无籽桶柑的产销班把水、土壤送农业改良场化验，实施草生栽培，生物防治、保护生态环境，保障产品优质。生产"波飞"牌木瓜的产销班选用"台农 2 号"木瓜良种，参加农业改良场栽培试验，疏花疏果，调配种植期，分散产期，利用设施控制高温，稳定全年产量，该班 2011 年获全台"创新农业经营管理竞赛"生产管理组冠军。生产"万释迦"品牌番荔枝的产销班与台东农业改良场合作，运用风险管理理念，错开修剪时间，避开台风灾害，改一年两收为一年一收。

生产"大力参"牛蒡的产销班是在高雄区农业改良场协助下成立

起来的，推行作业标准化，以直径 2～2.5 厘米的中段鲜货上市，市价看好。生产"红霸天"火龙果的产销班与台湾大学、屏东科技大学、区农业改良场合作，不仅提高产品数量和品质，还培育推广优良苗木，建立教育果园，让小学生及消费者了解有机农业。

4. 发扬团队精神吸引青壮年　产销班发挥团队精神，统购农资以量制价，降低经营成本，统一对外销售，增加议价空间，卖出好价格。农户收入多了，才能吸引青壮年留乡务农。

这十个产销班都采取统一采购农用器材，一般可降低成本两成左右；对公用器材制定管理办法，由专人负责。生产彩色甜椒的新港乡果蔬产销第 52 班预测市场供需情况，调配种植时间，控制采收期和产量，避免过分集中，影响市场价格，班员得到较高收益，农村经济收益好，就能留得住青壮年。该班班员平均年龄约 43 岁，比台湾农民平均年龄 62 岁年青 20 岁。屏东归来地区的牛蒡产业濒危，该地区蔬菜产销第 3 班在种植牛蒡前，与班员签约保障价格，全班统一规范化作业，收获后，统一出货，公开计价，结果保障价由 35 元/千克提高到 80 元/千克，加上开发牛蒡加工品，创造更高的价值，"大力参"牛蒡成为台湾牛蒡第一品牌，吸引青年人返乡，共同开发。

农民收入增多了，使青年人看到了务农的美好前景。口湖乡文蛤产销班成立时，50～60 岁的班员占九成，因经营好，青年人参加渐多，现在 50～60 岁的班员已下降为七成。六龟区的木瓜产销班 2/3 班员已是百万农家，近 6 年来，吸引许多青年人返乡务农。狮潭乡生产无籽桶柑的产销班效益好，吸引青年人回乡务农，班员结构老中青相结合，是鼓励青年人回乡务农的典范。

5. 发展二、三产业活络农村经济　产销班利用产业资源、自然环境和人文景观，开发二、三产业，繁荣农村经济。利用生产的农产品加工成食品，或开发为营养品。如生产彩色甜椒的新港乡蔬菜产销第 52 班将肉厚的甜椒制成色彩鲜艳的蔬菜沙拉；口湖乡文蛤产销班将洗净的文蛤真空包装，高温消毒，加调料，成为可用开水冲泡的速食蛤仔汤；生产牛蒡的产销班将切下的牛蒡头尾和不合规格的牛蒡加工制成牛蒡精华素、牛蒡茶，有效地利用产品并提高产品附加值。

不少绩优产销班利用特有的产品、景观带动休闲旅游业，如生产有机茶的产销班，茶农与制茶厂合作，接受群众参访，体验茶叶生产及制茶过程，宣扬茶文化，带动茶叶销售和休闲业。田尾乡是台湾种花最早、种花面积最大的地方，有"东方荷兰""花都"之称，有长达4.7千米的公路花园。该乡花卉产销第10班利用当地苗木景观，发展旅游休闲业，既拓宽花卉销路，又增加民宿、餐饮、旅游收入，繁荣了农村经济。

6. 辅导与支持　对农业产销班，台湾农业主管部门在政策、科技及财政上都给予辅导和支持，制定了一系列的政策和规定，明确产销班的运作及发展趋势。1992年10月颁发"农业产销经营组织整合实施要点"，将名称多样的农业产销经营组织全面调整为产销班。2001年12月制定"农业产销组织辅导办法"，2004年9月颁发"农业产销班设立暨辅导办法"等，对产销班的运作、辅导、科技支持等作了规定。2008年台湾推行"小地主大佃农"的改革中，再度明确农业产销班是经营主体之一，强调企业化经营。乡镇农会及区农业改良场对属地产销班有辅导之责，应鼓励科教单位与产销班合作，推广新知识和新技术，提高经营效益。

参加产销班的农户可享受长期低息的贷款政策。2011年台湾农业政策性贷款中产销班贷款户数达4 400多户，贷款金额达6 000多万元，无论贷款户数和贷款额度在农业政策性贷款中都居第三位。

台湾农产品运销制度

（1995 年 11 月）

1981 年以前台湾曾提出一些改进农产品运销的意见，如 1969 年"农业政策检讨纲要"中列有 14 项农业发展重点措施，包括革新运销制度。1970 年开始实行"改进农业运销方案"。1972 年在"加速农村建设九项重要措施"中，要求改善农产品运销制度。1980 年在"提高农民所得，加强农村建设方案"中，措施之一是建立批发市场制度，注意市场导向，鼓励农民团体共同运销。

1981 年，台湾公布于 1982 年年底实施农产品市场交易有关规定及其配套的相关制度，使农产品运销进入一个新阶段。目前，台湾农产品运销制度主要有：农产品批发市场制度、共同运销制度、合作运销制度及直接运销制度四种方式。

一、农产品批发市场制度

1. 农产品批发市场的功能　台湾农业是小农经济，农户分散，每户生产量少，不易形成批量，无论在价格和交易上均缺乏竞争力。另一方面消费者要求供应高品质、低价格的农产品。批发市场具有集货、分货、均衡的功能，可以衔接供应与需求的关系，所以在运销过程中处于重要地位。台北农产运销公司将农产品批发市场的作用归结为五大功能，即：①方便产品集散；②商品多样齐全；③公平竞争、价格合理；④结算方便；⑤行情报导迅速准确。据 1991 年统计，台湾共有

158 处农产品批发市场，其中综合性批发市场 2 处，果品市场 68 处，家禽（肉品）市场 23 处，鱼类市场 65 处。

2. 实施农产品批发市场交易法　为了建立农产品运销秩序，促进生产、保障供给和公平交易，台湾于 1982 年 9 月实施"农产品市场交易法"。1983 年、1984 年、1986 年分别对某些条文进行了修订，使"农产品市场交易法"更趋完善，这使台湾农产品运销进入法制化。

"农产品市场交易法"共 6 章 43 条，对主管单位、业务种类、市场组织、交易方式、承销人、贩运商、共同运销、管理费用等均有规定。具体内容是：①明确规定主管单位。由台湾"行政事务主管部门农委会"负责制定全岛农产品运销及国际贸易计划，办理国际贸易及行情报道。换言之，台湾"农委会"，既负责农业生产，又负责农产品运销和内外贸。在地方则由地方政府负责制订农产品产销实施方案，并提供岛内农产品销售行情报导。②对运销方式，如共同运销、批发、零售交易的运作等作了规定。③规范批发市场的经营主体。批发市场、经营主体所需土地、所建房屋，均不得以营利为目的，在税收、地价等方面予以优惠。市场的设立必须报批。④批发市场之承销人、供应人必须登记，并取得承销许可证。在同一市场，供应人与承销人不得相互兼营承销及供应业务。承销人必须戴有明显的标志参加交易。⑤批发市场之交易方式为拍卖、议价、标价等。目前主要是前两种，在公平、公正、公开的情况下，根据供需情况，形成价格。⑥批发的农产品应由供货人按标准进行分级、包装。批发市场提供有关设施和服务时，依标准收费。⑦农产品批发市场向供应人及承销人收取管理费。在该规定实施细则中明确要求，果蔬批发市场管理费标准不得超过交易金额的 5%，各地在此范围内自定。台北农产运销公司规定为 3%，其中 10% 交政府。高雄、台中、台南等地规定蔬菜收 4%～5%，水果收取 3%～4%。⑧批发市场应公布本市场及其他市场当日交易价格及数量。

3. 农产品批发市场法制化、规范化 为了使农产品运销工作进入法制化轨道，台湾省在公布"农产品市场交易法"的同时，公布五个配套文件：①"农产品市场交易法施行细则"；②"农产品批发市场管理办法"；③"农民团体共同运销奖励监督办法"；④"农产品分级包装的标准与实施办法"；⑤"农产品贩运商指导管理办法"。1987 年公布"取缔农产品场外交易行为作业要点"，限制违背"农产品市场交易法"的不当行为。

农产品批发市场管理办法的颁布实施，使批发市场建设规范化。该办法共 3 章 26 条，规范了农产品批发市场的人事、财务及业务管理。根据不同的经营产品，分别规定应具有的设施。如家禽（肉品）市场的基本设施中，应包括交易设施（交易场、家禽栓留场、交易工具、行情报告牌等）、公共设施（办公室、电话、停车场、消防设施等）、水电设施、卫生设施（包括浴室、消毒、废弃物的处理、污水处理等）。肉品市场还应增加冷藏设施（预冷室、冷冻库等）、搬运设施及吊挂冷藏库等。有屠宰业务的，还应按屠宰要求增加有关设施。在附属设施中，规定视情况设置休息室、分级包装设施及其他必要条件。

4. 农产品批发市场的设立 "农产品市场交易法实施细则"（以下简称"细则"），规定了设立各类农产品批发市场的原则。"细则"规定：①果菜市场以每乡、镇各设一处；②家禽（肉品）市场以每县市各设一处；③鱼市场以每一渔会区域设一处；④其他经主管部门批准设立的地方。市场按年交易量分为六等，按等级分别制定人员编制标准及人员资格标准，供大家执行。

批发市场大体分两类，一类是以集货为主要职能的产地批发市场。它是为生产者与运销商提供的交易场所。大多数交易量是运往其他消费地市场。另一类是以分货为主要职能的消费地批发市场，大部分布于大城市，其货源来自产地批发市场的贩运商、生产者或共同运销团体。市场的绝大多数交易量是供应当地消费者。有人认为消费地批发市场是都市的厨房，是民生急需品的集散地。以台北农产运销公司经营的第一、第二果菜批发市场为例，这两个批发市场日交易金额达3 000余万新台币，蔬菜1 100吨，水果700吨，服务对象约300万人。

5. 农产品批发市场的经营主体及货源 "农产品市场交易法"中指出，农产品批发市场的经营主体为六种，可概括为四个方面：一是农民团体及其出资组织的法人；二是农民及农产品贩运商出资组织的法人；三是公股组成的法人；四是公股和农民团体及农产品贩运商出资合股组成的法人。台北农产运销公司公股占48%，由果菜贩运商、青果运销合作社、农会共同出资的民股占52%。凤山农会经营的综合农产品市场所需费用，除政府补贴不足10%外，均由凤山农会自己解决。农产品批发市场的货源主要来自农民及农民团体，蔬菜占65%、水果占45%、毛猪占95%。台北农产运销公司其货源57%来自农民及农民团体，40%来自商贩。

6. 农产品批发市场制度的成效 台北农产运销公司总结20年来经营农产品批发市场的经验，有五大成果：①提高共同运销的占有率。1975年经共同运销进入该市场的蔬菜仅占9.46%、水果占5.19%，1993年分别上升为53%和47%。②推动分级包装。1989年纸箱包装的蔬菜仅占49%，1994年上升为83%。③建立拍卖制度。目前水果拍卖率达50%以上，蔬菜拍卖率达75%以上。④检验农药残留，为消费者把好安全关。⑤发行运销期刊，进行资讯交流。

二、共同运销制度

1. 鼓励农民团体办理共同运销 为了解决小农经济生产零星分散和大市场需求集中的矛盾，台湾注意发挥农民团体的作用，鼓励它们办理共同运销，使分散的个体农民获得一定规模和有序销售的能力。农民团体办理共同运销是指由农会或农业合作社场办理农产品运销，后者又称为合作运销。

为了鼓励农民团体办理共同运销，1982 年台湾实施"农产品市场交易法"和"农民团体共同运销辅导奖励监督办法"，对农民团体办理共同运销的方式、参加的对象、优惠政策、经费管理等均有规定。如共同运销的方式为零售和供应再贩卖或以加工为目的的批发交易，参加者以该农民团体的会员为限，货源以农民直接生产者为限；农民团体应与参加共同运销的成员及农产品批发市场建立合同，形成产销的相互关系；农民组织应邀请参加共同运销的农民代表组成运销小组，加强民主管理；批发市场对农民团体办理共同运销的农产品应优先处理；所需土地视同农业用地；免征印花税及营业税等，这些规定鼓励和规范了共同运销的发展和运作。

参加共同运销的好处可归结为：①帮助个体农民适应市场经济的要求，并形成正常的运销秩序；②减少运销成本，增加收益；③节省时间和人力；④调节生产和出货数量，增强议价能力和市场竞争能力；⑤有利于推行分级包装，以提高农产品上市等级，从而获得较好的价格；⑥可以享受优惠政策。

2. 产销结合是共同运销的发展趋势　共同运销先是集中农民生产的农产品，共同集货再进入分级、包装、运销、拍卖等过程。为了形成批量并保证统一的质量，必须从生产管理入手，共同运销的发展过程，实质上是农民团体组织农民生产、销售一体化的过程。

为了便于贯彻统一的技术要求，首先将会员组成生产作业班，加强生产班的功能，逐步做到由个体农民供货扩大为生产班供货，以保证共同运销有充足的、品质一致的货源。台南县南化乡农民办理水果共同运销的具体过程是：先组织产销班，产销班由同一地区、生产同一农产品的会员组成；其次是请专家指导，统一栽培管理技术，使产品品质一致，创立品牌，在消费者中建立信誉；第三是兴建集货场，作为集中、分级、包装的场所；第四是拍卖、计价。

3. 共同运销的发展和存在的问题 台湾推行共同运销制度以来，取得了一定的进展。1981 年毛猪共同运销 200 万头，1991 年已超过 570 万头。台北农产运销公司经共同运销方式的进菜量，由 1981 年占总供应量的 30％左右，提高到 1993 年的 53％。

要进一步提高经共同运销的农产品在市场的占有率，还需要做不少工作，主要是继续做好宣传工作，提高广大农民对共同运销优越性的认识，使会员积极参与共同运销。尽量避免由于价格波动，影响产品的交货量。其次是要提高对分级包装的认识，使同一产品统一分级标准和包装规格，提高农产品附加值。第三是要密切批发市场与农民团体的联系，互通信息，稳定货源，相互配合，搞好共同运销。

三、合作运销制度

1. 农业合作社、场合作运销 合作运销是农民团体举办共同运销中的一种类型，是指由农业合作社、合作农场（以下简称农业合作社场）办理的农产品运销。

农业合作社场是依据"合作社"组织起来的专业性农民组织，按照合作原则进行运作。这些原则主要有：门户开放，民主管理（一人一票制）；限制股息（年息不得超过 10％）；盈余回馈（合作社盈余除支付股息外，工作人员的工资、公积金各占 10％，公益金占 5％，其余盈余按社员交易额之比例反馈社员）；发展教育与社间合作等。其基本目的是依照平等原则，在互助的基础上，以共同经营的方式，谋求社员经济与生活的改善。所以农业合作社场是维护农民权益，是以"人的结合"重于"资本结合"为理念的组织。农业合作社场的主要业务有运销（包括农产品运销过程中的技术、市场开拓、市场行情资讯等）、供给（生产资料的采购与供应）、技术推广、建设公共设施、谋取社员福利等。

1993 年台湾有农业合作社 220 个，农业联合社 85 个，合作农场

199 个。在农业合作社中，农产品运销合作社 42 个。

2. 合作运销的主要方式　合作运销最先由办理果菜合作运销开始，逐步发展社场合作和开展直销业务。有的农业合作社场还有供应学校营养午餐的业务。

办理果菜合作运销是合作运销中的主业务。以供台北市蔬菜为例：合作团体（农业联合社、青果社）1984 年供应台北市的蔬菜占该市蔬菜成交量的 11.7%，1993 年上升为 26.6%；水果由 1984 年的 6.7% 上升为 20.4%。

为了克服农业合作社场资金不足、规模较小的弱点，弥补生产和消费间的脱节，1992 年以来逐步发展各生产合作社场之间的合作，除由农业联合社统筹调配生产合作社场的产品外，还推动了农业合作社场与消费合作社的合作。农业合作社场的产品通过消费合作社销售，并建立稳定的产销联系，减少中间环节，降低成本，有利于生产和消费。

近年来，随着超市的发展，农业合作社场生产的产品有的直接销往超市，办理直销业务。

四、农产品直接运销制度

1. 直接运销的含义　直接运销系指生产者或生产团体将自己的产品不经过批发市场或中间商，直接进入商业系统，零售给消费者。这种方式通常是通过超市或超市在消费地设置的集贸中心及连锁店进行。直接运销可以减少中间环节，减少运销费用。

2. 直销应具备的条件及发展趋势　直接运销必须具备一定的条件，有一定的销售规模，超市、连锁店的发展是直销发展的前提；二是要有一定批量、同样品质的产品。

台湾超级市场于 20 世纪 80 年代初进入成长时期。一般认为超市是指"面积在 330 平方米以上，以销售一般家庭日用生活必需品、食品为主的综合贩卖店，生鲜食品应占 30％以上"。使消费者一次购得所需的东西，所以货品的进出量大。果菜在超市中占有重要的地位，被称为"超市的门面"。目前超市规模不断扩大并向连锁发展。在达到一定的连锁规模后，即在产地建立自己的集贸中心。这类集贸中心一般与农民团体合作建立，进而密切与农民的联系，达到产销结合。超市的发展并进行连锁的趋势是推进农产品直接运销的一个重要因素。

面对超市的兴起，迫使零售商联合，统一直接从产地、食品加工厂进货，降低成本，以薄利多销的运作方式与超市相抗衡，这是促使农产品直销的第二个因素。

由于上述原因，农产品直销业务在不断扩大，台湾省 1991 年直销总值达 6 600 余万新台币。1993 年云林汉光果菜生产合作社直销总值达 3 亿新台币。

一般认为由于商业零售方式的变化，连锁、超市是发展趋势。农产品直销，通路较短，可以省成本，减少农民支出，提高农民所得，也保护消费者利益，是有发展前景的运销制度。

五、结 束 语

农产品运销是一个系统工程，由于社会情况不同，其方式也不相同。上述资料仅就农产品运销制度本身而言，未作过多分析，但有三点值得研究。

1. 农产品运销法制化、规范化　这有一个发展过程，要制定一系列的配套文件加以规范，使市场的设立、建设、管理、运作均有制度可依。

2. 发挥农民团体的作用　这是将小农生产与市场连接的桥梁，是减少中间环节避免中间盘剥，是农民进入市场、保护生产者及消费者利益的一种好做法。

3. 注意产销结合 为了保证供应市场商品的数量和质量,运销必须与生产建立联系,沟通市场信息,体现市场导向,并完善产后处理环节(如分级、包装等),完成产品向商品转化的过程,提高农产品的附加值。

台湾农产品直销和农民集市

（2013 年 12 月）

台湾农产品运销特点和直销兴起

台湾农产品运销采取以批发市场为主，农民团体共同运销为货源的多元化运销体系。这种体系呈现两头小、中间大又长的纺锤形格局。两头小：一头是分散的小农经营，一头是小家庭，是广大的消费者；中间是每天人人都要消费不可缺失的大市场和农产品从生产者到消费者手中要经过集货、分级、包装、贮运、分货等一长串的环节。

为了减少中间环节、减少损耗、减少成本，绕过批发市场或中间商，由生产者（团体）将农产品直销给零售商或消费者的方式应运而生。直销通路短、成本低，农民得利，也保护消费者利益。

直销推动产地农渔民通过集市的方式销售农渔产品，使传统的营销方式与现代社会结合。2012 年台湾经济主管部门办理"改进传统市场经营管理，乐活菜市场竞争力"提升计划，在全台 500 多个公有市场中选出 49 个优良集市，并颁发证书。位于澎湖岛马公市闹区中心的北辰市场是澎湖最大的传统消费零售市场，邻近渔港，生猛海鲜直接上架，品质新鲜成为一大特色，在评比中被评为优良集市，是台湾岛外第一个优良市场。

直销推动农会转型。2013 年花莲市农会成立全台第一家农民直销店，为农民提供自产自销的渠道，已有 20 多家农户参与供货。直销店由农会负责管理、营运、审核供货农民的资格，产品由供货农民自行定价和保证品质，货架上有生产者的标签，使消费者了解生产者的资讯，放心购买。花莲农会还准备扩大直销店的范围。

直销也推助农产品网购，使信息技术和产地农产品宅配结合。2008 年，新竹县有一位硕士生以高于原批发价收购产地蔬菜、水果，通过网络直接送至消费者手中，减少经营成本，将大部分利润让给农民。直销成为台湾农产品运销的新亮点。

食在当地当季　自主经营行销

直销推动地产地销，建立本地化的生活支持系统，对发展农业、活络农村经济有积极的作用。在广大消费者日益重视食品新鲜、营养、安全和习俗风味需求的绿色消费的背景下，台湾提倡食在当地、食在当季，鼓励郊区农民发展农业生产，鼓励民众选购当地当季食材，密切城乡关系，减少对进口食品的依赖。彰化溪州乡让全乡公办托儿所享受当地生产的农产品，不仅保证食品安全，还请托儿所老师带领儿童到农家表达谢意，从小培养亲农的心理。

食在当地、食在当季，推动了农民集市的发展。什么是农民集市？台湾有学者研究认为，农民集市是以小农为主，于固定时间、固定地点，由农民亲自贩售农产品的行销经营组织，其特点是产品新鲜，少量多样，当地生产，减少中间商介入，消费者和农民直接对话①。

农民集市对生产者来说，上市通路短，省去中间环节，减少成本；价格早晚不一，随行就市，自行议价，自主经营，增加收益；当天卖不掉的产品由农户自己处理；了解当地市场信息，便于调整产业结构，使产销对路。对消费者来说，农民集市产品多样，品质、规格不一，便于选购；价格一般比超市便宜，即使高一些只要看中品质也愿意采购。农

---

① 台湾《农政与农情》2012 年第 5 期，第 239 页。

民集市除销售农产品及其加工品外，有的还有文化、烹调等活动，市民参加集市也是一种了解社会的休闲活动，促进城市居民与农民的沟通。

多元化推动农民集市发展

台湾社会助推发展农民集市这一直销形式，由行政部门规划，农会执行。台湾农民集市先从节假日开始。1982 年，台北市农会在建国南路高架桥下办起假日花市，长约 0.5 千米，每逢周末、假日展售花卉，也有画家作画，作为市民假日休闲赏花购花的去处。2004 年，由台北市建设局规划，委托中山区、松山区两个农会执行，在新生高架桥下的原停车场，利用周六、周日禁止停车的时间，举办新生假日农市，共有 140 多个摊位，其中 40 多个摊位由台北市各区农会占用，90 多个摊位留给外县市农会销售当季农产品，10 多个摊位的空间作为民众休息场地，从上午九时至下午六时营业。为方便集市贸易，当地"政府"部门在营业时间疏导周边交通。高雄市农业局与文化局合作，于 2012 年春节期间，在高雄市文化中心首次举办农民集市，有 32 个摊位，天天供不应求，营业额突破新台币 1 000 万元。

除行政部门规划推动外，农民团体、高等院校也举办农民集市。台中市中兴大学教农业推广和行销课程的教授，2007 年推动组织成立"中兴大学有机农夫市集"，每周六出售经过有机认证的农产品，成为台中市民假日休闲的去处之一；台湾农业策略联盟在台中市希望广场办假日农市，有近 90 个摊位，每周六、日营业，出售当地及嘉义生产的农特产品；也有知识界和小农结合举办的"合扑农学市集"，有20～30 户农家参加，"合扑"是英文 HOPE（希望）的谐音。该集市每月营业一次，除出售有机农产品外，还设立烹调手工厨房、宣传生态环保的摊位，摆摊农户强调互助合作；每次活动有 700～800 人次参加，相当兴旺，农户缴纳营业额的 10% 作为集市的公积金。在台北市有人在企业支持下，开办"二四八农学集市"，2012 年已发展至 8 个点，与 300 家农户签约摆摊自售自产农产品。有的乡镇于双休日在生态文化园区旁筹建文化集市，农民也可摆摊销售当地农村产品，使古老的赶集销售模式充满文化休闲农业的氛围。据 2012 年中期统计，台湾由当局主管部门、大学、农民团体、个人主办的农民集市共有 28 处之多，营业时间每月、每周、每两周一次不等，经营盈亏不一。

农会转型　政府辅导

台湾参加 WTO 后感受贸易竞争激烈。农会势单力薄，需要转型，提高经营观念和办理经济事业，提高竞争力，其核心是创意和行销。农民集市的出现是农会帮助农民经销农产品最好的形式之一，也是农会转型的契机。

不少农民集市由农会规划场地，安排摊位和货架，有的还代为结账收钱，为摆摊农民服务。有的农民集市根据季节和上市农产品的情况订出集市的主题，吸引消费者。如台北市新生假日农市在木瓜上市时，以"红透台湾"为主题，销售云林木瓜、凤梨、竹笋、茶叶等，在柑橘、橙子上市时又换一个主题，并由云林农会免费提供品尝鲜榨橙汁促销。为保障消费者的权益，该集市专门设立窗口听取消费者的意见。

创意无处不在，特别是在包装上，精心设计、图案鲜艳、文雅精致、轻便；显著标示产地、厂家、生产日期、食用方法、贮藏条件及保质期等，同时图文并茂宣传环保意识，使消费者感到亲切温馨，成为爱不释手的伴手礼，创意行销有佳绩。

农民集市有益于提高农民所得、农会转型、沟通城乡关系，台湾农业部门以办示范点的方式积极推动，并提出：集市周围民众购买力是农民集市能否稳定经营的基础，所以选点非常重要；其次，当地农民供货率至少达 70%，才能与超市区隔，显示农民集市的特色，办出品牌；再次，集市宜拓宽经营范围，如办具有当地特色的餐饮业、文化活动等将行销农产品和文化休闲结合起来，吸引消费者和丰富民众生活。2011 年台湾农业部门辅导 10 处有机农业集市并提出相应的辅导原则，但农民认为台湾小农经营，土地小而零散，有机种植易受邻地农药干扰、成本及认证费用负担大，是"烧钱的产业"，不能只办有机农民集市，只要上市的农产品安全、新鲜、营养，通过农药残留验证就可以了。因此，台湾农业部门拟另研订集市自治管理和政府给予补助的农民集市辅导原则。

冀 老 当 弥 坚

（2013 年 7 月）

　　台湾农会已有百余年历史。2000 年农会百岁，台农业主管部门在其主办的杂志上发表《100 岁农会的省思》一文，概述农会发展变迁，并切中时弊指出，农会已"老态龙钟"，值得深思。

　　台湾光复后，农会是"多目标功能及完整业务体制之农民合作团体"[①]。"多功能"农会区别于单一功能的社团。它依据经济发展和服务农民的需要，经营多种业务，形成综合性特色。如近年来有的农会成立旅游部发展休闲事业、信用部可兑换人民币等，已远远超出原来设定的供销、信用、推广、保险四大业务范围。农会的"合作"，是会员要认购股金，并按交易额比例分配盈余。农会组织范围和行政区划一致，是农会的地区性。

　　时代变了，经济自由化、金融危机等使台湾农会面临定位、外界干扰、拓展业务和金融经营等问题。这些是"百年老店"需要破解的症结。

　　定位的争论，起因于 1974 年修订"农会法"时，删除了股金制及盈余按交易额比例分配的规定，使农会丧失合作精神。农会由原来的"农民合作团体"[②] 变更为"公益性社团"。删除的原因是农会部分盈余已用于推广为会员服务，信用部"存款数额急剧增加，会员股金已

---

　　① 郭敏学：《台湾农会发展轨迹》，台湾商务印书馆，1984，第 179 页。
　　② 同上书，第 179 页，第 287 页。

不占重要地位"①。当时即引起学者的非议，延续至今。《100 岁农会的省思》一文，尖锐地指出，废除股金制种下农会问题的根源，使会员丧失归属感，农会成为无主状态，真正关心农会的不是会员自己，而是农会的掌权者和职员。小农组织，要不要坚持合作制，再次为大家所关注。

外界干扰农会，从选举开始。因农会的组织范围和行政区划一致，农会逐步成为当地资源的集聚点和政治角逐的焦点。每逢农会改选，从乡镇农会代表和小组长选举开始即有违规、贿选等弊端。地方派系竞争激烈，争夺掌控农会。理事会产生后聘任总干事又是一关。虽然台湾当局制订若干有关农会选举及总干事任用的条件和办法，但效力不彰。因谁掌控农会，谁就可能获得该乡镇的票源和金源。农会选举是台湾政界选举的前哨战。如何排除外部势力干扰，让农会会员真正当家做主，尚须努力。

突破区域瓶颈，拓展经济业务。乡镇农会是台湾农会的基础，其经济基础来源于接受委托事务收取手续费及自营业务收入。手续费收入毕竟有限，发展自营经济事业势在必行，但乡镇农会经济事业规模小、市场份额少、竞争力薄弱。近年来，在强调发展当地特色农渔产品及其加工品、建品牌、拓销路的同时，强调农会相互合作、跨县市联合采购、扩大市场份额，提高竞争力，但农会区域的局限性，对联合合作仍有负面影响。农会如何调整，以适应贸易自由化的新形势仍须探索。

金融经营不易。乡镇农会信用部从存贷业务开始发展为农业金融业。特别是1961年实施统一农贷之后，信用部农贷资金不断增多，成为可靠的贷款资金，为发展生产作出贡献。由于不良政治介入，20世纪90年代中期出现金融风波，21世纪初民众抗议部分信用部被接管，

① 郭敏学：《合作化农会体制》，台湾商务印书馆，1982，第43页，第362页。

爆发十余万农渔民大游行，从而催生"农业金融法"，成立农业金库，组成农业金融体系，归农业部门管理。农业金库农渔会认股51％。由于金融危机、管理投资不善，金库亏损达百亿新台币。农渔会再次出资补足资本。为方便民众，增加商机，信用部不断扩大代收业务和兑换人民币，但金库基本金少，存款多为定期，世界经济下行，经营不易。

　　台湾光复后，农会在推动农业生产、繁荣农村经济方面做了大量有成效的工作，也积累了丰富的资源，功不可没。但面对经济自由化、社会多元化和岛内政治生态，农会宜培育提高民主意识，健全制度和法规，排除外部干扰，加速转型，让农会会员真正当家做主，创造和分享农会资源，服务乡里，这也是民众的期盼。

第四篇

产业及食品安全

台湾稻作产业[①]

（2008 年 3 月）

　　"产业"的内涵是动态的。农业产业化经营将农业产业面由种养业扩展至加工、运销；产业链由田间延伸至餐桌。农耕文化构建博大精深的中华文明。休闲农业的兴起给农业带来新意。因此，对农业产业的认识不能停留、局限于过去的概念，要随着科技、经济社会的发展和人们的需求，从农业的多功能上去认识农业。本着这个思路，整理这份资料。

一、生产与消费

（一）水稻栽培面积、总产下降

　　稻作是台湾重要的农作方式，一年种两季。水稻栽培面积 1976 年高达 78.6 万公顷，产稻米 270 万吨，后来逐渐下调。1992 年栽培面积在 40 万公顷以下，稻米总产 162 万吨。近几年水稻栽培面积在 26 万公顷左右，糙米总产 120 万吨左右。双季稻中一期作总产量占全年稻米总产的 2/3，品质优于二期稻，成本低于二期作。品种以粳稻为主，占 90% 左右，栽培面积以中西部沿海的县较大。

　　稻作面积下降的主要原因是大米消费量的下降。如 2005 年，人均年消费口粮比 10 年前少 10 千克，比 30 年前少 80 千克（表 4 - 1）；加

[①]　本文主要参考资料为台湾《农政与农情》杂志。

上成本高，出口受阻；加入 WTO 后每年又进口 14 万吨左右的糙米。为了供需平衡，不得不压缩稻田面积，扩大休耕，大米自给率由 100% 下降为 90% 左右。

表 4 - 1 台湾人均年食米消费量

年份	1991	1993	1995	1997	1999	2001	2003	2005	2006
数量（千克）	62.5	60.7	59.1	58.4	54.9	50.1	49.1	48.6	48.0

注：台湾人均年消费面粉由 1996 年的 29.55 千克上升为 2006 年的 36.78 千克。全部靠进口。

（二）依靠科技和装备 努力提高品质

良种是产量和品质的基础。台湾有一套品种选育鉴定的单位和规定。根据台湾"粮食管理法"，"主管机关应指导优良品质稻米之产销"，"推荐优良之稻作品种"。台农业部门于 2003 年实行"水稻良质米推荐品种实施要点"，每年至少开一次审查会，向农民推荐好品种。申请为优质米的品种，必须具有近两年台中区农业改良场米质研究室的米质分析报告、种植面积和市场价格等资料。希望通过这一举措，从整体上提升稻米品质，以利产销。2005 年推荐的优质米品种共 14 个，种植面积占全岛水稻面积的 70% 左右。被推荐的 14 个品种中，粳稻 13 个，分别是台粳 2 号、台粳 5 号、台粳 8 号、台粳 9 号、台粳 11、台粳 14、台粳 16、台粳 17、高雄 139、台农 71、桃园 1 号、台东 30、越光；籼稻 1 个，台中籼 10 号。市场畅销米前五位的品种依次是台粳 9 号、台农 71、高雄 139、台粳 16、台粳 8 号和越光同列第五位。民众由于习惯、口味、米质新鲜程度、品质等因素，愿意优先选用本岛生产的大米。

生产过程机械化既省工又能保证质量。育苗中心育秧、供秧已形成网络，这是大面积推广良种、提供壮苗的基础。整地、插秧、收获的机械化程度达 98% 以上。区农业改良场指导乡镇农会对农民进行技术支持。

收获后的稻谷送农会干燥中心或碾米厂烘干，稻谷水分含量达13%～14%时入库储存。湿谷及时干燥可以提高大米品质，但由于收获时间集中，湿谷量大，干燥中心一时难以承受。如增加干燥设备数量，会造成水稻收刈高峰期（全年两季仅40天）过后，设备闲置，形成浪费，这是目前存在的矛盾。

由于推广良种和技术指导，水稻每公顷单产略有提升，两季平均每公顷产量由1991年的5 500千克左右，后来提高到6 000千克左右，有时因台风影响，产量有波动。2004年一期作产量每公顷高达6 620千克。

二、建立优质米生产专业区示范带动

在优质稻米产区建立由农民、农会、粮商或碾米厂组成的产、加、储、销一体化经营的稻米产销专业区。2005年，全年两期作共有5 000多公顷稻作面积参加这一计划。2006年再扩大2 000公顷，探索具有竞争力的稻米产销体系。

在台湾东部花莲、台东两县建立优质稻米特产区。在"特产区"内规划稻米文化园，展示优良水稻品种及加工品；栽种绿色和紫色两种不同的秧苗，在田里形成当地稻米品牌的图案，将艺术融入稻米产业，发挥休闲和广告功能。2006年花莲、台东两县两季共有4 000公顷稻田参加该项计划，2007年再扩大1 000多公顷。

为了生产安全优质的稻米外销，台南县六甲乡以相邻的72公顷稻田设立外销米专业区。专业区内分4个区共10个生产班，统一按台南农业改良场嘉义分场制定的作业流程（表4-2）管理。专业区内农用资料统一由农会采购。农业改良场派技术人员每周与农会、生产班长讨论解决生产中遇到的问题。结果：4个区一期作干谷产量在7 320～7 564千克，高于一般稻田一期作6 000多千克左右的产量；每公顷成本56 000多元，比一般稻田少2万元以上。农民眼见为实，愿意接受这一模式。

表 4－2　嘉义分场制定的六甲乡外销米专业区作业流程

工作项目	工作内容	成本支出（元/公顷）
整地	两次整地	9 000
施基肥	台肥有机复合肥宝效 5 号 400 千克/公顷	4 320
福寿螺防治	苦茶粕 100 千克/公顷	1 000
插秧	机插行株距为 30 厘米×21 厘米；力行浅植，每公顷秧苗为 250 箱，每箱 280 克稻种	秧苗 6 360；工资 5 500
施杀草剂	6％欣克免速隆水悬剂 5 千克/公顷	1 650
第一次追肥	硫铵 160 千克/公顷	780
稻热病防治	10％朴杀培丹粒剂 30 千克/公顷	3 300
第二次追肥	台肥 1 号（氨态）复合肥 200～240 千克/公顷	0（因叶色浓绿未施肥）
叶稻热病防治	20％嘉赐三赛唑可湿性粉剂 0.33 千克/公顷	825
施穗肥	硫铵 100 千克/公顷	488
穗稻热病、纹枯病及二化螟防治	70％三赛唑可湿性粉剂 0.4 千克/公顷，利穗 0.3 升，各稀释 3 000 倍及苏力菌	2 250
收获	联合收获机	10 000
田间管理作业总工资（采用集团作业方式）		11 400
总　计		56 873

三、开发利用休耕地

稻作面积减少休耕地面积加大，从 1995 年的 6.3 万公顷，增加到 2005 年的 21.5 万公顷。详见表 4－3：

表 4-3　台湾休耕地面积

年份	1997	1998	1999	2000	2001	2002	2003	2004	2005
休耕地面积（公顷）	63 584	83 563	110 250	129 509	136 455	167 205	196 087	239 867	215 688

　　台湾 1983 年起实施"稻田转作"，有部分稻田转种其他作物或休耕。2001 年实施"台湾地区办理稻田分区轮流休耕实施原则"（以下简称"原则"）。"原则"规定对休耕的稻田每公顷给予 27 000～46 000 元不等的补贴。这个"原则"不包括一般的休耕地。休耕的稻田要维护好原有的农田灌溉设施，以备将来恢复种稻的需要。

　　如何利用大面积休耕地产生经济效益？除播种能源作物外，还可鼓励种植油菜、亚麻、大波斯菊等景观绿肥作物形成花海，吸引游客来休闲旅游。在花莲、台东两县沿公路主干线实施这一方案，形成花东"纵谷花海特区"，已有一定规模，配合农家假日集市、农家乐等，成为寒假、春节观光休闲的好去处，使闲置的耕地产生经济效益。

四、稻米营销

　　总的来说，是在官方主导下采取多种营销形式。

（一）官方定价收购

　　台湾稻谷从 1974 年起实施"计划收购"，1978 年增加以略高于市场价的"辅导收购"，后来又增加"余粮收购"。三者的区别在于"计划收购"为保护价收购；"辅导收购"是为稳定价格，根据市场供求确定收购量；"余粮收购"是随着市场价格走低而采取的一种政策。三种收购价格以"计划收购"最高，"辅导收购"次之，"余粮收购"最低。2006 年一期作稻谷收购价及数量见表 4-4。

表 4-4　2006 年一期作稻谷收购价格及收购量

类　别	每公顷收购量（千克）	价格（元/千克）	
		粳稻	籼稻
计划收购	1 920	21	20
辅导收购	1 200	18	17
余粮收购	3 000	16.6	15.6

2006 年每公顷一期作收购 6 120 千克，二期作收购 4 600 千克。接近当年的总产量，对稳定粮源有利。

收购与保管均委托农会或民营碾米厂按"收购公粮稻谷作业要点"办理；95％以上的稻谷都经农会或碾米厂加工后进入运销渠道。

对官方定价收购，岛内有不同意见。一是收购价偏低。生产资料价格近十年上涨 25％，而收购价未作调整，已背离保护价为成本加 20％利润的初衷；稻农未得到合理的回报；二是保护价收购不符合 WTO 的原则，应改为对农民直接补贴；三是加强稻农与碾米厂合作，走产加销结合的新路。

（二）粮商收购

在生产、加工、储藏、运销一体化经营的优质稻米产区内（以下简称"专业区"），由参加合作的粮商，以高于市价收购稻谷上市。2005 年建立的"专业区"共 25 处，两期稻作面积共 5 114 公顷，将继续扩大。"专业区"不交公粮。

（三）设立稻米交易中心

台湾农业部门于 2006 年分别在岛内东、南、北、中设立四个稻米交易中心。每年 6 月至 8 月、10 月至来年 4 月进行交易，每两周办理一次。交易中心免费服务，保证上市的稻米安全、优质，是年内生产的一、二等稻米。上市的稻米均标明品种、产地、品牌、等级等资料，便于购者选购。2007 年成交的价格均高于保护价和市场价，对生产者、消费者、营销者均有利。

（四）评比拍卖，合作行销

为了鼓励农民生产优质稻米，农业部门辅导农会办理稻米品质竞赛。从乡镇评比开始，发展至县级、区级竞赛。2004 年举行全岛性的米质评比大赛。近几年每年都举行。以往评出冠军、亚军、季军等，2007 年只评选出前十名，名次未排先后。评选结果公布后，拍卖上市。优质米产地的农会还集中在板桥市①农会"农情馆"举办品尝活动和小包装销售。

评比选优可提升一个地区的稻米品质。台东县不仅有池上乡的池上米，还有关山镇的关山米、鹿野乡的福鹿米。台东县形成好米的家乡。

好米不仅品质好，还要卖出好价格。2001 年花莲、台东两县，玉里镇、富里乡、池上乡、关山镇、鹿野乡的农会和粮食业者联合成立"花东稻米产销策略联盟"，共同合作，创区域品牌、强化行销。

（五）稻农成立营销公司

有 50 名稻农出股成立"稻农公司"，以网络和单位集体购买形式销售稻米。公司保证出售的稻米安全、新鲜、便宜，按规定稻农每年可自销 300 千克自产米。稻农组织起来自行产销可摆脱粮商盘剥。台湾"粮食管理法"规定，个人贩卖、交易和小规模经营，只要日库存不超过 300 千克，不必登记。否则要办理粮商登记，领取许可证。公司成立不久，有待观察。

---

① "板桥市"为今新北市板桥区 2010 年 12 月 25 日改制前的台北县板桥市。

（六）积极外销

外销对象是日本。时隔 33 年，2004 年花莲富里乡生产的富丽米再次对日本出口。2005 年除富丽米继续出口外，台东县关山镇大米也开始输往日本。

台南县联发碾米厂在后壁地区以"日本原种、台湾生产加工，返销日本"的方式与日本商人合作，生产的稻谷以高于市价 12.5％的价格全部被收购，由碾米厂加工，小包装回销日本。这种方式已扩展至屏东、高雄，种植面积在 100 公顷左右。

（七）研发稻米加工品，拓展消费市场

稻米产销的终端是消费。除了以优良品种、知名产地、优秀品质形成产地品牌，进行品牌行销外，积极研发米食加工品是关键。如研发米粉和面粉配合制作米饼、米面包、米馒头等，增加民众在日常生活中的米食品种和大米消费量，也可减少面粉的进口。板桥市农会的"农情馆"，除陈列各种稻米品种、农具外，还附设"米乡食坊餐厅"，除加工出售一般的米食饭菜糕点外，还以发芽米、紫米为原料制作米冰淇淋供民众品尝。

五、稻米文化教育

（一）传承稻米文化

农耕孕育悠久的农耕文化。随着城市化、工商业发展，农耕在人们心目中已渐行渐远。2002—2003 年苗栗县苑里镇，推行"推广稻米文化教育"计划，希望中青年通过参加稻作生产过程，体验劳动和稻作文化。具体方式之一是集体认养一块稻田。认养人有个人也有公司，分犁地和插秧、田间管理、收获三个阶段，分别参加一至两天的农事

活动。特别是收获阶段，扩大参加者的范围，有两万人参加，举办庆丰收的活动。每个阶段活动的内容除农事操作外，还参观农机具展示、农耕画展、农产品展售，品尝米食点心和观赏以稻草为原料的手工艺品等。这些活动将传统的稻作生产引入体验式的经营，并与休闲农业结合，探索新的稻作经营模式。

（二）抓儿童教育

出生在城市的儿童从小到大与大自然隔绝，对"汗滴禾下土""粒粒皆辛苦"茫然无知。让儿童亲近自然，走进农耕，获得书本上学不到的知识、体验和乐趣。

台湾采取小学与农会和农业改良场相结合、室内与田间相结合、大田和盆栽相结合、实践和参观相结合的方法，推行"学童种稻体验计划"，让小学五、六年级学生看着稻子长大，亲身领会稻香、米香和米食文化。2006 年共有 22 所小学 5 500 多名学童参加这一计划。

有的学校在室内请农技人员讲解水稻品种、栽培技术、煮饭技巧，学校师生利用水稻植株制作工艺品；在室外结合季节参加农事操作、写生绘画和民俗活动，品尝米制点心、体验农家生活。彰化二林镇香田小学，在 59 名学生和老师合作下，在校园附近建立"好米生态田"享有好的声誉。台东大学附小设计"稻亦有道、津津乐稻"的课程获得社会好评。

城市小学周边没有稻田，只有利用盆栽了解水稻由种子萌发、成长、收获、加工成米、煮饭的整个过程，虽然数量很少，但学生们品尝到自己的成果十分高兴，留下了深刻的印象。结合参观农会的"农情馆"，学生可了解更多的稻米知识。

为了推动小学生参与稻作体验活动，2007 年 9 月台湾举办的"优质米博览会"专门辟有"儿童种稻体验成果展区"，有 10 所小学参加。

展出的作品琳琅满目，如种稻体验、绘画、手工艺品等。

(三) 宣传节日米食文化

在传统节日，结合习俗，传承、宣传节日米食文化。如端午节的粽子、冬至的汤圆、岁末腊月的八宝饭、腊八粥，春节的年糕、发糕，十五的元宵等，表达美好的祝愿，也展现出中华民族的传统文化。台湾辅仁大学餐旅管理学专家将米食和蔬菜、水果搭配，设计出多种健康、营养、养生的节日米食产品，希望大家在温馨气氛中过好节日。

宜兰县冬山乡用稻草开发出多种稻草工艺品，如各种草绳、稻草人、稻草画、稻草面具等，变废为宝。从 2001 年起办稻草艺术节，冬山乡的珍珠社区因此而闻名。

六、稻田生态休闲

(一) 稻田湿地生态效应

水稻是台湾主要的农作物。稻田是台湾最适宜的农耕方式。稻田长期渍水是最经济的人工湿地，构成独特的景观。稻田不仅可以生产稻米，还可以涵养水源、补给地下水；在雨季和汛期可调节洪涝；调节气候、净化环境；又是多种生物栖息繁殖之地，保护了生物多样性。但是在工业化后期，人们关注的是工商业，农业、农村被淡漠了，曾是台湾农业主角的米糖业已凋敝，稻田的生态效益也被忽视。

为了找回缺失，台湾通过农会办班，宣传介绍稻田的"三生"功能。1998 年出版稻田生态教材及录像等，举办水稻田"三生"体验营，小学高年级的学生参加。此外，还举办水稻田艺术展，展出绘画、图片等，既介绍稻田的"三生"功能又认识稻田艺术之美。苗栗县有一位小学教师从事教育工作数十年，出版了"稻香怀旧"水彩画册，使台湾过去的农村景象、田园风光、稻作过程、乡土人情跃然纸上。

（二）发挥产地景观生态优势

优质米产地借优质米品牌的知名度和稻田生态、米食文化开发休闲旅游业。例如台东县关山镇借关山米的优势，开辟有 1 800 公顷稻田的清水休闲农业区。关山镇农会还成立休闲旅游中心，利用原有的农会碾米厂和谷仓改造为水稻文物馆，展示水稻的生产、加工过程和设备，销售米制食品和关山米，综合开发本地资源。山区过去交通不发达，运米靠人挑、走栈道。花莲寿丰乡用生态的方法整理旧时米栈道，成为休闲客的旅游步道，把历史和现代结合了起来。

（三）稻香米香农家忙

用米做成各种食品糕点是"田妈妈"班的一个特色。彰化田中镇是浊水米的产地。农会用浊水米的盛名成立"田妈妈米食料理"，用当地生产的浊水米制作多种米食，如粽子、发糕和其他餐饮食品接待来客。台南县官田乡以糯米和菱角、杂粮、菜、肉生产养生五谷粽，通过农会假日市场展售。

综合稻田生态、稻作生产、稻米加工、米食文化为主题的休闲农业，在台湾农村社区很兴旺。

台湾稻田转作简析^①

(2001 年 2 月)

一、稻田转作背景

水稻是台湾地区主要的农作物，也是台湾民众的主要粮食作物。20 世纪 50 年代至 20 世纪 70 年代，台湾采取一系列措施，扩大水稻生产，增加稻米产量，以满足岛内需求。1974 年拨款 30 亿台币成立粮食平准基金，以高于生产成本 20% 的标准作为保证价收购农民水稻，鼓励水稻生产。1950 年的糙米总产为 150 万吨，到 1983 年，稻谷总产上升为 314 万吨（糙米总产 248 万吨）。由于社会经济结构的变化，民众消费结构也随之变化，食米消费量下降。人均年消费白米，1953 年为 141 千克，1973 年下降为 130 千克，1980 年为 90 千克，20 世纪 90 年代初为 60～70 千克（1993 年为 64 千克）。至此，台湾由稻米不足转变为自给有余，加之生产成本高，缺乏竞争力，外销受阻；1974 年开始实施水稻保价收购，后来虽在收购数量及方法上做了某些调整，但高进低出，造成粮食平准基金亏损，借贷运行，1989 年借贷和亏损共达 900 亿台币，财政不堪重负。在需求量下降、外销不畅、财政负担和仓容压力增大的情况下，台湾不得不实施"水稻生产和稻田转作计划"（以下简称"转作计划"），采取措施减少水稻种植面积和稻米产量，以求供需平衡。这是台湾农业结构的一次重大调整。

---

① 本文主要参考资料为《台湾农业》杂志 26 卷 4 期及《台湾农业年报》。

"转作计划"于 1983 年制定，1984 年开始实施，为期 6 年，至 1989 年止；因稻米需求量降低较预期为多，从 1990 年起又实施 6 年的后续计划，至 1995 年止，前后两期共 12 年。通过"转作计划"，水稻种植面积减少 28.2 万公顷，糙米总产减少近 80 万吨，但每公顷单产有所提高，品质有所提升（表 4－5）。

表 4－5　台湾 1983—1995 年水稻种植面积及产量表

年份	水稻种植面积（万公顷）	糙米总产（万吨）	稻谷单产（千克/公顷）	糙米单产（千克/公顷）
1983	64.5	248	4 871	3 850
1984	58.6	224.4	4 842	3 825
1989	47.5	186	4 954	3 922
1990	45.4	180	5 027	3 977
1995	36.3	168.6	5 700	4 640

注：①资料来源于台湾农业年报；
　　②水稻种植面积及产量为两期作的合计，单产为两期作的平均数。

二、稻田转作中几个值得注意的问题

（一）农业结构调整要逐步推进

调整农业结构除考虑社会经济需求关系、粮食安全、世界贸易等诸多因素外，基于农业是生物性生产，对象是生物体、周期较长和农业生产是由农民个体分散经营这两个特点，农业结构调整不能急于求成，一蹴而就。要经过试验、试点有计划地推进。

台湾"转作计划"出台前，于 1978 年开始至 1982 年先后在部分地区进行稻田改种试点，改种玉米、甘蔗、绿肥、园艺作物或休耕等。五年中，每年实际转作面积不等，开始时为 4 000 多公顷，多时为 3 万公顷。在五年试点的基础上，制定各为期六年的两期"转作计划"。

连同试点，先后达 17 年之久，摸索调减水稻种植面积的经验，以期达到稻米产销平衡。

（二）宏观规划，微观控制，严格计划

粮食产量的消长，关系到台湾岛内民众生活和社会安定。当局对稻米生产及稻田改种或休耕采取审慎态度，严格实行计划生产。

在预测人口增长、大米消费量发生变化后，规划水稻生产目标、种植面积及转作面积，分别作为一、二期"转作计划"的宏观指标。如第一期"转作计划"结束后，提出第二期的任务指标是：每年控制水稻种植面积在 50 万公顷左右，糙米年产量 190 万吨左右，转作面积 16 万公顷。其中，转种保价收购作物（指玉米、高粱、大豆、烟草、甘蔗等）每年 4 万公顷左右，园艺作物每年维持 2.5 万公顷，其他作物及休耕由 1990 年的 9.2 万公顷逐步减少，至 1995 年控制在 7.3 万公顷左右。

全省"转作计划"制订后，根据各地条件，将指标分解到县、市，再由县、市有关部门和农会、水利会等共同组成的推行小组确定推行地区和转作作物，将指标分解到乡镇。由乡镇执行小组推行年度稻米生产及稻田转作计划，落实面积，核发补贴等。

在操作上，先由稻农提出申请，由乡镇执行小组根据上级分派的计划，审查批准，按改种不同的作物或休耕，给以不同的补贴。稻农未经审批自行改种的稻田，不能纳入"转作计划"，也得不到补贴。如已接受转作补贴，又私自恢复种稻的，其产品不予收购。与此同时，还采用经济手段，对补贴数量多少、改种作物是否保价收购等加以调控。如规定改种玉米、高粱及保价收购作物，每公顷补贴稻谷 1 吨，其产品按保证价收购，以提倡和鼓励多种饲料作物和杂粮。如改种属于专卖事业的经济作物，事先应取得专卖单位的认可，签订合同，才予以认同，给予补贴。如改种蔬菜、花卉、果树等园艺作物，每公顷

补贴稻谷 1.5 吨，改种酿酒葡萄不予补贴。起初，稻农愿意改种蔬菜、花卉等短期园艺作物，使改种园艺作物的面积超过计划面积的 8.8 倍。为避免继续扩大，影响价格，1987 年起将每公顷补贴由 1.5 吨稻谷改为 1 吨，并规定改种园艺作物的面积不得超过前一年的面积。在第二期"转作计划"中，将补贴由实物改为货币；确定改种园艺作物的面积维持在第一期末的规模，不宜扩大。

由于台湾耕作制度复杂，如何认定改种田块属于稻田"转作计划"的范围，有详细规定。

（三）调减与发展相结合，留有余地

"转作计划"主要是减少水稻种植面积和产量，以减轻财政支出和增加农民收入，同时抓住转作改种的契机，采取以下措施求发展。

（1）在调减水稻面积和总产的同时，继续注意提高单产，提高资源利用率，提升品质，提高市场竞争力。通过科技投入，1989 年第一期"转作计划"结束时，每公顷生产稻谷由 1983 年的 4 871 千克，上升为 4 954 千克；6 年后到第二期"转作计划"结束时为 5 700 千克，1995 年比 1983 年每公顷增产 829 千克稻谷。

在注重单位面积产量增长的同时，于 20 世纪 70 年代初在台中农业改良场建立稻米品质实验室，着手研究改进稻米品质，当时未能充分发挥作用。"转作计划"实施后，稻米品质问题开始受到重视。通过抓下游带上游的方式，于 1984 年下半年在部分乡镇生产优质米，通过农会推行分级，小包装上市；1985 年推行优质米产销计划，生产特级优质米，小包装销售，使农民从销售中得到生产优质米的效益，从而推进实施米质改进计划。

（2）责成各地区农业改良场进行稻田转作试验，探索水稻的替代作物、新的种植制度和耕作方法，筛选出最佳转作方式和相应技术，供农民选用。六个地区农业改良场分别发表了关于台湾北部地区、台

中地区、嘉南地区、高屏地区、台东地区、花莲地区有关稻田转作试验及示范成果报告，为台湾水旱田轮作打下基础。

（3）稻米是粮食中的宝中之宝，关系国计民生及粮食安全。"转作计划"除经过预测和计划分年度作业外，为预防不测的变数，采取低产水稻田优先改种其他作物或休耕办法；其次是转作田块集中，便于发挥规模效益，继续维护农田水利设施，为恢复种稻留有余地。

（四）推行农业区划开发特色农业

"转作计划"要求县市推行小组根据任务指标，选定改种作物，划定专业生产区。为此，各县市根据资源条件，本着适地适种的原则，合理区划，划定各种专业生产区，逐步发展成为当地的特色农业，可避免产业结构趋同的弊端。当时规划的专业生产区有水稻区、杂粮区、蔬菜区、花卉区等。1985年推广设施栽培、优质米合同生产，提高品质，开发农特产品，拓展精致农业。1988年提出发展"地区农业"计划，其核心是以县市为单位，利用当地资源，结合传统农业经验，合理规划，发展特色农业。1990年规划柑橘、梨、葡萄、蓬雾、红枣、茶叶等观光农园，开发休闲农业，使农业的功能由生产向生态、生活方面延伸。

（五）综合评价，效益为先

"转作计划"于每期期中进行评估，结束时进行总结。稻田转作涉及稻米收购、农产品价格以及对农业的补贴和农民收入等重大问题。因此，总结评估时要综合分析，减少财政负担和增加农民收益是两个首要问题。据统计，实施第一期"转作计划"少收购稻谷260万吨（糙米203万吨），节省收购资金450多亿台币，转作前用于处理余粮及粮仓的资金，扣除转作补贴及保价收购的差价支出，可节省340多亿台币，两者合计近800亿台币，农民收入也有相应的增加。因此在评价第一期"转作计划"时认为，在资源利用、农民收入、财政减负三方面均有正面效果，但由于实施稻米保证价收购，高进低出，粮食平准基金亏损未能缓解。

选优　拍卖　宣传　直销[①]

（2005 年 2 月）

我国台湾地区加入 WTO 后，农产品受到冲击。因应之策，除了调整面积，调整结构外，明确了农产品以内销为主、提升品质、以质量优势占领岛内市场的方针。特别注重提升民众日常消费的大宗农产品的品质，通过评比选优，使生产者、消费者树立良种、优质、品牌意识；通过拍卖，以高价带动竞争意识；通过媒体宣传、展示、推介，扩大优质农产品的社会效应，增大市场份额；同时，绕过批发等中间环节，开放假日农产品市场，农产品直销上市，农民得利。

2004 年台湾首次举办全岛性的稻米和茶叶评优拍卖活动，也是第一次在台北市开放假日市场，农产品直销上市。

——

稻米是台湾人民主要的食粮。加入 WTO 后每年进口稻米由 7 000 多千克增加到 15 万千克，而出口则由 15.8 万千克减少到 9 000 千克。岛内民众由于食物结构的变化，2002 年每人每年消费白米仅 50 千克，比十年前少二成。进口增加、出口减少、消费量下降、稻米价格下跌，农民增忧。去年一般大米每千克新台币 35 元左右，优质米价格较高，每千克新台币 100 元左右，从日本进口的大米更贵，说明质量好的大

---

① 本书主要参考资料为《台湾农家要览农作篇（一）》《台湾农业科技研究成果 1992—1996》。

米虽然价格高，还是有一定的市场。2004年全岛统一举行优质稻米评选活动，鼓励农民种植优质稻米，简况如下：

1. 评审过程　台湾自1995年起，有部分乡农会办理稻米品质竞赛活动，2004年在全岛范围内统一评选。8月中旬，11个主要产米的乡农会有400多户农家参加初选。初选分两个阶段，先田间评审，优胜者再进入稻米品质评审（标准见附表一），分别产生各乡的冠军稻米（标准见附表二），9月集中在台北县板桥市农会"农情馆"进行总评，产生总冠军、亚军、季军。

2. 评委会的组成　由九名评审委员组成评审委员会。他们分别来自农业行政、学术科研部门、餐饮业和医学界等。

3. 总评标准

（1）外观占40分——规格20分，如被害粒、变色粒、碎粒、异型粒占比等。

　　　　　　　　——性状20分，如米粒饱满度、均匀度、光泽等。

（2）食味占60分——蛋白质含量10分。

　　　　　　　　——食味值10分，以测定水分、蛋白质、直链淀粉与食味关系之数值。

　　　　　　　　——专家评分20分。

　　　　　　　　——审评20分。

食味品质鉴评采用台中农业改良场和台湾省农业试验所提供的煮饭方法：先洗好米，以1∶1.33的比例放米和水，浸泡半小时，煮饭45分钟，焖饭20分钟，拌饭加回温50分钟，盛饭5分钟，然后分成米团。以"台粳9号"米饭团作对照，再分别品尝打分。

4. 评选结果　台东县邱垂昌种植的池上米（台粳9号）荣获总冠军，高雄县美侬镇"美农米"第二，彰化县"埤头米"第三。有十位农民获奖表扬。

邱垂昌今年 41 岁，是农家子弟，大学毕业后，从事家具设计工作，七年前回乡务农，努力学习水稻种植技术并在池上万安有机米产销班创办人梁正贤的帮助下，精心种植水稻，夺得第一名。

5. 台粳 9 号简介 台湾从 20 世纪 80 年代开始稻米生产过剩。水稻育种方向由提高产量转向提升品质。台粳 9 号是台中农业改良场从籼粳杂交后代中选出具有籼稻株型与粳型米质的后代加以培育，经过 11 年的努力而育成的。

台粳 9 号以粳稻北陆 100 号为母本，台农籼育 2414 号为父本，于 1981 年二期作进行杂交，1985 年一期作选出，1987 年全省稻作育种小组登录为台粳育 8269 号。1990 年参加全省粳稻区域试验，1993 年经水稻新品种登记命名审查委员会审查命名为台粳 9 号，至 1996 年已推广 3 000 多公顷。台粳 9 号抗倒伏，米质、外观及食味品质均优于台中 189 号。台粳 9 号主要特性见附表三。

6. 拍卖 十家乡农会于当年 9 月中旬在板桥市农会举行乡冠军米拍卖。粮商、餐饮业者、食品业者云集一起。板桥农会家政班将各乡的冠军米煮成米饭供大家品尝。

拍卖米真空包装，每包两千克，五包为一箱。一次最少拍卖 100 千克，最多只能购买 500 千克。板桥市农会协助运送。

拍卖结果：总冠军米以每千克新台币 6 000 元成交，共销售 300 千克。总冠军米仅限于在初选时由乡农会买断的 1 300 千克邱垂昌种植的池上米。亚军"美农米"每千克新台币 5 000 元标出。季军"坤头米"每千克最高价新台币 340 元。总冠军米虽以新台币 6 000 元一千克高价出售，在初选时乡农会以公粮收购价加一成买断，即每千克 13.86 元，邱垂昌能否分得部分效益未可知。

二

台湾种茶有悠久历史。19 世纪茶叶成为台湾出口的产品之一。据淡水海关记载，1868—1895 年，台湾茶产品出口占出口总值的 90%。后来，台茶逐渐丧失外销竞争力。2002 年台湾茶叶出口 0.6 万吨，价值 1 800 万美金，但进口 1.8 万吨，价值 2 100 万美金，进大于出。台湾岛内一年要消费 740 万吨茶饮料，因此台湾茶叶主要依靠进口，但又怕台商在大陆生产制茶返销、冲击岛内市场。

目前台湾约有茶园 2 万公顷，年产粗茶约 2 万吨，以内销为主，品种以乌龙茶为主，绿茶较少。

去年全岛统一评选优质茶叶的简况如下：

1. 过程　台湾过去由各产茶区自办茶叶选优活动。2004 年首次举办"台湾冠军茶竞赛"，按 12 个主要产茶县市的茶叶种植面积分配参赛名额，总名额为 50 名。在此基础上，初选出 25 名优秀茶农，于 2004 年 12 月初在板桥市农会进行复赛，选出前三名，12 月 6 日进行拍卖。

2. 评审及方法　参加评选者交茶叶样品 22 千克，经过农药残留检验合格后，才能取得参选资格。经县市初选，优胜者再进入复赛。茶叶不分品种、采摘方法、外形、制茶方法，各种茶叶均可参赛，但必须是台湾茶农生产的茶叶。茶叶专家按"外观"（形状和色泽）、"水色""香气"（又分"香味"如清香、"滋味"如圆滑回甜、无异味）等三项指标评审，其中"香气"占总分比重较大。

3. 评选结果　嘉义县梅山乡太平村林玫美种制的乌龙茶被评为冠军，梅山乡王家富获亚军，另有三位茶农同获第三名。

冠军优胜者林玫美有丰富的茶叶实践、品茶的经验，又是茶道专家，指导小学泡茶课，她的丈夫 2003 年在台湾制茶比赛中名列第二。夫妇相互配合，这次荣登榜首。

4. 拍卖　2004 年 12 月初举办第一届优质茶竞赛颁奖会并进行拍卖，结果冠军茶以 1 斤 46 万元新台币天价得标，冠军茶得主是天仁茗茶理事长李胜治，他认为出高价的目的在于起鼓励作用，"只要做出好茶，就会卖出好价格"。天仁茗茶创办于 1961 年，1980 年在台北创办陆羽茶艺中心，开展茶道教学。

三

拍卖高价起轰动效应，媒体宣传推介、实物展示起促销作用。

宣传、推介、展示不限于这次评选活动。板桥农会趁评选优质米活动成立"农情馆"，陈列各种稻米品种，贩售各地优质米。如"越光米"是日本皇室用的贡米，在台湾 1 千克售价高达台币 250 元。宜兰县引种成功，叫"五农越光米"，因产地是五洁乡，又称五洁越光米，价格只有进口越光米的六成，品质相似。所以米未上市即收到大批订单。乡农会留下 30 吨，实行 1 千克的小包装，直销售价 150 元新台币。时隔 33 年，2004 年台湾花莲生产的米再次外销日本同样得到宣传。这些报道给农民一种信息，只要生产品质好的农特产品，不愁没有销路。

在茶叶的宣传推介上，曾举办喝茶养生保健与促销系列活动，突出饮茶的保健功能。台大教授认为，饮茶有多种保健功能，如抗氧化、抗细胞增生、抗发炎、抗过敏，还有防癌功能，因此提倡"品茗要高档，喝茶保健随意即可"。系列活动中还包括新品种的试饮及命名、泡茶方式和茶点品尝等。

宣传和传统节日相结合，在春节前夕，配合岁时节日宣传制作米食品。板桥农会"农情馆"就附设"餐厅"，推荐以米为主的食品供民众品尝，如制作年糕、发糕、八宝饭等，引起民众对米食的重视，同时宣传传统节日和中华传统文化。

宣传和教育结合，把农耕文化和学校教育结合起来。有的城市小学高年级学生用盆栽方法种水稻，了解水稻的生长过程；有的还亲自参加犁田种稻，请农会技术员讲解科普常识，参观"农情馆"，使学生从小了解农耕、米食文化。所以宣传、推介、展示的效果，不仅是评选出优胜者而是推动整个产业发展。在产茶区有的小学有泡茶课。这次优质茶竞赛会上，就有一位年仅七岁的小学一年级学生当泡茶师，执壶服务，给来宾泡茶品尝，受到好评。

四

农产品绕过批发环节，开放假日市场，直销上市，是台湾岛内2004年农产品运销的一个新尝试。

1974年台北第一果菜批发市场开始启用，以后第一、第二果菜批发市场均由台北农产运销股份有限公司独家经营。香蕉外销业务由青果合作社经营。独家垄断经营曾引起异议。农产品是鲜活产品，经过集货、分级、包装、运输等环节到批发市场，经过批发，再分送到零售点零售，一方面中间环节过多，另一方面耗费时间，虽有冷链，仍会影响农产品的新鲜度。目前在现代化大城市中，传统的由产地直销上市的经营方式依然存在。

农产品直销市场在美国有的称为"露天市场"，在纽约市叫作由社区支持的"绿色市场""农民市场"。纽约市农民市场分散在4个区，在42处定点经营。"农民市场"只允许农民及其家属经销自己的产品，不允许中间商介入。纽约市"农民市场"每周吸引250万市民前往，有超过150家餐馆固定在这些市场采购。在众多的"农民市场"中，以位于曼哈顿第14街联合广场的规模最大，每周一、三、五、六开放，从早上八时起到下午六时结束。清晨农民开车将各种自己生产的菜、水果、花卉、面包、甜点运至广场，摆摊销售。上市的农产品都经过检验。因为只交摊位费和清洁费，成本低，农民可以获得较多的利润。"农民市场"上的农产品强调有机种植，品质新鲜，价格较一般市场贵。

2004年台北新生假日农市开始运作。它由台北市两个农会主办，是首家直销、定点、定时的农产商场，为居民提供新鲜、健康、安全的农特产，每周六、日，上午八时至下午六时营业。假日农市设在新生高架桥下停车场，不另占土地，营业时停车场暂不停车。2004 年秋季台湾柳橙产销失衡，种植面积不仅未按计划下调，反而增加，产量比 2003 年增加 13%，结果产品价格下降，一台斤①才 4～5 元，不够成本，但台北市零售价每台斤 12～15 元，台北农产运销股份公司拍卖每千克约新台币 8.4 元，都高于产地价。因此新生假日农市开幕的第一天，云林县林内乡农会准备 1 万斤柳橙办理特卖活动，现榨橙汁免费品尝和优惠供应。加义、台中县农会自动降价吸引市民购买甜柿、冬茶、柑橘等农特产品。各地直销的农产品均注意优质、安全以建立品牌和知名度。为保护消费者的权益，假日农市设有专门窗口，接待处理顾客的意见。

附表一：

各农会初评稻米品质标准

项　　目		配分	审查内容
性状	白米	10 分	米粒饱满度、粒型均一度、色泽
规格	稻谷	5 分	容重，碾米率
	糙米	15 分	完整粒，变色粒，发芽粒，碎粒、白粉质粒，异型粒，夹杂物
	白米	20 分	被害粒，变色粒，白粉质粒，碎粒，异型粒
食味	官能品评	25 分	白米饭之外观，香味、口感、黏弹性、硬性、总评
	蛋白质含量	10 分	白米的蛋白质含量
	直链淀粉含量	10 分	白米的直链性淀粉含量
新鲜度	酸碱度	5 分	白米的酸碱值

---

① 台斤为非法定计量单位，1 台斤＝0.6 千克。

附表二：

11 家农会冠军米

产地	优质米名称	品种名称	种植面积	年产量	特点
台中县	大甲米	台农 71 号		16.5 万千克	具有芋头香味
	雾峰米	台农 71 号	全县已达 700 余公顷	4 900 吨	同上
彰化县	埤头米	台农 71 号		270 万千克	同上
云林县	西螺米	台粳 8 号 台粳 9 号 台农 71 号		3.5 万吨	台粳 8 号外观硕大美观、产量高，台粳 9 号米质好、耐储存
嘉义县	民雄酵素有机米	高雄 144 号	5 公顷	6 万千克	米粒长、香味，用酵素有机肥，不用化学农药及化肥
高雄县	美农米	台粳 2 号	1 公顷（参赛农民种植面积）	1 万千克（参赛农民年产量）	米粒较大、耐储存、香味
宜兰县	五洁越光米	越光米	65 公顷	18 万千克	日本引进品种
南投县	草屯米	台粳 9 号	1 公顷（参赛农民种植面积），全镇面积 250 公顷	1 万千克（参赛农民年产量），2 500 吨（草屯镇年产量）	稻秆较粗，口感好
台东县	池上米	台粳 9 号 台粳 2 号		1.2 万吨	三种米品种相同，自然条件相似，但田间管理方式不同，造成品质上的差异
	关山米	同上		1.5 万吨	
	鹿野福鹿米	同上		0.75 万吨	

附表三：

台粳 9 号主要特性

品种	期作	株高（厘米）	穗数	生育期（天）	抗病性				抗稻飞虱			倒伏程度	耐寒性	穗长（厘米）	一穗颖花数	粒型	千粒重（克）	谷产量（千克/公顷）
					叶稻热病	穗稻热病	纹枯病	白叶枯病	稻飞虱	斑飞虱	白背飞虱							
台粳 9 号	I	101	16	123	中抗	中抗	感	感	感	中抗	抗	直		18	90	粗圆	23	6 199
	II	97	13	114										18	95			4 747

注：台湾为双季稻作，故有一期作、二期作之分。

提倡米食 保障粮食安全

（2012 年 5 月）

粮食安全是无声的海啸。为保障台湾人民获得必需的粮食，减少进口，台湾当局提倡米食，提升大米的消费量，提出"在地生产、在地消费"的思路。换言之，在适当范围内，建立生活支持系统的本地化，特别是鲜活农产品的地产地销，可节能减排，配合时令，保证鲜度，活络本地农业和农村经济，值得重视。现将台湾提倡米食、保障粮食安全的情况简述如下。

一、大米消费量 粮食综合自给率下降

台湾产米，常年稻作面积 25 万公顷左右，年产稻米 120 多万吨，大米年消费量 100 万吨上下。加入 WTO 后，采取关税配额，每年进口 14 万吨糙米。为了平衡供需、稳定粮价，稻田休耕面积达 22 万公顷，几乎与稻作面积相等。

因饮食习惯西化，食用面粉、畜产品及副食增多，年人均大米消费量下降：1953 年为 141 千克，1973 年为 130 千克，2010 年为 46 千克。粮食年进口 700 万～800 万吨，主要是"黄小玉、唐高宗"，即黄豆、小麦、玉米、糖、高粱及大宗物资。农产品贸易逆差增大，1995年突破 40 亿美元，2010 年近 88 亿美元，15 年翻一番多。以热量计算粮食自给率，1997 年为 37.2%，2010 年下降为 31.7%。其中大米自给率一直在 106.1%～106.2%，而小麦自给率为零，每年进口小麦约

120万吨，说明台湾谷物生产剩余与不足同时存在。台湾西部沿海曾种植约2.5万公顷的小麦，因自然条件、历史因素及政策导向等原因，1999年后，农业统计资料中已找不到小麦生产的资料。2011年，在台中市大雅有农民在二季稻田中间作小麦70公顷，与金门酒厂合作制酒，用于食品的几乎为零。即便如此，大雅还发挥麦作多元化的功能，举办小麦文化节，开发小麦特色餐、麦秆娃娃、麦秆毛笔、麦草剑等特色产品，向文化、玩具延伸，提升小麦附加值。有人想扩大小麦种植面积，减少进口，但面积太小，又缺乏对口收购，步履艰难。

二、设定粮食自给率及安全储存量

2011年5月，台湾当局召开粮食安全会议，设定2020年粮食自给率达到40%的目标，比2011年提高8.3个百分点；继续执行稻米安全储存量不低于三个月的消费量，即糙米30万吨的规定。2010年年底公粮库存45万吨。

要达到上述目标，一是强调计划生产，休耕地复耕14万公顷。1973年世界石油危机，为提高粮食生产，1974年以高于生产成本20%的价格，保价收购稻谷，刺激农民多种水稻，但又造成生产过剩，财政负担过重。10年后，实施稻田"转作计划"，减少稻作面积，补贴休耕，并规定休耕地要继续维护农田水利，以备复耕。休耕面积一路攀升，2004年近24万公顷。这次休耕地复耕和推行"小地主大佃农"的政策结合，鼓励连续休耕两季又出租3年以上的休耕地，每公顷租金10万元以上，其中，政府补助8万元，另2万元由承租者支付。要求承租者种水稻及饲料作物，并给予补助。这样既有利休耕地复耕，又有利于扩大经营规模。二是提高公粮收购价，鼓励农民多种稻，以扩大粮源，同时适当进口，保证粮食安全储存量。三是宣导食用台湾米，改变饮食西化趋势，既减少进口，又避免生产过剩。宣传每人每天多吃一口饭，取代面包和进口粮食，可复耕 5 600 公顷休耕地，提升粮食自给率 0.24 个百分点，带动稻米周边产业增加 10.5 亿元产值。因此，强化饮食教育，鼓励台湾人民多吃大米，同时宣传当地生产当地消费的理念，避免过度依赖长途运输的进口食品，有节能减排、保护环境和食品新鲜度的效果，也有利于活络当地农村经济。四是维护水土资源。台湾农业灌溉，年用水总量达 120 亿立方，80% 来自河川、10% 来自水库。因降雨量分布不均，夏秋季雨量集中（5～10 月），11 月至翌年 4 月为枯水期，往往农田停灌，支援工业用水及生活用水。因此，水库要清淤，增加库容，对长期停灌的渠道要实施生态用水，以维护渠道和周边环境。因市、县区域的调整，从 2012 年起，农田水利会统一归台湾农业事务主管部门管理，有利水资源调配。五是加强科技培育水稻新品种，开发米食品。在新品种的选育中，要求米粉能替代面粉。目前，台南农业改良场以台南 11 号粳稻为原料制作的米粉，可替代 80% 的面粉做米面包和替代 50% 的面粉在家中做面包，这两项技术已由云林农会、池上乡农会用于生产、上市，但存在成本高、品质不如小麦面粉、老化速度快、上架期短等不足，尚需改进。相比之下，用它来做蛋糕前景较好，台南 11 号粳米出口日本受欢迎。此外，开发符合台湾优良农产品（CAS）标准的成品或半成品等便利食品，以适应人们用餐的习惯。

三、提高稻谷收购价 收购湿谷

为掌控粮源，增加粮食储备，提高粮食安全系数，2011 年台湾收购公粮稻谷采取两项政策：提高稻谷收购价和改收购干谷为湿谷。

提高公粮收购价。2008 年公粮收购价由 21 元/千克，调高为 23 元/千克，每千克增加 2 元。2008—2011 年，稻谷每千克成本增加 1.5 元，因此，2011 年公粮稻谷收购价调整至 26 元/千克，每千克增加 3

元。调整情况见表 4 - 6。

表 4 - 6　2008 年台湾公粮收购调整情况

		收购价格 元/千克		收购数量 千克/公顷		
		粳稻	籼（糯）稻	1 期作	2 期作	合计
计划收购	调整前	23	22	1 920	1 440	3 360
	调整后	26	25	2 000	1 500	3 500
辅导收购	调整前	20	19	1 200	800	2 000
	调整后	23	22			
余粮收购	调整前	18.6	17.6	3 000	2 360	5 360
	调整后	21.6	20.6		2 400	5 400

　　这次调整，除提高收购价外，考虑民俗习惯将糯稻列入收购范围；收购量也整数化，方便农民。据测算，因调整收购价，大米成本每千克要增加 4.5 元，以台湾平均每人年消费稻谷 48 千克计算，每人每天要多支出 0.6 元。

　　一改 37 年来收购干谷的做法为收购湿谷。台湾从 1974 年起，规定收购公粮稻谷的标准是：水分不超过 13%，夹杂物不得超过 0.5%，1 公石①重 53 千克 2 两②以上，这个标准执行了 37 年。从 2011 年二季稻开始，改为收购湿谷，每千克补助农民 2 元作为烘干包装等费用。

　　在收购湿谷公粮的过程中，发现三个问题。一是烘干设备不足。全台有 298 家公粮收购业者，只有 164 家有烘干设备，占公粮收购业者的 55%，即近半数没有烘干设备。一期作水稻收割时，适逢雷雨天气，稻谷含水量达 28%，农民在农会外排队等烘干，设备不足，除延长收购时间外，只有补贴农民运至有烘干能力的乡镇。二是湿谷折算干谷的标准不一。早在 2008 年即有争议。2011 年一期作收购时，台

---

　　①　公石为非法定计量单位，1 公石 = 100 升。
　　②　两为非法定计量单位，1 两 = 50 克。

湾农业事务主管部门公布湿谷平均含水率为 28％，每千克湿谷折算干谷约 79 千克，每千克以 26 元收购。因各地稻谷水分含量不同，要依当地公粮业者公布的折算率换算成干谷数量。台湾"粮食管理法"规定"公粮业者"是指"接受主管机关委托承办公粮……之粮商"，而"粮商"是指"依法办理粮商登记之营利事业、农会或合作社"。公粮业者是粮商、是营利事业，如监管不严，有可能谋取非法利润，出现公粮业者和农民间的争议。目前，有的农会配备电子仪器，如电子秤、测湿器等设备，测量农民交售公粮的量与质，减少争议。三是少数农会以"小斗""重量不足"拒收农民公粮，欺骗农民。北港镇农会以九升斗冒充十升斗，结果所谓的十升稻谷重量达不到 5.3 千克，农民交售公粮数次遭拒。事发后，台湾农业主管部门抽查了 249 家公粮业者，有 10 家没有量斗，收干谷时，公粮业者凭经验判断，遇有争议才借用量斗。说明对公粮业者的量具缺乏检查，至于如何补偿农民多年的损失，未见说法。

四、介绍稻田生态功能和米食营养

水稻是台湾最重要的农作产业，关系到粮食安全、社会安定、生态环保、农村经济和文化传承等重要方面。台湾从"三生"角度向公众介绍稻区公益机能、稻作农业的特色，稻作农业具有相当高的生产力。稻区是物产丰富、人口密集、文化和经济发达的社区。水田可调节气温、吸收二氧化碳、调蓄洪水、补给地下水、起湿地效应。台湾大学研究认为台湾稻田可调蓄洪水的容量约等于一个翡翠水库的蓄水量；对地下水的补给量约等于 6 个翡翠水库的蓄水量。结合农村旅游、人们休闲，以稻草为原料，台湾先后举办两届稻草艺术创作竞赛，获奖的艺术品放置在农村稻作休闲区，展示稻田文化与艺术生态之美。

稻米营养丰富，主要的碳水化合物占 72％～79％，植物性蛋白质占 7%～9%，脂肪占 0.6%～2.5%，膳食纤维占 0.4%～1%，以及其他营养成分，有利于消化、提高免疫力和身体健康。一碗米饭约 280 卡[①]热量，等于 1～2 片面包的热量，但饱足感为面包的 1.38 倍。稻谷经过脱粒，蒸煮即可食用，不要经过磨粉、发酵、烘烤等加工过程，较小麦加工成面粉再制成面包节省能源。

五、举办餐饮业竞赛　带动民众吃米饭

为推动生产好米，民众吃米饭，台湾于 2011 年 10 月及 2012 年初举办"田妈妈"米食料理竞赛和大米餐厅大赛，带动民众吃米饭。

"田妈妈"米食料理竞赛以粳米为主题。用当地生产的粳米、食材，烹调具有当地特色风味的美食，宣导"在地生产、在地消费"，展示米食多元化。全台有 52 队参加，要求在 2 小时内以粳米做出主食、菜肴、点心 3 道米食品。经过评选有 12 个队获奖。"田妈妈"班是农村妇女在农会辅导下成立的副业组织。它配合民宿，发展农村旅游休闲业，增加就业，增加农民收入，起到积极的作用，年产值达 4 亿元。

2011 年年底，台湾举办有 1 014 家米餐厅参加、4 万网民参加评选的"台湾百大米餐厅大赛"，宣传台湾米"优质""在地生产、在地消费""节能减排"的特色，把当地美食与米饭结合起来，带动台湾米食文化和米食消费的新风尚，从而提高粮食消费。大赛选出 100 家米餐厅，首家是彰化石绽"一粒粽"餐厅，这个店以做糯米粽闻名，已传至第二代，是到石绽的游客首选的餐厅。在当选的 100 家米餐厅中，以白米饭的质量先后顺序排列，首家是台北市的"元林鲁肉饭"，是家传承三代的老店，以台粳 16 号大米为食材，注意烹煮的每一个细节，煮出最佳米饭。当选的餐厅均获奖励。

---

① 卡为非法定计量单位，1 卡＝4.186 8 焦耳。

走 近 台 湾 茶①

（2008 年 5 月）

茶原产我国。茶是历史悠久、富有文化底蕴、天然、保健的大众饮料。茶是开门七件事柴米油盐酱醋茶中不可缺失的，是人们日常生活的必需，也是人际交往中的礼品。饮茶是生理的需要，生活的享受，又是传统道德、文明礼貌的传承和体现。

祖国宝岛台湾地处亚热带热带气候交界，温度、湿度、雨量、日照等适宜茶树生长，台湾人民长年积累了种茶、制茶的经验，在部分发酵茶类中，产制不少具有特殊风味的名茶，扬名海内外。

一、沿　革

台湾没有野生茶树，最初栽培的茶树苗是从福建引进的。相传清嘉庆年间，闽人柯朝从福建引进茶苗在台湾北部山区种植；咸丰年间，林凤池赴福建科考，中举后，从福建带回青心乌龙茶苗，种于冻顶山，此为冻顶乌龙之始；光绪年间，安溪张尔妙、张尔乾兄弟将铁观音茶苗引入台北，为木栅铁观音之源。同一时期福建同安人吴福源在台北产制包种茶、安溪商人在台北建商号经营包种茶。清光绪年间，刘铭传任台湾巡抚，于 1889 年（光绪十五年）组建"茶郊永和兴"，为茶商公会之起源。甲午战争以前，台湾茶园面积达两万六千多公顷，茶

---

① 本文主要参考资料为《台湾农业统计年报》。

叶批量出口。这段历史见证了两岸一家亲的因缘关系。

甲午战争后，日本侵占台湾，引入印度阿萨姆种，发展红茶。台湾光复后，从大陆引入绿茶（如炒青等），外销日本、非洲，换取外汇，发展很快。20世纪70年代，工资、成本上升，红茶价值下降，改种青心大冇、青心乌龙等，产制发酵茶。20世纪80年代成立茶叶改良机构，开展良种选育和提高制茶工艺。经过多年努力，形成不少具有地方特色的名茶，受到消费者的欢迎，台湾成为发酵茶的重要产区。

二、生产概况

1. 种类和季节　制茶过程中，根据发酵与否及其轻重程度将茶叶分为三类：不发酵茶类，如绿茶；部分发酵茶类，如乌龙茶；全发酵茶类，如红茶。绿茶、红茶在台湾生产很少，以产制部分发酵茶为主。

台湾产制的部分发酵茶类中，按发酵之轻重，又分轻中度发酵茶，如文山包种茶，分布在北部，冻顶乌龙茶分布在中部；重发酵茶，如椪风茶分布在新竹一带。也有按发酵轻重结合茶叶形状分类，如条形包种茶、半球形乌龙茶（如冻顶乌龙茶）和球形乌龙茶（如铁观音）等。在海拔1 000米以上茶园所产制的半球形包种茶称为高山茶，分布在南投、嘉义山区。为了水土保持，有人建议高山茶的面积应适当控制。茶叶商品名称繁多。

台湾不同的茶区，从2～11月均可采茶，一般每年采摘4～5次：春茶、夏茶、二次夏茶、秋茶和冬茶。以春茶、冬茶最优，次为秋茶，夏茶最差。因此，应调整茶树修剪的时间和方式，提高春茶、冬茶的产量，控制夏茶产量。在同一茶区采用分区间隔修剪，避免采摘时期集中和用工紧张的矛盾。科研单位通过电脑作业，建立茶叶采摘期预测系统，管理更加科学化。

2. 面积和产量 2002 年台湾有茶农 25 000 余户，就业人口约 9 万人。茶园面积和茶叶总产量呈下降趋势，详见表 4-7。

表 4-7 台湾茶树种植面积和产量

时间（年）	茶树种植面积（公顷）	茶叶总产量（吨）
1980	29 555	24 479
1985	26 328	23 203
1990	24 315	22 299
1995	21 554	20 892
2000	19 701	20 349
2005	17 620	18 803

表 4-7 表明，茶树种植面积 1980 年近 3 万公顷，25 年后为约 1.7 万公顷，减少约 40%；茶叶总产量也由约 2.4 万吨下降为约 1.8 万吨，减少 0.6 万吨。减少的根本原因是成本上升。据 2001 年年底报导，近三年资料分析，产地手采乌龙茶菁价格每千克 216 元，而成本为 145 元；机采乌龙茶菁产地价格每千克 33 元，成本为 30 元。成本过高，严重影响茶农收益和种茶的意愿。因此，茶园面积减少，茶叶总产量随之下降。

3. 分布很广 台湾的 23 个县市中，茶园面积在 1 公顷以上的有 17 个县市，分布很广（表 4-8）。全岛分五个茶区：北部茶区包括台北市、台北县及宜兰等县市；桃新苗茶区包括桃园、新竹、苗栗等县市；中南部茶区包括南投、云林、嘉义、台中、高雄、屏东、彰化、台南等县市；东部茶区包括台东、花莲等县；高山茶区指海拔 1 000 米以上的茶树种植区。在茶树总面积减少的情况下，桃新苗茶区减少最多，其次是北部茶区，再次为东部茶区，中南部茶区面积反而上升，特别是南投、云林、嘉义增幅较大。以上情况表明只要有优质茶，就有好的价格，茶业就会发展，茶产业向优质产区靠拢。

东部茶区地处花东纵谷。台东鹿野乡产制的"福鹿茶"曾获 2005

年全台优质茶比赛的冠军。福鹿茶区是花东地区最大的茶区，有特色，因此保持着一定的种植面积。花莲舞鹤村产"天鹤茶"，因经济衰退，人口外迁，20世纪90年代又出现产业转型种植咖啡的动向，因而茶树面积减少较多。

表4-8 不同茶区茶树种植面积变化

单位：公顷

茶区	1989年	2004年	增减
北部茶区	6 032	2 999	-3 433
桃新苗茶区	9 233	2 734	-6 499
中南部茶区	7 616	11 161	+3 545
南投	5 883	8 125	
云林	269	484	
嘉义	1 294	2 293	
东部茶区	1 020	723	-297
台东	585	574	
花莲	435	149	

4. 进口大于出口　过去台湾茶叶出口大于进口，在农产品出口中曾占有重要地位。1869年英商将台湾乌龙茶运销至纽约。日据时期最大外销量达1.3万多吨，占台茶叶总产量的77%。光复后，1981年茶叶外销量占总产量的60%。20世纪90年代开始，外销量下降，进口增加，出现进口大于出口的情况，详见表4-9。

表4-9 台湾茶叶进出口

年份	茶叶进口量（吨）	茶叶出口量（吨）
1990	2 604	6 194
1995	8 354	4 150
2000	12 891	3 774
2002	18 564	6 708

　　茶叶进口数量大于出口的原因是岛内茶叶总产量下降，但消费需求增加，进口茶叶价格又低。如 1981 年台湾人均年消费茶叶 0.577 千克，1993 年为 1.26 千克，1994 年为 1.4 千克；1990 年开始进口越南茶叶，1994 年进口 5 000 多吨，占岛内总产量的 22%，茶农遭受打击。

　　在国际贸易中，台湾产制的茶叶，品质、风味有独特之处，受到某些地区消费者的欢迎。因此，注意市场区隔，提高品质，降低成本，在国际市场中有一定的空间。加入 WTO 后，茶叶开放进口，台湾当局调减茶园面积和茶叶总产量，以内销为主；努力开发多元化茶产品并与文化、生活结合，拓宽茶叶销路；但担忧大陆茶叶输往台湾。特别是怕台商在大陆产制适合台湾消费的半发酵茶返销台湾，影响岛内的茶叶价格。

三、努力开拓市场

　　1. 评比选优促质量　提高适合消费者需要的质量是扩大销售的关键。通过评比选优促使茶农提高茶叶品质及占领市场的积极性。南投鹿谷乡产制冻顶乌龙茶，茶农往往自产自销。为了提高品质，乡农会从 1976 年起于春、冬两季举办比赛展销会。参选的茶叶首先要安全、健康、优质、无农药残留，评选分特等、头等、二等、三等、三朵金梅、二朵金梅六个等级。展售时按质论价，优质优价。评选活动给产制优质茶叶的茶农带来好的经济回报，也带动整个地区茶叶品质的提升和知名度的提高。2004 年举办第一届全岛性的优质茶竞赛，嘉义县梅山乡林玫美产制的乌龙茶夺得冠军，拍卖时一斤冠军茶 46 万元成交。2005 年第二次全岛评比，台东鹿野乡陈锡卿种制的福鹿茶获得冠军，使这"早春晚冬"（指福鹿茶采摘期，比别的茶区春季早采20～30天，冬季可延后采15～20天）的特色茶更上一层楼。

2. 研发多样消费形态 研发茶叶多样产品，增多消费形态，满足市场多样化需求，推进茶叶的利用和消费，带动茶叶生产。台湾从三方面进行开发，一是茶饮料，二是茶叶引入食品，三是提取和利用茶叶的有效成分。

首先，几千年来，泡茶、饮茶、喝茶汤延续至今。随着人们生活节奏的加快，饮茶作为茶叶初级利用的方式方法也发生变化。如袋茶、速溶茶、罐装茶、加味茶（如柠檬茶、薄荷包种茶等）等相继出现，以适应方便、快捷和不同口味的需要，古老的茶叶进入现代的饮料市场。

其次，茶叶和膳食结合、和食品结合，进入菜单食谱和糖果、甜食、糕点。如茶沫牛轧糖、果冻、软糖等。有的和当地特产结合，编印茶肴食谱，供顾客选用。茶叶还可以酿造茶酒，调制成带有茶香、酒香的系列酒上市。

最后，茶叶含茶多酚、茶素和维生素等成分，有抗氧化、降血脂、抗衰老、抑制肿瘤细胞等作用，所以饮茶有安神、明目、解毒、助消化、利尿等保健功能。通过科学的方法提取茶叶中的有效成分，制成天然的抗氧化剂、色素、除臭剂等，扩大茶叶的利用领域，特别为低档茶和茶角、茶梗的开发利用开阔新渠道。

3. 产业化经营闯市场 2004年台湾推行厂农合作计划。茶农组织茶叶产销班和农会或茶商建立的制茶厂合作，使产制相结合，使用条码包装，保证茶叶安全、卫生、优质。参加厂农合作计划的制茶厂，要有年产300千克粗茶的生产能力，茶农要有0.1公顷以上的茶园面积。厂方与茶农签订合同，各自承担应负的责任和义务。生产严格执行操作规程，制茶厂愿意以高出市价收购茶农的茶菁，使制茶厂、茶农由产制合作向产制销合作发展。2006年全台湾有141家制茶厂、1 500多户茶农、1 800多公顷茶园参加这一计划。其中以南投较为集中，该县有65家制茶厂，769公顷茶园参加这一计划；其次是嘉义县，再次为台北县。这和各地茶园多少有关。

为了适应加入 WTO 后的市场竞争，2002 年起推行茶叶策略联盟，把有关茶叶的产、制、销、产学研单位、团体通过合同结合在一起，形成规模，提高市场竞争力。2002 年有 88 个茶叶产销班，1 541 户茶农参加联盟。计划全台湾按茶叶产区组成四个茶叶策略联盟：文山条形包种茶区联盟，包括台北县、台北市，宜兰县；冻顶半球形乌龙茶区联盟，以南投、嘉义、云林为主；白毫乌龙茶区联盟，以台北、新竹、桃园茶园为主；东部茶区联盟以花莲、台东茶区为主，但涉及现有茶叶产销组织的整合，进展如何有待观察。

4. 注重科研开发 要使茶叶生产、加工、销售更上一层楼，必须依靠科学技术。台湾茶叶改良场成立较早，1968 年改为台湾省茶叶改良场。1999 年台湾农业主管部门制定该场暂行组织规程，规定其任务是：①茶树育种、生理遗传、栽培管理的试验研究；②多元化茶叶产品的开发，包括包装、品质、茶叶化学分析等；③茶业机械的改良、设计；④茶叶技术推广和信息传播，设立推广中心负责此项工作。

改良场除内部管理、研究机构外，在南投的鱼池、台北的文山、台东的鹿野乡设立分场；在业务需要的地方设工作站，如在南投鹿谷乡设冻顶工作站。

茶业改良场推广和选育了很多茶树良种。推广的有青心大冇、青心乌龙，从 1981 年后，选育的品种以适制部分发酵茶为主，如台茶 12（金萱）、台茶 13（翠玉）、台茶 101（技兰）等良种，受到欢迎，成为某些茶区主栽品种。

茶业改良场还与高等院校（如台湾中兴大学）、业者合作研制改进茶园、采茶、制茶机械，以减少手工劳动，降低成本，取得好的效果。目前除极品茶用手工采摘外，其他均用机械采摘。手采茶菁和机采茶菁相比每公顷产量低，生产费用高，但品质好，价格高，农家所得手采高于机采。无论手采或机采，茶农收入均高于稻农，生活也较宽裕。每公顷生产费用及农家赚款，详见表 4 - 10：

表 4 - 10　手采与机采茶菁成本与收益对比

内容　　时间	手采茶菁			机采茶菁		
	生产费用（元）	样本产量（千克）	农家赚款（元）	生产费用（元）	样本产量（千克）	农家赚款（元）
2002 年	475 229	3 271	379 710	265 754	8 624	153 666
2005 年	453 908	3 103	362 582	245 735	7 065	92 126

注：农家赚款包括家人劳动报酬。

四、生活、文化性的产业

解读汉字是有趣的。"茶"可以析解为"人在草木间""二十加八十八活到一百零八"，意示人与自然和谐、饮茶可以健康长寿。人们日常生活中离不开茶。宋朝王安石曾经说过"夫茶之为民用等于米盐，不可一日以无"。茶与米盐并列为人类生活的必需。不同民族、不同地区、不同季节的饮茶习俗和种类也有区别，但"不可一日以无"。因此赋予茶产业广泛的生活性和大众化。

在种茶、制茶、饮茶的历史进程中，形成茶文化。饮茶、品茶是一种文化享受，茶艺更是艺术的表现，成为博大精深的中华民族文化的组成部分。这是茶产业作为文化性产业的属性，也是茶饮料的独特之处。台北 1980 年成立陆羽茶文化中心，开展茶道、茶艺知识和文化活动。2006 年在台北专门举办茶文化博览会，展示历史悠久、意境深远的中华茶文化。台湾乌龙茶茶艺的根本精神是"和、静、俭、洁"，在休闲、平和、宁静、雅致、诚挚的氛围中品茶饮茶，提升心灵境界。台湾乌龙茶茶艺一般有 12 道品饮程序，从整理茶具、温壶洁具开始，再到赏叶底，以体现、领会"和、静、俭、洁"的真意。有的茶乡设有茶文化馆、茶叶博物馆，介绍茶的历史、制茶过程和鉴别的方式，介绍如何泡茶、品茶等茶艺及文化习俗。同时展售当地产制的茶叶及其副产品。有的乡间小学设有泡茶课，讲如何泡好一壶好茶，讲茶艺，在品饮的过程中享受宁静自得。

休闲农业的兴起诱发茶区新的活力，茶区由茶叶的产制销向三产推展、向文化教育延伸。茶区多角化经营，显示茶园的多种功能。休闲茶叶园区有的单独设立，有的是休闲农业区的一部分。其分布大体有四种情况：

(1) 位于大都市郊区　如台北市南港区、文山区都有观光茶园。文山区木栅观光茶园以生产铁观音闻名，成立观光茶园发展协会，经常举办与茶叶有关的文史、生态、当地特产等内容的游览展销活动，还修整已废弃的挑夫走的山道为休闲步道，充实休闲内容。南港区是包种茶的产地，有观光茶园和茶叶制造示范场，可以品茶了解茶艺，还可体验包种茶的制作、了解茶染、桂花薰茶工艺。在秋季桂花季节举办文化节扩大影响和知名度。"茶叶推广中心"是公益性的。有的属农会或基金会代管，往往因经费不足，原定活动逐年减少，已引起关注。

(2) 名茶产区　南投县鹿谷乡是冻顶乌龙茶区。乡农会于 2001 年成立农村休闲旅游部，根据当地茶、竹特产，策划"茶香竹韵"游。乡农会建有茶叶中心，介绍茶历史、茶艺、制茶过程，并现场品茶等，还可步行登上 700 多米的冻顶山鸟瞰茶乡。在制茶季节"一家炒茶全山香"。在许多茶厂、茶店都挂有林凤池先生的画像，纪念这位在福建中举后引入茶苗的先人。鹿谷乡农会还组织农家妇女成立"田妈妈"班，发展地方特色烹调——笋香茶宴，为休闲客服务。农会设有小木屋供游客夜宿。因此鹿谷是休闲旅游、体验自然生态、茶、竹知识的好课堂。休闲旅游也活络当地经济。

(3) 休闲度假胜地　南投县鱼池乡大雁村涩水社区，"9·21"大地震，30 多户人家的村庄被毁，统一规划后，以蓝瓦、白墙、斜屋顶的形式重建民宅。涩水农产品以红茶为主，产制的红茶外销。近年来创"乡长红茶"品牌，价格看好。社区环境恬静，气候湿润，四周茶园围绕，在制茶时茶香扑鼻，是台湾十大经典农渔村之一。特产和观光休闲相结合是涩水社区发展的方向。

（4）风景旅游景点　台湾东部由中央山脉和海岸山脉构成花东纵谷，有闻名的太鲁阁公园，是东台湾旅游的地方。花莲瑞穗乡舞鹤村有 100 多公顷的观光茶园，是著名的天鹤茶产地。茶园主人经营茶园及民宿，营造庭院景观，供旅客休息，附近有水土保持室外教室、北回归线标志公园、瑞穗牧场以及"秀姑峦溪"的自然景色，还有阿美族的文史景点。游客来舞鹤村品天鹤茶，赏山川景色，心旷神怡，天鹤茶随游客也走向各地。

嘉义竹崎乡阿里山公路的石棹茶区，有 250 多公顷茶园，茶农组成产销班，产制阿里山珠露茶，茶树生长在 1 200～1 600 米的山上，茶叶具有独特的风味。石棹茶区是去阿里山游客的停留处，茶因阿里山而得名，阿里山因茶而增色。

五、两 岸 情

祖国大陆和台湾同宗同源。台湾茶树、茶俗从大陆传入发展至今，两岸茶业事业各有所长，各有特色。近几十年的隔绝，阻碍不了一家人的思念和探望。20 世纪 70～80 年代开始相互往来，90 年代大陆茶叶专家访问台湾。两岸人士分别在大陆和台湾参加有关茶叶的研讨会和展览会，相互交流、切磋，互有裨益。不少台商来大陆投资产制茶叶，带来台湾茶叶产制销的经验和文化；同时又将大陆有关茶叶的知识文化传播到台湾，"茶成为两岸和平的使者"。

值得一提的是，天福集团是其中的佼佼者。天福集团总裁李瑞河先生的先祖由福建漳浦移居台湾，世代从事茶叶产销事业。李先生在台湾创天仁茗茶，1980 年在台北创办陆羽茶艺中心，1990 年又设天福茗茶，1993 年回福建祖籍漳浦投资连锁经营茶叶事业。2007 年夏已有 500 多家门市店分布在大陆各地，在杭州、安溪、成都、广西设有制茶基地。天福茗茶在注意茶叶的产制销的同时，特别注意传播茶文化。在漳浦成立茶叶博物馆，把学术、文化、教育、娱乐结合在一起，弘扬中华茶文化，介绍世界各国茶情、茶文化及现代茶艺，是获得茶知识、了解茶艺、传承茶文化的好课堂。在北京设立陆羽茶艺中心，举办茶文化活动。

为了培养茶叶人才，2007 年天福集团在漳浦创建天福茶职业技术学院，这是一所培养茶叶人才的高等院校。学院附近有 400 亩①茶园和 6 家制茶厂的实习基地。茶叶事业和文化教育结合，体现了一位实业家发展产业的远见。

---

① 亩为非法定计量单位，1 公顷＝15 亩。

台湾水产业及其转型简况

(2010 年 2 月)

一

台湾地区海岸线 1 600 千米，渔业分远洋、近海、沿海及养殖四大类，年产量 130 万吨左右，年产值 900 多亿元。养殖业年产值占渔业年总产值的 1/4～1/3。

台湾水产品供应充足。近 20 年来，人均年消费水产品 29 千克左右，消费量趋于稳定。

尽管台湾农产品对外贸易逆差逐年增加（2006 年为 59 亿美元、2007 年为 70 亿美元、2008 年为 82.7 亿美元），但水产品一直是出口大于进口。2007 年台湾农产品出口中，水产品居首位，为 12 亿美元，占出口总值的 35.5%；水产品进口 6 亿多美元，只占台湾农产品进口的 6.1%。出口的水产品主要是鳗鱼，以销日本为主；吴郭鱼，46.1%销美国；鱿鱼主要销大陆，占 26.1%。2008 年放宽渔船装运养殖活鱼出口。放宽后输往香港的石斑鱼比放宽前增加 33 倍，达 4 500 吨，价值增加 55 倍，约 16 亿元。

为了让大众识别和买到优质安全的水产品，1996 年创立"海宴精致渔产品标准和标志"。2005 年水产品安全优质标志纳入台湾优良农产品（CAS）系统，又新制定了标志，但由于原采用"海宴"标志的厂商条件尚不能达到 CAS 的要求，所以，目前只有 12%的水产品采用 CAS 标志。

　　自 1983 年起台湾每年评选神农奖，奖励优秀的农渔业业者。2009 年十大神农奖获得者中有渔民 1 人；12 位模范农渔民中，有渔业业者 2 人（远洋渔业及休闲渔业各 1 人）。获神农奖者每人奖 20 万元，模范农渔民每人奖 2 万元。

<h1 style="text-align:center">二</h1>

　　因近海渔业资源减少、劳力不足、燃油涨价、成本高等因素，台湾除远洋渔业外，向休闲渔业转型。1992 年制订"发展观光渔业计划"，走海岸新生、渔业生产经营和休闲旅游相结合的路子。

　　休闲渔业是利用渔业生产设施、经营活动、海洋环境、人文景观、渔村风情吸引城市居民休闲旅游，享受碧水蓝天、白云沙滩的海滨风光，拉近城市居民和渔民的距离，促进相互了解，推销当地农渔特产增加渔民就业和收入。转型休闲渔业，采取以下措施：

　　1. 建设多元化渔港　台湾地区有大小渔港 225 处，其中澎湖有 67 处。225 处渔港中有一定规模、设备较完备的为 48 处。

　　多元化的渔港除具有渔船停泊、装卸、修理、补给、海产品加工、销售等渔业产销设施和功能外，开放泊位供游艇停靠，开发港区休闲功能。台湾现有 3 处游艇港口，但游艇达 1 300 艘，泊位不足，开放渔港可以缓解游艇停泊的困难。目前已开放 20 处渔港游艇可以停泊，其中澎湖为 10 处。计划将有 13.8％的渔港转型为观光渔港，先从地处大城市附近、设备较为完善的渔港入手。

　　渔港开放转型需要改善港口设施条件，使之具有现代化渔业及休闲功能。76％的渔港周围有渔村聚集，渔港多元化将给渔村经济带来繁荣。

　　2. 渔船转业休闲渔业　开放渔船专营或兼营休闲渔业。1993—2009 年，有 20 个县 77 处渔港 55 艘渔船专营娱乐渔业，155 艘渔船兼营娱乐渔业。每年乘专（兼）营渔船的游客达 100 万人次。娱乐渔船可以多港进出。娱乐渔船可以提供垂钓、赏鲸、赏豚、捕捞、加工、尝鲜等服务，让游客观赏海洋景色和海洋生物，具有游憩休闲、教育、文化、环保等多种功能。

在澎湖乘渔船夜钓是海上休闲项目之一。下午六时出海，天黑后用荧光假饵垂钓，游客自己垂钓的收获可在船上加工成生鱼片品尝就餐，生意火爆。据称最好的夜钓船要等一个星期才能上船，中外游客均有。澎湖70%的人靠旅游为生，休闲渔业为澎湖闯出一条新路。目前，由于大陆赴台旅游要"团进团出"，对台湾中、小业者不利，船主希望开放"个人游"，分享大陆客的商机。

3. 开放渔港港区 开放渔港港区，改善设施条件，使港区成为渔业经营和海滨休闲场所。渔港除渔业产销活动外，港区开放后，可举办假日市场、设置娱乐休闲中心、钓鱼场、海景公园和餐饮服务业等休闲旅游及生活设施，由渔会组织渔民或渔民家属经营。集产销、休闲于一体的渔港，吸引更多游客，带动周边渔村经济。

高雄弥陀渔港背山面海，是一个以近海捕捞为主的小型渔港，有渔货拍卖市场、海滨游乐区，港边有"海岸光廊"供游客、儿童戏水，看夕阳余晖。弥陀乡盛产虱目鱼，养殖、烹调技术高明。每年举办"虱起文化节"，渔会组织渔村妇女办起"虱想起料理便当与烘焙屋"，开展餐饮和老龄服务。虱目鱼多刺，渔会开发新鲜虱目鱼去刺的产品项目，制成的"虱目鱼丸"，成为当地特产，销路很好，也扩大了虱目鱼养殖面积。澎湖利用海上网箱养殖，发展海上牧场、观赏养殖、渔捞作业，转型休闲观光。

4. 发展特色渔业 开发石斑鱼繁殖技术。全球养殖的石斑鱼为7种，台湾可繁殖6种，繁殖技术先进。台湾石斑鱼年产值38亿元占全球石斑鱼总产值的58%，产量占全球产量的1/4。

台湾观赏鱼养殖技术先进。2003年荧光鱼被《TIME》杂志评为该年度40项发明之一。2008年七彩神仙鱼在德国参赛获冠军。2009

年人工培育的水晶虾在汉诺威国际比赛获冠军。同年台湾锦鲤在荷兰参加锦鲤专业展览获冠军和亚军。在台湾一条好的锦鲤价值50元，出口欧洲可卖700欧元。全球观赏鱼贸易额达58亿美元，有较大的市场前景。开发观赏鱼被台湾列为未来农业重点工作之一，成立产、官、学相结合的研究团队和休闲渔业协会加以推动。由于近年经济不景气，观赏鱼销路下降，但大陆市场看好。

为了促进观赏鱼及水产种苗产业，屏东生物科技园区拟设立"观赏鱼及水产种苗研究产销物流中心"进一步研发和推动营销。

5. 评选促进 为了推动渔业渔港转型，2009年台湾首次评选"十大魅力渔港"。先确定十个以休闲为主的主题，由渔会推荐再由网友评选，最后由专家决选，有44万网民参加投票。结果是十个"小而美"的渔港当选。这十个小渔港除高雄县、宜兰县各有两个外，台北县、苗栗县、台南市、台中县、台东县、澎湖县各有一个。有的渔港如台东县乌石鼻渔港仅有1公顷大小，但面对太平洋，又有形似人鼻的黑色火山岩向外突出，是"浪迹天涯"主题的当选者（表4-11）。

表4-11 十大魅力渔港和休闲主题名单

排名	渔港名称	休闲主题
1	台北县淡水第一渔港	乐活漫游
2	苗栗县苑港渔港	忙里偷闲
3	台中县梧捷渔港	食尚玩佳
4	台南市安平渔港	家的港湾
5	高雄县弥陀渔港	情定今生
6	高雄县蚵仔寮渔港	治疗情伤
7	宜兰县南方沃渔港	同舟共济
8	宜兰县乌石渔港	海边七号
9	台东县乌石鼻渔港	浪迹天涯
10	澎湖县将军南渔港	古朴怀旧

台湾安全优质农产品标志简介^①

（2009 年 4 月）

　　"食品安全"是指人们能够获得日常生活所必需的一定数量和营养、安全、卫生的食品。WHO（世界卫生组织）和 WTO 都关注农产品安全、卫生。国际社会有国际食品法典委员会（CAC），秘书处设在罗马 FAO 总部，轮流在 WHO 和 FAO 总部开会研究、讨论、制定有关食品卫生安全、标准、保护消费者健康、保证食品公平贸易等的方案。WTO 还有动植物卫生检疫协定（SPS）保障农产品的安全。由此，逐步形成和建立"从农场到餐桌"的食品生产全程监控理念和体系。

一、多种标志

　　我国台湾地区 2003 年修订的"农业发展条例"第 27 条，增加了"为提升农产品及农产品加工品品质，维护消费者权益，……应推动相关产品之证明标章验（认）证制度"。这是台湾实施农产品标章制度的依据。2007 年 6 月台湾农业事务主管部门宣布将推行的多种安全优质农产品标章（志），统一整合为三大验证标志即产销履历农产品验证标章（TAP）、有机农产品验证标章（OTAP）及优良农产品验证标章（UTAP）。推行不久，考虑到农业生产单位规模小，

---

　　① 本文主要参考资料为台湾《农政与农情》杂志。

执行"产销履历制度"增加成本,农民理解和接受的程度不同,以及"产销履历制度"的重点在生产过程而非产品本身,于 2008 年下半年开始,仅在进口国家有要求、有营销渠道的某些农产品中实施"产销履历制度",恢复吉园圃(GAP)、优质农产品(CAS)、有机农产品等标志,构建多元安全优质农业认证体系。

1. 吉园圃(GAP)标志 这是辅导农民安全使用农药,生产安全、卫生、优质的水果、蔬菜的标志。1994 年推广吉园圃标志验(认)证制度。到 2004 年 8 月底,通过吉园圃认证的蔬果产销班占全台湾蔬菜水果产销班的 36%,经过认证的水果、蔬菜产量分别占台湾水果、蔬菜总产量的 14% 和 6%。由于各地印刷吉园圃标志的颜色、号码编排不一,2004 年改为统一印刷,再下发到经过认证合格的产销班使用。2008 年恢复使用 GAP 后,有 1 100 个产销班续约验证,希望 2009 年增加到 2 000 个蔬果产销班。

2. 优良食品(CAS)标志 优良食品标志,从 1986 年开始推行,明确规定贴有 CAS 标志的食品必须符合台湾地区"卫生法规"和 CAS 标准的要求。CAS 标志开始先在肉品中执行,推动电屠宰,注重冷冻冷藏猪肉卫生,1988 年扩展至冷冻食品,1992 年推及大米及蜜饯食品,1994 年又增加米饭调制品、冷藏食品及生鲜食用菌等。1995 年制定 CAS 优良食品标志作业须知。2001 年经 CAS 认证的食品计 11 类。2008 年 CAS 认证食品计 16 大类,覆盖了种养业产品及其加工品,包括果蔬汁、冷冻、冷藏、腌渍、蜜饯、酿造及休闲食品等,有 286 家厂商5 449项产品通过验证,年产值达 420 亿元以上,CAS 标志在社会上有相当的知名度和信誉。

3. 有机农产品标志 台湾 1995 年推动有机农业,其生产环境、种养过程必须经过检查,符合规范。1997 年起委托民间团体验证。经过授权的验证团体认证合格后,才能使用有机农产品标志。1999 年公布有机农产品生产基准。2003 年对有机农产品管理、验证机构、生产基准重新作了修订，并按作物、畜产分别颁布有机农产品生产规范。2004年台湾有机农田近1 100公顷，地块分散，一般农田喷药往往受到污染。台湾2007年1月公布"农产品生产及验证管理法"，规定有两年的缓冲期。缓冲期满后，在市场上仍有超过80％的标有有机农产品标志的产品不合格。因此，报纸呼吁民众购买时必须注意，认准标有"有机农产品"及"CAS"标志的农产品。

4. 产销履历制度 这一制度2004年试办，2008年明确仅限于某些产品采用。这一制度的主要内容是将生产、加工、包装直至销售全过程的资讯，采取公开、透明、可追溯的方式形成产品的产销履历条码贴在包装上，消费者可以通过网络查询。先开始建立生产履历部分，再延续至流通过程。农民按要求先用表格记录所需信息，如产销班单位、土地资讯、品种、田间管理、施肥、病虫防治等，然后输入"农产品生产履历追溯资讯系统"，但种养业种类繁多，生产过程更为复杂，表格很难设计；也可以将有关资讯通过电脑直接输入"生产履历追溯资讯系统"。这些都涉及农民的知识结构及网络建设。目前在有限的范围内采用这一制度。

二、制定规范

使用某种安全优质标志，就有一定的操作规范和品质要求作依据。如优良食品（CAS）标志，首先，制订各类优良食品规范，包括食品加工厂的硬件设施标准、生产及品质管理的软件标准、产品品质标准等。规范由产、学、研专家共同研定并公告，便于生产者执行和申请认证。现以优质米及生猪生产为例，分述于后。

1. CAS优质米规范 首先，要求在适栽地区种植和采用科研部门推荐的良种和良法。2003年台湾实施"水稻优质米推荐品种实施要点"，每年至少开一次审查会，向农民推荐好品种。申请为优质米的品种，必须报送近两年台中农业改良场米质研究室的米质分析报告、种植面积、市场价格等资料。审查通过后，再向农民推荐。其次，生产的稻谷入库时由仓库初检。第三，稻谷由经过认证的稻米加工业加工。这些加工厂应有一名持证上岗的稻米品质检验人员负责品质管理，另有专任或兼任的卫生管理人员，每周至少将卫生情况记录在"CAS 优质米认定厂卫生管理记录簿"上。第四，生产的大米外观清纯，米粒饱满、有光泽；重金属、农药残留、食味品质、卫生安全等均符合CAS 标准。第五，经自动计量，真空包装，标示清楚后，进入流通。第六，台湾农业事务主管部门在市场上进行抽检。

2. CAS 肉品规范　　台湾畜牧业已由农村副业演变为农业企业经营。1998 年公布"畜牧法"。1999 年施行"畜牧法实施细则"，规定饲养一定数量畜禽的畜牧场要办理登记，畜禽数量多少不等，如猪 20头、牛 40 头、家禽 3 000 只以上。畜牧场要设置兽医师负责该场卫生防疫等工作。1998 年又出台"畜牧场主要设施标准"，规定饲养每头牲畜、每百只家禽设施应占有的土地面积，及其主要设施项目，如厩舍、废水处理、堆肥、死废畜禽及废弃物的处理、饲料调配、防疫消毒等设施及运动场；奶牛、奶羊场应有挤奶及储奶设施。种畜禽生产场另有规定。2000 年公布"屠宰卫生合格标志"，供合格的屠宰场使用，其中规定屠宰场要有合格的兽医师驻场进行屠前屠后的卫生检查，在合格的猪皮上盖有统一的合格标志，有编号以便查询。上述的要求为生产 CAS 肉品打下了基础。根据 CAS 肉品类标准要求，除屠前屠后经过兽医师检查无抗生素等药物残留外，采用悬挂式输送，保证在卫生环境下预冷、分切、包装、加标志进入市场，从而使产品符合CAS 品质标准。

在有机畜产品生产规范中，特别强调"有机"。如饲养的畜禽要来自有机生产管理的种用母畜，当无法获得时，可购入符合防疫规定的断奶仔畜，肉鸡为 2 日龄的小鸡为限；饲料不得添加合成的生长激素、畜禽屠宰副产品、转基因产物等；如果畜禽用药，停药期不少于法定期的两倍；饲料地及放牧地的转型期至少 2 年等，要求相当严格，使生产的畜产品真正达到有机的标准。

至于 CAS 冷冻食品，要求在－30℃低温下速冻，储运过程均在－18℃以下，不得添加防腐剂。

三、检查、验（认）证和问题

各种标志的生产规范公布后，由生产、加工等单位自选申请执行，并建立相应的检查、验（认）证制度，产品经过检测合格后，才能使用申请的标志。

首先，要有明确、便于执行而详细的生产规范及合格产品的标志。其次，强调产、制、销单位提高品质管理认识，自主管理，执行规范，如有不足随时纠正。第三，生产单位按规范要求，有经过培训的技术人员专门检验工作，并作记录。第四，台湾农业事务主管部门可委托科研单位或民间专业团体作为某种优良安全产品规范的执行机构，如曾委托食品工业发展研究所、畜产会及冷冻食品发展协会为优良食品（CAS）制度的执行机构。科研单位或民间专业团体也可提出申请，经台湾农业事务主管部门组织专家审评通过后，被授权办理 CAS、GAP等农产品及其加工品的验（认）证工作。第五，生产单位向验（认）证单位提出申请，其产品经过认证合格后，才能在产品包装上印制所申请的某种安全优质农产品标志，如 CAS、GAP 等。第六，农业行政部门随时可以抽检。第七，如一年内检查出有两次严重不合格，即取消认证资格，在包装上不能再使用原标志。

生产安全合格的农产品，实行农产品优质安全标志，涉及农用资材的安全、生产管理以及加工、营销过程中的卫生管控，并逐步建立可追溯制度。这里既有硬件问题，也有软件问题，关系到产、制、销全过程，是一个复杂的系统工程。虽然各种优质安全农产品标志都有明确的规范要求，但在产、销过程中，因产销班班员老龄化、管理松散和传统思维的影响很难准确执行，往往出现贴有安全优质标志的农产品并不合格，有机农产品被检出农药残留，产地分级不清，品牌纸箱管理不严等现象。其次，经过认证的优质安全农产品的数量不多，如优良品牌水果蔬菜 2005—2007 年在批发市场同类产品中的占有量未超过 25％，2007 年优良品牌水果的占有率只有 2.9％，不足 3％。鲜活产品不易储存，供货期短，营销问题有待解决。第三，优质安全农产品与一般品牌的农产品要有一定的价差，农民执行起来才有吸引力，如诱因不足，将影响生产者采用标志的意愿。第四，农药残留及品质分析量大，有的项目需要一定时间才有结果，原有机构难以适应，正筹建区域检验中心，分头承担相应的检测任务，从而构建全台湾农产品检验网络。

第五篇

休闲农业及精致农业

休 闲 农 业

——台湾农业转型的新走向

（2003 年 6 月）

2002 年 11 月 23 日，台湾因部分农渔会信用部被接管，引发了 12 万农渔民大游行，表面上是农业金融问题，实质上是台湾农业危机的大暴露，是农渔民对入世一年的愤怒总结。事前，陈水扁亲赴岛内南部，企图劝阻而未果，说明民众积怨之深。最后以农、财易长而缓冲。这一事件说明台湾农业面临衰退、农民生活艰难的严重性。

光复初期，台湾以米糖农业支持工商业。20 世纪 70 年代，台湾工商业发展加快，农业劳动力外流，成本上升，利润偏低，农产品外贸开始出现逆差而且不断加大，农业由萎缩走向衰退，但社会发展不可能没有农民、农业和农村。为此，台湾不断的调整产业结构，20 世纪 80 年代初，强调农业转型，限制农业生产；强调依靠科技，发展有竞争力的农产品及其加工品，以满足岛内需求为主，不求外销，并开始注意休闲观光农业。

入世后，台湾农业生产的生存空间越来越窄，农产品受进口的冲击价格下跌，对水稻、水果（如东方梨、柚子、柿子）以及红豆、鸡翅腿等打击尤甚。2002 年二季稻价格一度跌到每百千克 600 余元新台币，为近二三十年的新低，估计因米价下跌，农民要亏损 70 亿新台币；水果价格下跌 30%，蔬菜下跌 20%；猪饲养量也将再减少 100 万头。农民抱怨："这个不准种，那个也不准种，那你要农民种什么？"

面对困境，台湾农业不得不被迫再转型，农业生产进一步压缩，为适应人们追求生活质量及休闲观光的需求，保留农林景观、绿色田园，发挥农业生态功能，结合农村文化资源，发展休闲观光农业成为转型的新特点。

一、演进和措施

1. 市民农园的发展和转化　休闲农业是由市民农园演化而来的。20 世纪 80～90 年代初期，市民农园结合观光事业成为休闲农业的初期形式。1994 年先在 4 个乡农会试办，1997 年发展到 27 个乡镇的 29 处市民农园。

市民农园一般是由土地所有者或单位出租连片的小块土地，每块地一般在 20～100 坪①，供市民耕种。每个市民农园总面积在 2 公顷以上，有简单规划，提供必要的设施，如水、电、工具室、休息室等，租期多为 1 年，租金多少各地不一。在租用的农地上种什么，由承租人定。平时，承租人可委托农园主人代为照顾，付一定的管理费。如台北市农会原计划辅导的市民农园出租土地以 10 坪为 1 个单位，每月耕作实习费 600 元新台币，4 个月为一期；若承租人平时委托园主代为管理，管理费在 300～500 元新台币之间。

市民农园类型较多，除了可让游客亲自参加农事操作、采摘之外，也与观光休闲、教育结合，所以内容和管理也各不相同。如南投县埔里镇的台一教育农园，以花卉蔬菜种苗为主，结合观光，推动乡土教学；基隆市的长青银发族农园，是专门让 50 岁以上民众接触自然、体验农事活动乐趣的农园，采用会员制，管理以农园管委会为主，是年长者休闲、娱乐、联谊的去处。有的市民农园和小学户外教学相结合，使小学生接触自然、了解生态、体验农事。以体验农耕、接近农村、调节

---

　① 坪为非法定计量单位，1 坪＝3.305 7 平方米。

生活、租地耕种为主题的市民农园，20世纪90年代初在台湾风行一时。

近几年情况出现了变化：①人们要求休闲多样化、知性化，已不满足仅仅是体验式的农耕活动；②从2001年开始，台湾实行双休日，有较富裕的时间安排休闲观光；③人们由过去的走马观花、多点式的旅游，转向少点、多停留、细品味的休闲；④农业部门提倡农会辅导，推动休闲农业发展；⑤近年租地耕种的市民越来越少，甚至有的交付租金并不来耕种，结果农地荒芜。

由于以上诸多原因，很多市民农园丰富、充实服务内容，进一步走向农业休闲产业。

2. 发展休闲农业采取的主要措施

（1）界定与立法。什么是休闲农业？2000年台湾公布修正的"农业发展条例"，将休闲农业界定为"指利用田园景观、自然生态及环境资源，结合农林渔牧生产、农业经营活动、农村文化及农家生活，提供国民休闲，增进人民对农业及农村体验为目的之农业经营；"凡是"经营休闲农业的农场"称为休闲农场；还规定农业主管部门"应依据各地区农业特色、景观资源、生态、文化资产、规划休闲农业区"，"并辅导休闲农场的设置。"

在这以前，台湾曾先后出台"发展观光农园示范计划""发展休闲农业计划"等条例，但不是法律，涉及许多跨产业（如旅游业、餐饮业……）、跨部门的问题，往往不易解决。"农业发展条例"修订公布后，发展休闲农业有了政策依据。

2002年年初，台湾农业部门根据"农业发展条例"，修正公布"休闲农业辅导管理办法"，除重申休闲农业的界定外，还指出"依本办法划定为供休闲农业使用的地区为休闲农业区"；凡"经主管机关辅导设置经营休闲农业的场地"为休闲农场；对休闲农业区、休闲农场的资源、景观、面积、设施均有详尽的要求。2001年公布的"农会法"，将"农业旅游及农村休闲事业"增列为农会的任务之一，农民可合法经营休闲农业。休闲农业也将依照上述界定和条例筹划运行。

(2) 合理规划整合资源。休闲农业突破传统农业的范围，以当地自然、文史资源为基础，以特有的农村生产、景观为优势，融合旅游、餐饮等综合经营，为人们提供休憩服务。所以，休闲农业是综合利用当地资源，由农业延伸至服务业的新产业。对寻求农业出路的大县来说，就必须整合全县资源，合理规划，从而发展县域经济。

台湾农业大县主要分布在西部沿海如彰（彰化）、云（云林）、嘉（嘉义）、南（台南）、高（高雄）、屏（屏东）等。在农业转型的关键时刻，一般考虑以下举措发展当地经济：①依据自然资源、人文条件和基础，做出规划和布局，发展有竞争力的产业；②设立或发挥科技园区的作用，吸引高科技，发展高新技术产业；③注意大学对当地经济的带动，与有关部门合作办好境内的大学或争取外地大学来设校区或分校，注意发展成人教育，办好社区大学，提升民众整体素质。有台湾谷仓之称的彰化，工商业发展相对缓慢，计划在南部开辟花卉园区发展花卉产业。云林从沿海到山区分别作出不同的安排：在山区规划观光旅游；中部以科技园区及高校为主，发挥智能带动作用；沿海利用湿地规划生态休闲。对跨县界的自然资源，则共同开发，变竞争为合作，同时相互沟通，合理分工，避免科技园区主攻方向雷同。如高（高雄市）、高（高雄县）、屏（屏东）三地，就科技园的重点达成默契：屏东科技园区以发展农业生物科技为主，而其他"两高"则分别侧重医药生物和电子技术。就农业而言，考虑的焦点在以下三点：①依靠生物科技，提升名优产品的品质；②完善产销体系特别是资讯体系，打通世界贸易的通路；③由传统农业积极向休闲农业转型。

此外，台湾农业主管部门还推动"一乡镇一休闲农渔区"和利用占全台湾面积 1/2 以上的森林资源，发展生态旅游，筹建步道与民宿，与观光农园结合，进一步推进农业转型。

(3) 辅导。休闲农业涉及多资源利用与管理，关系到生产、生态、生活，是跨部门、跨行业的综合产业，在具体运行中要给农民辅导帮助。

台湾有关条例规定，休闲农业由农业主管部门负责规划和辅导，县、市按规定可同意申请筹建休闲农场，合格后再由农业主管部门核发休闲农场许可登记证并使用注册标章。但筹划休闲农场涉及"休闲农业辅导管理办法""建筑法""水土保持法""环境影响评估法""发展观光条例"以及有关都市、区域计划有关规定等，大小规定十多条，有的已不合时宜，手续繁琐。估计全台湾有五六百家休闲农场，到2002年年底领到许可登记证的却只有4家。所以2003年台湾第五次农业工作会议上，有学者呼吁放宽相应规定，对休闲农场"松绑"。

发挥农会、农业推广学会等群众组织的作用，帮助农民转型。如台北市农会成立辅导小组，按照"一乡镇一休闲农渔区计划"，研究台北市20家市民农园转为休闲农场的可能性。台湾农业策略联盟发展协会和台北市农会联合开展农业休闲旅游，还与全省100多家休闲农场结盟，推销优惠休闲游。经营休闲农业者也成立休闲农业发展协会，相互交流举办共同活动，使休闲农业走向专业化。

二、关注的几个问题

休闲农业和传统农业有很大的区别。传统农业主要是有效的利用各项投入，以生产、出售农产品及其加工品，获取经营效益，在市场上交换的是农副产品及其加工品。而休闲农业则不同，它是农业经营，但其产品不仅仅是农产品，甚至不占经营的主体位置，而是向民众提供田园风光，宜人环境和农耕文化，使休闲客愿意多待一会儿，多消费一些，更希望多次往返增添新乐趣。这样休闲农业才能取得好的经营效益，持续发展。因此，在规划设计时应关注以下的几个问题。

1. 保护生态环境和自然景观　休闲农业顾名思义离不开农业。但仅有农业而无美好的自然环境和景观也就无法成为休闲农业。因此环境是首要的条件。在规划设置休闲农业时,以不得妨碍农村自然生态、田园景观为前提。

台湾公布的"休闲农业辅导管理办法",列出规划休闲农业区的条件,除了具有农业生产和农村文化资源外,必须要有"丰富之田园及自然景观"和一定的面积(属于非都市土地的面积有 50～300 公顷,属于都市土地的面积有 10～100 公顷)。休闲农场可分设"农业经营体验区"及"游客休憩区"。"农业经营体验区"作为"农业经营与体验、自然景观、生态维护、生态教育之用";在区域内只能"搭建无固定基础之临时性与农业生产有关"的建筑物。休闲农场面积在 3 公顷以上的非山坡地或 10 公顷以上的山坡地,除可设立农业经营体验区外,还可设置游客休憩区,但面积限制在农场总面积的 10% 范围内。休闲农场的设施应符合经营休闲农业的目的,以"无碍自然文化景观为原则",建筑物的高度不得超过 10.5 米,不超过三层,对住宿设施、建筑物设计等均有规定。这些限制都是尽量避免人为因素对自然景观造成的负面影响,使休闲农场有一个美好宁静的田园景色,使游客摆脱尘嚣,身心安宁,融入自然,体验农村生活,享受农村景色之美。因此规划休闲农业,生态环境自然美是首要考虑的因素。

旅游是一把双刃剑。环境保护,要保持自然景观,而旅游要开发,要多吸引游客以获得更多的商机。两者矛盾,稍有不慎,处理不当,往往会给环境景观带来负面效应,从而影响休闲农业的开发。因此,应从长远考虑,尽量减少人为因素对农村自然环境、文化景观的冲击。

2. 开发当地文史资源提升知性程度 文化和观光结合是开发休闲观光事业的源泉。休闲农业结合文史资源才有丰富的内涵,提升知性程度,经久不衰。

充分利用当地文史资源、民俗艺术,如草织、藤编、雕刻、手工艺品、地方舞蹈、戏剧、音乐和古迹史话、传说,将过去和现代结合在一起，提升休闲农业的品位。在原住民集聚的地方，如屏东，结合民俗风情、传统文化和农渔特产，在不同季节开展不同特色旅游，推行农业休闲观光活动；在宜兰，将农业休闲、海上休闲和文化结合，举办节庆活动，使休闲和生活、产业相联结，更具活力。宜兰的童玩节，花莲的石雕节，屏东的黑鲔鱼节、苗栗的木雕节都有一定的知名度。

在景观布置上，要精心策划，从农渔业生产出发，放置农耕狩猎、渔捞器具，以及农事操作、农村生活的雕塑或实物，点缀和反映农村情景，了解乡土文史，美而不俗。台北市南港观光茶园，位于山坡保护区，只能举办茶产业体验及茶艺推广活动。观光园将建制茶示范场，让民众参与、体验烘制具有地方风味的茶叶，借以推广当地名茶；同时介绍制茶机具、制茶过程与茶具等知识，把茶艺文化和实际体验结合在一起；还开放南港茶山原居民挑茶、挑米小道，使人们到南港，走出户外，带回健康和知识。

3. 名胜特产带动休闲农业各具特色 没有特色就没有竞争力。依靠当地自然环境、资源条件、农渔特产、构建不同特色的休闲农业，是发展休闲农业产业的关键。名胜古迹和名优特产已具有一定的知名度，是无形资产，与之结合，可以提高休闲农业的社会排名。

特产和特色观光相结合，推动休闲农业、休闲渔业。屏东垦丁地处恒春半岛南端，是有名的风景区，春季又是黑鲔鱼回游垦丁外海的季节，结合休闲渔业，举行黑鲔鱼文化观光为主的春游，展销黑鲔鱼、鱿鱼子等海鲜产品。屏东还结合农产品收获期，将农业特产如黑珍珠、香蕉、凤梨、融入一年四季的观光计划中，带动观光和休闲产业的发展。台东特产旗鱼，能加工成多种食品如旗鱼酥、旗鱼丸、旗鱼套餐，旗鱼生鱼片口感好，价格低于黑鲔鱼，有很大的开发前景。台东县计划将产业、观光、餐饮、民宿等业者结合起来，办旗鱼节，推动休闲渔业。

借游览胜地，统一品牌，促农产品外销。嘉义以阿里山带动周围山区营造观光环境，同时辅导农业转型向休闲农业发展，以降低入世后的冲击。嘉义地处北回归线，宜于产茶，但优质茶名称不一，如梅山茶、竹崎茶、番路茶等，为了创品牌、保质量、促外销，借用阿里山的无形资产，统称阿里山高山茶，并与航空公司结合，提供头等舱客人品茗，提高身价开拓外销。台东生产池上月光米、关山香米、长滨米等优质米，因受进口日本米的影响，价格下降，打算统一品牌，提升品质，以减少进口日本米的冲击。

4. 发展农舍民宿规划步行小道 民宿是拓宽休闲农业服务的方式之一。一方面可满足休闲客在农村度假休息的要求，另一方面向游客提供住宿、餐饮、文化等服务，增加在农村的消费，有助于农民致富和农业转型。这是休闲农业区别于一般旅游的一道风景线。2003年年初估计台湾民宿已达300多家。

农舍民宿和宾馆旅店不同，主要是民居农宅，自然而简朴，舒适而宁静，使来客置身于农村田园风光之中，品尝农家饭菜，了解乡野趣事，感受家庭的温馨和农家乐，这是沟通城市居民和农民的桥梁，发展很快。2003年年初，台湾农业策略联盟发展协会还推出八家民宿办音乐餐，希望休闲客在音乐声中享受农村的乐趣。音乐选用当地传统的音乐资源和大自然的流水风声、鸟鸣虫叫，与远方来客共享。2002年台湾还公布了"民宿管理办法"，规范民宿经营。由于一般农舍办民宿需要适当改建，增添消防、安全、卫生设备，农民必须先投入，增加了经营风险，但利用空闲的房屋或新建小木屋经营民宿，是台湾发展休闲农业的趋势。

"远足步行，亲近自然，了解生态，了解农村社会生活，避免快节奏，远离噪声和污染，有益健康"，得到社会的重视。美国在东部沿海修建从南到北专供人们远足、骑自行车的非机动车道，向公众提供休闲、健身的便利条件。日本机动车道一般只到名山的山腰，攀登靠小道步行。台湾森林面积占总面积的 58％，林业资源丰富，农业部门发展休闲农业，计划利用山区猎人、樵夫、护林打猎小路，串联名胜古迹，如抗日战场、抗荷遗址、文化古寺、特别生态环境如候鸟保护区，以及休闲农场、观光果园、农宅民宿规划步道，供人们休闲远足健身之用。步道将分散的村落、休闲产业、民宿和自然文化景观连成网络，向休闲客提供度假、住宿、餐饮等整套服务，对带动休闲产业非常有利。步道不完全设在林区，在农区可利用乡间小路、田埂渠旁，规划小道，既可保护农村环境又可使城市来客散步田野，悠然自得。步道和民宿的结合将使休闲农业更上一层楼。

三、创意和行销

1. 有创意有特色不雷同 休闲产业在市场竞争中要注意市场区隔，形成特色，才有竞争优势，否则互相雷同，使丰富多彩的休闲农业平淡无味，休闲农场也难以持续经营。业者要有新意，创办具有独特内容和风貌的休闲农业（场）。

创意和特色来源于当地资源，如文化、历史、地理和生活；来源于当地名特优农渔产品；来自当地民众的参与和每次活动后的反思，以求不断推陈出新。上述因素的发挥，使休闲农业区（场）具有浓厚地方特色、文化气息，使当地居民了解家乡史迹，热爱乡土。所以休闲农业者要善于学习有关知识和经验，还要吸取外来智力资源共同开发，这也是多资源整合发展休闲农业的必然趋势。

2. 资讯化行销 休闲农业关系到客人在休假期间衣、食、住、行、文化和娱乐。走近公众才能招徕来客，休闲农业区（场）通过媒体和信息网络向公众介绍有关资讯，如交通路线、文化特色、农渔特产、日程、民宿、旅馆、价格、地址、联系办法等，还应该配合图文并茂的简介、明显的标示等，一切从方便来客、服务来客着想，使客人真正有宾至如归之感。花莲瑞穗乡休闲农业区在简介中除了上述内容外，还印有注意事项，既宣传户外休闲观光又关爱来客，受到欢迎。

台湾东部在中央山脉和海岸山脉之间形成一条观光纵谷，是有名的风景区。有的乡已开发成为农业休闲区，台湾东部三个县（宜兰、花莲、台东）拟联合组建东部观光休闲联盟，共同开展休闲事业达到三赢的目的。

要打开农产品市场还需要解决科技问题。如采用水果保鲜技术，便于水果海运；花卉要培育耐高温、耐高湿、抗病的品种。同时要了解国际贸易市场，寻求贸易通路。目前的瓶颈是缺少既懂农业又懂国际贸易的人才，这是台湾农业大县吸引人才重视高校的根本原因。

台湾休闲农业动态

(2006 年 12 月)

农业结构调整是动态的、渐进的。台湾农业粗略地可分为三个阶段：光复初期以米糖为主；后来转向发展经济作物如果、菜、花和农产加工品；由于成本高失去市场竞争优势，最后转向发展休闲农业，形成农业、田园景观、农耕文化相结合的新产业。

近三四年，台湾重视休闲农业，在政策放宽、当局推荐诸因素的推动下，得到发展。

一、提高休闲农业在农业中的地位

2000 年台湾修订的"农业发展条例"中，农业的定义是"利用自然资源及农用资材，从事农作、森林、水产、畜牧等动植物产销之事业"，将农业定位于大农业生产及其产品经营。另有条目界定休闲农业，但在农业定义中未明确指出。2003 年修订后的"农业发展条例"，将农业定义改为"利用自然资源、农用资材及科技，从事农作、森林、水产、畜牧等产制销及休闲之事业"。这个定义写进了科技、农产加工和休闲，提升了科技、农业产业化和休闲在大农业中的位置，反映了休闲农业是台湾农业出路之一。

2005 年年底，台湾举办的休闲农业成果报告会上透露，每年休闲农业可创造产值 45 亿新台币，估计 2008 年将达到 70 亿新台币。

为了推动休闲农业，台湾成立休闲农业发展协会，组织观光旅游、景观设计等方面的专家成立咨询组，辅导基层工作。有的乡镇农会专门成立农村休闲旅游部具体推动。

当前在宏观要求上：一是将"一乡一休闲农渔园区计划"（以下简称"计划"）和县市农村公共建设、水土整治、区域发展结合起来，整合当地产业、景观、休闲设施、农村文化、名胜古迹等既有资源，以策略联盟的方式，形成农业旅游网络，创造聚集效益。"计划"名称也有改动。二是开拓国际市场，瞄准人口老龄化的趋势开展"银发"服务。2005年起将观光、休闲、产业、文化、餐饮、医疗、养老结合起来，规划具有国际水平的休闲农业区。到2008年将完成5处，接待外国高龄老人，特别是日本老人来台长期居住养老。南投埔里已开始接待。

二、修订条例放宽规定

1992年台湾农业行政部门发布"休闲农业辅导办法"，经多次修订，并将"休闲农业辅导办法"改为"休闲农业辅导管理办法"，（以下简称"办法"）。由于农地政策的改变，对休闲农场的经营者、面积、内容、设施等一再放宽。

休闲农业分休闲农业区和休闲农场。前者针对地区而言，范围较广，后者指具体从事休闲农业的农场。休闲农场内分农业经营体验区和游客休憩区，后者在休闲农场达到一定面积时才允许设立。台湾学者将早期出现的市民农园等归入简易体验型休闲农场类。

2006年，台湾农业行政部门对"办法"又作了修订，基本精神是简化手续，放宽规定，促进发展。

1. 明确条件，强调特色　休闲农业区要有"地区农业特色""丰富的景观资源""丰富生态及保存价值的文化资产"，突出休闲农业区的特色。

2. 扩大休闲农业区面积　台湾全岛面积 3.6 万平方千米，山地、坡地、平原大体各占 1/3。有的农村山坡地较多。2004 年规定非都市土地休闲农业区面积上限为 300 公顷，这次改为 600 公顷，避免山坡地较多的农村分割成多处小的休闲农业区。

3. 规范休闲农业区（场）设施　增添和调整一些项目，如增加竹木、塑料等材料搭建的凉棚；将原登山及健身步道调整为休闲步道；增加"景观设施"，加强休闲农业区的绿化美化；将农业体验设施和生态体验设施分列为两项等，休闲农场须设立 20 多项设施，其中住宿、餐饮、自产农产品加工厂、农产品与农村文物销售（展示）及解说中心规划在游客休憩区内。

4. 开放游客住宿、餐饮经营　过去规定 3 公顷以上的休闲农场才能设立游客休憩区、经营住宿及餐饮等服务事业，这次放宽为 1 公顷以上，但总面积不得超过休闲农场总面积的 10％，一般以 2 公顷为宜，以鼓励农户加速转型和参与休闲农业。

5. 允许分期建设、分期登记营业

6. 保护自然文化景观　休闲农场内的各项设施不能影响当地自然文化景观，为此专门制定"休闲农场建筑物设计规范"，如建筑物的形式应反映本地乡村建筑风格，建筑材质应与当地环境相调和，建筑物的高度不能超过 10.5 米，但眺望设施和公共安全设施不受此高度限制，让游客登高远眺，鸟瞰自然景色。

7. 建立休闲农业区及休闲农场的辅导奖励制度

三、宣传推荐

台湾农业部门出版的刊物上，自 2002 年起先后开辟三个栏目介绍有关休闲农业的事例：

（1）2002 年 7 月开辟"休闲农业驿站"栏目，介绍休闲农渔区

（场），多数由乡农会或农场主撰写，至今有近50个驿站被报道。

（2）2005年年底，"农村七十二变系列报道"栏目开始介绍农村经过水土规划、整治、建设出现的生产、生活、生态的变化，范围较广，往往跨两、三个乡镇，内容强调水土保持的作用和效果。

（3）2003年初开辟"田妈妈系列报道"，至今已报道40多个典型，基本内容是组织农村妇女配合休闲农业、住宿、餐饮经营活动。她们利用当地时鲜农产，烹调制作地方饭菜小吃，创建"招牌菜"招揽游客，同时增加收入。"田妈妈"班除烹调外还开发手工艺品制作。

上述介绍中均附有地址、电话、交通线路，以便游客联系访问。

四、研发和培养人才

花莲农业改良场配合减少稻田面积、农田休耕，（如宜兰1万多公顷稻田由一年两季改为一年一季，一季休耕），选择地区性、乡土性、新奇性、观赏性的农作物发展休闲农业。该场从几个方面进行筛选：①保健植物，包括中草药；②适合作景观利用的绿肥作物；③香草植物，并开发萃取香精技术；④野菜开发利用；⑤选择容易栽培、结果期长、适合大众口味的、适宜休闲农场种植的果树。该场认为，休闲农业资源的开发，给地区农业带来新机遇。

休闲农业是新的产业，也是新的学科，涉及自然科学和人文科学，是多学科的交叉和融合。为了提高休闲农业的水平，台湾休闲农业发展协会曾在大学征集有关休闲、观光、餐饮等方面的管理人才，以提高队伍素质。培养人才靠教育。台湾有关休闲农业人才的培养，有的是从农业系科中培养，如园艺系由果、菜、花的栽培延伸到景观、环境科学，再与休闲旅游结合，培养休闲农业人才。从看到的论文资料分析，台湾不少高校设有与休闲农业有关的系科及研究所，系科名目繁多，如园艺系、农艺系、农业资源应用经济学系、休闲管理学系、观光学系、休闲游憩事业学系、景观学系、景观设计学系、景观建筑学系、旅游管理学系等。这些系科往往设有相应的研究所，进行教学及科研工作。

五、网络行销

休闲农业是综合利用农村资源的服务产业，是农业"三生"功能的延伸。为了方便休闲旅游者和协助休闲农业经营者查询有关休闲旅游信息，台湾农业主管部门从 2004 年起先后在 5 个县市建立有 200 多家业者参加的"地区农业资源运筹资讯服务中心"（以下简称"中心"），并在交通枢纽、农会、饭店设立多处资讯服务处。旅游者可以通过网络电话与"中心"联系，查询该区内的餐饮、住宿、农业文化、旅游景点等资料。例如可以查询"田妈妈"餐厅的菜单、价格、营业时间、交通以及当地名特优农产、手工艺品等，预订或送货到家。运用信息技术是提升竞争优势的手段之一。

透 视 "驿 站"[①]

（2007 年 2 月）

台湾农业主管部门以"休闲驿站""乡村七十二变""田妈妈"三个栏目，在其主办的杂志上系列介绍有关休闲农业近百个典型，从中可以折射台湾休闲农业的一些做法。

一、休闲农业和旅游业的异同

在台湾"农业发展条例"中，休闲农业被界定为："利用田园景观、自然生态及环境资源，结合农林渔牧生产、农业经营活动、农村文化及农家生活，提供民众休闲、增进民众对农业及农村之体验为目的之农业经营。"因此，休闲农业是利用农村资源，使人们体验农业、农村，进行休闲的一种经营农业的方式，是农业与休闲结合的新产业。

休闲农业和旅游业的共同点在于为人们提供休闲的环境和游玩放松的机会。差异在于：旅游的景点不一定都在农村，其活动无法体验农业、农村，即使景点在农村，旅游业更多的关注自然或人文景观，强调娱乐、游憩，甚至购物消费；而休闲农业在强调休闲的同时突出农业、农村，强调田园风光，农耕文化，感知农业，发展农村三产，推进农村综合发展。

---

① 本文主要参考资料为台湾《农政与农情》杂志。

二、紧密结合农产

有三种方式，一是依托知名农产品提升休闲农场（区）的知名度，带动农业转型；二是通过发展休闲农业扩大农产品销路；三是结合休闲农业创造农业及其加工品新品牌。

南投鹿谷乡是冻顶乌龙茶的产地，其休闲农业园区利用其品牌，在农会茶业中心结合当地农村文物，介绍茶业历史、茶文化、茶艺、茶业识别和制茶过程等；再登冻顶山看茶乡、茶园；在制茶季节还可参加加工过程，领会"一家炒茶全山香"的氛围；最后是品茶，欣赏当地特色茶文化。同时利用当地生产的竹子，编织手工艺品，修建小木屋、小竹屋供旅客游憩夜宿，观赏鹿谷山景风光。该乡休闲农业区的知名度很快提升，而冻顶乌龙茶也借各地游客传播名誉四方。

在传统的稻米产区，如台东池上乡，以生产优质的池上米而闻名，经过水土整治和当地自然生态、客家生活、古民居结合建立池上乡稻香园，发展休闲农业。在万安村装修闲置的旧仓库为"稻米原乡馆"，作为解说、展览、咨询、休息的场所，利用原蚕桑示范场转型为"池上蚕桑休闲农场"；加强社区间的合作，扩大池上乡稻香园的效应。全年可提供生态旅游，美丽的稻田、田埂小道、优质米风味餐，给旅游者多种自然与农村的享受。

即便是普通的农产如竹笋，也能创品牌推动休闲农业。如台中潭子乡聚兴村蔬菜产销班的次级竹笋，由该乡"田妈妈"第二班收购，加工成笋干、酱笋等，创造日光笋干、透光酱笋、天然脆笋等产品上市。蔬菜产销班与"田妈妈"班互惠协作，减少中间环节，创造了新的品牌。台南农会研究开发牧草系列食品、点心、面食，丰富了当地休闲农业的内容。

三、整合农村资源彰显当地文史特色

苗栗县通霄镇以农村民居、农牧业体验为主体，整合村里自然人文资源，形成30多处各具风格的休闲农场。在这些农场里可以享受宁静舒适的农村生活及景观，远眺山海美色，悠游林间步道，欣赏、参与手工陶艺制作、茶艺品茗，体验历史人文、享受自然风光，悠闲而自得。

彰化二水乡的八堡圳是彰化的母亲河，相传清康熙年间开圳引浊水溪而成，开工初期一度失败，后得到一位无名的林先生指点才挖渠引水成功，灌溉了彰化平原，培育了优质米——浊水米。为纪念先人，建有林先生庙。配合附近的八堡圳公园、莲荷果休闲农园，成为休闲农业区。古老的传说、彰化平原的开发史和闻名的浊水米融为一体，成为二水乡休闲农业的主要内容。

桃园县新屋乡有客家传统的民俗风情、人文资源，有丰富的农业景观生态，利用荷花季节举办"观音莲、新屋荷"系列活动，吸引游客观赏荷花带来可观的经济收入。

在原住民集聚区，通过民族节庆活动，展现部落的文化和伦理、道德。花莲阿美族在每年七八月份收获后举行"丰年祭"，庆丰收，将生活、礼仪、歌谣、舞蹈汇结在一起，表达丰收的喜悦，也成为休闲客了解原住民的窗口。

四、维护自然生态 守护乡村野趣

人类创造了现代文明，却又遭受其若干负面困扰。因此，人们想避开都市的喧嚣、污染、紧张、匆忙，寻求新鲜空气、宁静悠闲，回归自然、调整身心。这正是乡村发展休闲农业的良机。农村就是农村，不是乡镇，更不是城市，要保持乡村本色。因此，休闲农场（区）应有优良的生态环境、田园景观、农村风貌，保留历史的踪迹。让休闲客在差异中，幽静地体验乡村野趣。

首先保护好古镇、古树、古庙和传统民俗民情。对旧建筑不轻易拆除，保留外貌，装修内部再使用。台北三芝乡农会利用 20 世纪 30 年代建的破旧仓库，修整为具有休闲、人文特色的展览馆与咖啡厅，还特别保留一片旧墙面作为历史的痕迹。用过去的碾米工具等农具和当地竹编、木雕、绘画集合在一起，装饰内部，突出本地历史、人文艺术。台东池上乡稻香园保留早年废弃的砖窑，作为当地产业变迁的见证；古庙、客家围楼成为当地的文史景观。

其次利用过去挑盐、运茶的商贸山道、渔樵小路，结合季节变化，开发为休闲步道，可以登山健身，远眺景色，舒展胸怀。

为了保护农村特色，对休闲农场（区）建筑物的风格、高度均有若干限制，要与当地风貌、建筑风格相融合，但也有个别例外。如"9·21"地震重灾区，南投鱼池乡涩水社区，按欧式建筑重建，有"台湾小瑞士"之称，结合当地手工生产的涩水陶、竹编、竹器和闻名的红茶、丰富多样的生态，成为适合养老的社区。

五、与农村综合治理相结合

现代农村已由传统的农业生产功能，转向具有地方特色，一、二、三产业综合发展、生态优良、宜居的新农村。台湾从研究农村规划开始，发展为乡村综合发展方案。休闲农业是其中内容之一。

在此框架下，台湾农业水土保持部门拟定"2005—2008 乡村新风貌计划"，全面考量农业转型、新产业、生态环境及生活需求等因素，请专家先后协助 16 个县制订乡村新风貌计划，要求乡村有良好的生态环境，生产安全优质农产品，是宜居社区，有特色的田园风光，让居民和游客共享乡村生活。花莲县瑞穗乡的舞鹤台地，1984 年经过水土整治、坡地治理，成立坡地保护利用示范区，大面积的水土保持设施成为户外教室，形成良好的生态环境，种植业结构由咖啡→香草→凤梨→茶叶组成，最终成为天鹤名茶的产地，茶山茶园和周围的温泉、溪水，与北回归线标志公园等景观结合，成为花莲富丽的休闲农村。

六、精心规划设计

休闲农场（区）有大有小，小的占地不足 1 公顷，大的达几百公顷，但都根据地形地貌精心分区规划，精心设计，精心经营。

台北市杏花林休闲农场占地 0.85 公顷，分 A、B、C 三区：A 区种柚子、杏花；B 区种有 3 000 多株杏花，有石板步道；C 区为林地。游客可漫步杏花林间；设有茶坊可以品茶，了解茶叶种植、制作及茶艺；出售自产鲜切花、自制的酱油和腌渍品。农场与周围景点连线，成为台北市的后花园。

新竹绿世界生态农场占地 70 公顷，设五大主题园区，其中第二主题园区又分设食虫植物区、台湾原生蕨类区、世界兰花区、台湾兰花区、香草植物区、仙人掌区，收集不少奇花异草，使游客增长生物学的知识。

宜兰冬山乡按自然资源、地形地貌、产业、结合文化分成若干特色区块，开发休闲农业。如中山区块，三面环山，一面临海，有山林、河流、丘陵、平原，生物资源丰富；有 200 公顷茶园；依地形建三条休闲步道；设有观光果园、茶园、乡土小吃和民宿，是一个好的休闲农业区。

规划设计要有创意。水稻是台湾大宗粮食作物，在大米产区的休闲农场（区）就要与米食文化结合，突出稻田米香，展示时令节日、民俗民情米食文化和制作加工；配合陈列耕作，稻米加工机具的变迁，使普通作物区的休闲农场具有文史特色；与仿古建筑相结合更加突出几千年的农耕文化。桃园县长祥教育农园，用厨余制成营养液及有机肥生产有机米、有机茶、有机蔬菜供休闲客选购，使传统农业增添现代农业的内涵。

七、主题鲜明

休闲农场（区）要提升知性，明确主题。新竹原名金鸡蛋休闲农场，以蛋为主题，设立台湾第一家以蛋为主题的博物馆，除禽蛋外，收集多种鸟蛋、鳖蛋、孔雀蛋、鹦鹉蛋等；还展示蛋的艺术，如蛋雕、彩绘；示范和参与传统腌制咸蛋等；出售农场生产的蛋产品。休闲农场主题新颖、明确，以知识、人文吸引休闲客，才能持续发展。这个农场和周围的山水、优美的自然条件结合，形成一个快乐、安静和知性的休闲场所。

八、发挥科普教育功能

结合自然生态，体验农业活动，发挥科普教育功能，是休闲农业的一种经营方式，也是农业新的发展方向。台湾曾专门介绍过七个以教育为主题的农业休闲园区并研讨景观设计及解说方式。

彰化县大村乡剑门生态花果园以有机种植柑橘为主，园区主人通过观察，将园区内的鸟类、蝴蝶、青蛙等的生活史及生活习性如卵孵化为幼虫→蛹→成虫、母鸟如何喂小鸟等，拍摄下来经过系统整理，展示解说，使游客特别是中小学生在游玩中学习生动活泼的农业生物知识，受到社会的赞扬。

台东竹湖山居自然生态休闲农场是一个纯自然的休闲农场，位于山谷之中，占地30公顷，其中2/3为原始森林及次生林，1/3为开垦的坡地，有 50 多种果树，与原有植物混种在一起。将人工措施降至最低限度，保留大面积的原生态林，丰富了生物多样性。一年四季可品尝不同的水果，看到 30 多种鸟类及多种多样的昆虫。特别是尽量减少路灯，以便夜晚观察天空的星星。每年寒暑假不少学校在这里举办自然生态体验营。为了保持宁静轻松、自然的山居生活，每次只接待 25 人，要预约。

九、经营主体是农民

休闲农业是农业与休闲旅游事业的结合，是开发农村三产、综合发展农村经济的产业。经营主体是农民，农会协助。"田妈妈"班就是一个典型的事例。

"田妈妈"是由农会家政班配合休闲农业发展起来的，是组织农村妇女采用当地时鲜农产，烹调田园菜肴或者制作手工艺品，招待休闲客，既有农村风味，又有乡土文化特色，还可以增加家庭收入，成为休闲农业组成部分之一。

2001 年嘉义阿里山乡茶山村，在县农会帮助下，"田妈妈——茶香味屋"成为该乡休闲旅游点之一。"茶香味屋"下分三个组：美食组——为了保证自然、健康、原味，就地取材，烹调时鲜美味，生意兴隆，就餐前要预约；植物利用组——利用山野植物制作饮料；物流组——代销当地农产、手工艺品等。

在茶区"田妈妈"研作地方特色烹饪，开发"笋香茶宴"，使茶叶入菜，笋茶配合，做成"蜜汁茶鸡"，成为招牌茶，还编印茶肴食谱，别有风味。台中潭子乡生产土豆，"田妈妈"积极开发各种土豆食品，如配合虾米、猪肉末、香菇末等做成薯饼、薯粽，甜咸相宜的薯圆等，使原已衰弱的土豆产业又兴旺起来。

在稻米产区，"田妈妈"开展优质米、烹调制作，如肉粽、年糕、米粉、汤圆等，还和岁时节日结合，传承民俗民情。如端午粽子、冬至汤圆、岁末的腊八粥、八宝饭，求平安保丰收等，使几千年的稻米生产、古代的农耕文明和现代休闲结合，充满活力。

为了让更多的农村妇女参加"田妈妈"活动，桃园农业改良场曾举办"地方料理竞赛"，结合地方文化，促销地方物产，缔造田园烹调特色，增加就业机会，冠军皆为"田妈妈"夺得。

有的农场主人归结经营休闲农场的经验是，主人要有人情味，以"生产、生态、生活、尊重生命、重视生计"的理念落实经营，使休闲农场（区）"品牌化、精致化、教育化、艺术化、生态化"，休闲农场（区）才能发展。

台湾的"田妈妈"①

(2009 年 8 月)

"田妈妈"蕴含浓郁的农村气息，以及农妇纯朴、真诚、农家温馨的情义，是台湾农村旅游观光的一道风景线；是品尝田园美食、开发和展销当地特色农产品和手工艺品的手段之一；是关爱农村、农家增收的有效途径，也是行销的品牌。

"田妈妈"是按台湾农业主管部门"辅导农村妇女开创副业奖助要点"组建的"农村妇女副业经营班"发展起来的。起源于高雄农业改良场的计划。2002 年"田妈妈"以形似台湾地形的"郁金香"图案注册商标，辅导农村妇女创办以当地农产品烹调本地风味的特色餐厅、展售当地农产品及手工艺品的商店或中心。2003 年台湾农业主管部门将发展地方特色餐饮列入社区营造计划，配合农村休闲事业，推广"田妈妈"品牌，促进农村产业多元化，增加农家收益。

"田妈妈"强调健康、养生、安全、卫生和农村宁静、亲情、朴素的气息，主要开展四项工作：

（1）配合休闲农业和农村旅游，经营乡土餐饮。

（2）面对农村人口高龄化，开展家庭照顾，关爱老人。

（3）发展地方特色农产品加工，如米面食、点心加工等。

（4）展售当地文化艺术手工艺品等。

所以"田妈妈"餐厅往往是欣赏田园风光、品尝当地时令风味、

---

① 本文主要参考资料为台湾《农政与农情》杂志。

体验农村生活、展售当地特产的服务中心。2004 年"田妈妈"年营业额超过 200 万元的有 5 个班。2005 年 21 个"田妈妈"班营业额平均 270 万元左右。2008 年台湾 152 个"田妈妈"班营业额达 2.5 亿元。

为了推广"田妈妈"的经验和品牌，2003 年以来台湾农业部门在其主办的杂志上开辟"田妈妈系列报道"，至今已有 59 例被介绍其特色。

一、选址　择名　装饰

为配合休闲农业，方便旅游者，"田妈妈"兴办的餐厅、中心一般建在交通方便、旅游景点、名优农业产区和休闲农渔区内。如阿里山乡茶山村的"田妈妈茶香山味屋"餐厅，位于去阿里山的交通要道，茶山村也成为茶山休闲农业区的代表。在海拔 1 400～1 600 米的阿里山区的嘉义县竹崎乡，"田妈妈"餐厅以"古道美食屋"为名，反映餐厅地处山区古道和茶、笋特色。苗栗县南庄乡"田妈妈龙门口餐厅"，建在通往佛教圣地狮头山的牌楼旁，引来商机。

取名优雅、多样，体现当地饮食特点或民间传说。台中县潭子乡"田妈妈"第五班以一对老猴等待、盼望失去的小猴归来，化为风动石的传说，成立"风动石田园料理"。该乡"田妈妈"第六班位于盛产莲荷地区，成立"莲花舫田园料理馆"。苗栗造桥地区有养奶牛的历史，"田妈妈"在苗翔牧场办起"牛奶故乡餐坊"。彰化县田中镇是浊水米的产地，"田妈妈"成立"米食好料理"，推广米食产品和文化。有的地方以马铃薯、菱角、牧草、中草药制作食品，分别取名"马铃薯加工坊""菱成粽艺坊""一佳村青草园"等，有的宣传食疗养生健生，取名"养生美食厅"。

在渔区，"田妈妈"餐厅一般设在海边渔港附近。彰化王功渔港夕照为彰化八景之一。"田妈妈"在港区建立"观涛夕海创意海风餐"，品尝、观景，映现渔港情景。花莲渔会成立"鱼鲜上岸田妈妈餐厅"，更形象地表明餐厅位置和食用鲜活水产品的特色。

在原住民地区，"田妈妈"以传统民俗民情为名，以民族风味菜肴待客，同时观赏传统民俗。

大多数"田妈妈"餐厅是利用闲置的房屋、仓库、加工厂等改建而成，一般保留外形，用当地建材进行内部整修，用当地文化艺术手工艺品，如陶器、编织、雕刻等装饰，富有当地的乡土文化气息。这些手工艺品既可欣赏又可展售。有的餐厅或中心还刻意保留一面未修饰的墙面，以见证历史的发展，有教育意义。地震后重建的个别地方有欧式建筑。

二、营运策略和特色

"田妈妈"班以餐饮业为主，工作中要求"事事求专，样样求好"，和文化结合和生活结合，持续发展，具体营运可概括为：①开拓当地农副产品销路，加工提高附加值；②烹调当地风味、天然、健康、安全、养生的食品；③热情接待，提高厨艺，注意礼仪卫生和班员素质；④开展宅送，关爱农村老人；⑤展售当地农副产品、手工艺品，成为当地产业的展售中心；⑥开发农村三产，增加农村妇女就业机会，增加农家收入。

"田妈妈"扎根于当地农产品、当地风味的农家乡土饭菜，与其他餐饮业自然形成市场区隔：强调简朴、自然、新鲜，区别快餐和豪华的星级饭店；以当地时令价廉物美的地方风味，超赢价格高昂的山珍海味；以农村田园的宁静胜过城市的尘嚣，受到民众的喜爱。

1. 提高次级农产品附加值 台中县潭子乡蔬菜产销第一班生产竹笋，一级品市场走俏，价格看好，二级品市场疲软。该乡"田妈妈"第二班以此为原料加工成"透光酱笋""天然脆笋"，向消费者提供新鲜、独特美味的竹笋加工食品。2002年这两个班建立策略联盟，互利互惠，共同发展。该乡"田妈妈"第四班利用马铃薯收获后遗留在田间的小薯块，做成不同风味的薯条、薯饼、薯粽和煮炸皆宜、甜咸皆可的薯圆，成为当地民众的抢手货，也使用餐者回忆起小学四五年级时挖马铃薯的童年往事。

2. 拓宽农产品利用的途径　台湾产茶，多年来一直是泡茶、饮茶，很少进入菜单。南投县盛产冻顶乌龙的鹿谷乡，"田妈妈"研发"笋香茶宴"，使茶叶入菜，制糕点，印有"茶肴食谱"。嘉义竹崎乡"古道美食屋"，以阿里山高山茶入菜，做成"蜜汁茶鸡""茶香名排"成为招牌菜，受到好评并接受媒体报道。潭子乡"田妈妈"第一班以本地竹笋和大米，做成"珍珠竹笋包"，成为高纤维低热量的点心，受到民众青睐。

3. 发掘利用当地自然资源　台南县走马濑农场和高雄路竹乡奶牛场的"田妈妈"班，利用种植富有营养的牧草——台畜2号狼尾草，开发牧草系列食品，如牧草包子、馒头、蛋糕、冰淇淋、牧草牛肉面、牧草火锅等。牧草榨成汁和凤梨汁、苹果汁调成健康饮料"养生牧草汁"。这两个农场也由一级产业转型为休闲、体验三级产业。

有的地方产莲藕、菱角、生姜和中草药材，"田妈妈"们开发了多种健康、养生的食品、点心。如菱角和糯米做成"养生五谷粽"，还制定标准配方，保证质量，是台南官田乡"田妈妈"第五班的名点，在每周一次、每次两天的农会假日市场上销售兴旺。苗栗县姜麻园"田妈妈"班在辅仁大学教授指导下，将生姜融入田园餐饮，研发出"老姜舒活粉"。益母草有美容养生的功能，台中潭子乡大丰村"田妈妈"第七班以益母草为原料制作益母草豆干。一个时期韩国泡菜市场走俏。该班利用当地生产的苹果、山东大白菜、洋葱等制作泡菜，仅泡菜一项，2007年便创下6位数的营业额。

4. 农产品加工多样化　"田妈妈"不仅制作餐饮饭菜，还制作多种点心。弥陀区产虱目鱼，肉质鲜美，但多刺。该区"田妈妈虱想起料理便当与烘焙屋"，将新鲜的虱目鱼剔刺去鳞，手工制成虱目鱼丸，成为游客必买的送客礼品；其烘焙的糕点闻名台湾，特别是中秋节接受各地订单，生产各式月饼（凤梨酥、芋泥酥、广式月饼等）送给订户。花莲"鱼鲜上岸田妈妈餐厅"开发曼波鱼系列食品，如曼波香肠、鱼丸、鱼松、便当等，使曼波鱼加工多样化、系列化。

台北县三芝乡产山药，该乡"田妈妈芝农喜乐坊"，利用山药做成各种点心，如山药酥、山药紫米冻、山药黑糖糕、山药蛋糕等。还专门成立乡土小吃组、烘焙组，鼓励大家创新。花莲瑞穗牧场"田妈妈美味厨房"，利用当地生产的牛奶、茶叶等制作中西式点心、奶酪和牛轧糖，以适应游客的多样要求。

5. 传承民风民俗　南投仁爱乡 2005 年"田妈妈"班开设"伊娜太雅田园料理"，以本地山猪肉、山土鸡、高山高丽菜、牛番茄等食材，以原住民的香料调味，烹调地道的太雅婚礼菜肴待客，用餐时边品尝民族风味，边欣赏太雅族民俗文化和编织的手工艺品。2006 年该班被选拔参加台湾美食展，提高了知名度。花莲县秀林乡"达基力田妈妈餐厅"位于太平洋岸边，以新鲜的野菜及水产品待客，餐厅用达基力文化协会的木雕、石雕装饰，将民族餐饮和艺术搭配在一起，入座用餐可欣赏一望无垠的太平洋，新鲜美味的菜肴、广阔的海洋、民族的风情、热情的服务，使游客享受到恬淡而安宁。

苗栗南庄乡龙门口餐厅将客家菜的特点由油、咸转型为三低一高（低糖、低盐、低脂肪、高纤维），走养生路线，在传承中改进，开发了美味、健康、养生相结合的南瓜饭、竹筒饭、金橘叶汤、仙草鸡汤、山苦瓜沙拉等。潭子乡"田妈妈"第一班认为美食不只是满足口感、味觉，更要追求健康养生，一改又油又咸的烹调方式，成为台湾"田妈妈"的榜样，被选拔参加 2008 年台湾美食展。

6. 寓教于食，发挥文化科普功能　彰化田中镇产浊水米，"田妈妈"班"米食好料理"，在供销新鲜美味的肉粽、笋包、鲜奶雪花糕、手工馒头的同时宣传米食文化，一粥一饭当思来处不易。潭子乡的"莲花舫田园料理馆"，是将休闲、知识、教育、美食相结合的花园。餐厅附近种植多种莲藕，除食用外，还介绍莲花的一生及其营养、保健等功能。鹿谷乡"田妈妈"餐厅附近有农会的茶文化馆，介绍茶叶的品种、栽培、制茶和茶艺，品尝了"田妈妈"的"笋香茶宴"后，再参观茶文化馆，会获得对茶叶的全面知识，加深"笋香茶宴"的品位和认识。

吃草认草是宜兰"一佳村青草园"的特色，该园无固定菜谱，由"田妈妈"用当地新鲜时令野菜、中草药入菜，使游客尝到别处尝不到的菜，也学到许多植物学的知识。

"田妈妈"餐厅一般除提供田园乡土餐饮外，游客还可参与农业、手工艺活动，获得新的体验。瑞穗牧场由奶牛场转型为休闲农场，游客除在"牛奶故乡餐厅"尝到多种鲜奶加工食品，还可参与、了解乳牛饲养、草原生态、奶酪制作等知识，了解农业转型给农场带来的经济效益。高雄路竹乡农会"田妈妈羊咩咩之家"，办在奶羊场内，以新鲜的狼尾草汁待客，游客还可以参与喂小羊、挤羊奶等活动。彰化芳苑乡汉宝村"田妈妈乡村餐厅"是该村唯一可以吃饭、喝咖啡的地方，餐厅设在养鸡场内，就地取材，用竹篱和鸡舍区隔，游客可以参观养鸡场，了解养鸡的情况，这两个"田妈妈"班均被选拔参加 2008 年台湾美食展。

不少"田妈妈"班开展 DIY（自己动手）活动，使休闲和生活结合更紧密。位于花东纵谷的瑞穗乡农会"田妈妈"的"美味厨房"和农会合作，开发手工饼干 DIY 活动。饼干以绿茶、红茶或咖啡和面粉为原料，每位参加的游客花 100 元就能带回一包自做的饼干，既推广当地特产，又宣传"美味餐厅"，起到了广告效应，这类事例是不少的。

7. 灵活多样调剂淡旺　"田妈妈"采取灵活多样的经营方式调剂淡旺。第一，用餐方式灵活，接待团体桌餐和自助餐相结合。第二，推出四季不同的菜单，吸引游客。如夏季以清淡为主，冬季增加火锅等。"风动石田园料理"，制作四季不同的套餐：5～7月竹笋套餐，8～9月西红柿套餐和养生小火锅，10月至来年元月柑橘上市，除火锅外，推出柑橘水果茶、柠檬香草茶等。第三，扩大经营品种，除餐饮外，制作点心、糖果供应市场。第四，中西结合，一般以中式餐饮为主，个别的也制作西餐。茶与咖啡兼而有之。第五，增加设备，扩大外送经营，特别是为老人送餐，关爱孤独，扩大社区服务。第六，改善管理，降低成本。有的班员采取日薪制，平时兼顾家务或做其他工作。

8. 提高素质，提倡团队精神　"田妈妈"班是一个内部有分工的集体。如王功渔会"田妈妈"班，班员有相关的执照，分别担任会计、厨师、服务员。三芝乡"田妈妈"扩大经营班有 30 人，分成乡土小吃组、烘焙组、乡土美食组，分头负责。已有 22 人获得不同等级的技师执照。

为了提高集体和自我水平，大多数班员参加不同的学习和研讨班，增加产品行销、餐饮服务、烹调技术、卫生安全等方面的知识和技能，未取得执照的，希望能获得专业证照，有了执照的希望进阶升级。

有的"田妈妈"班订有公约，一天忙碌之后召开班会，集思广益，提倡团队精神。

三、辅导与推介

1. 辅导培训　"田妈妈"是配合农业转型，由农业部门、各区农业改良场、农会共同辅导，通过乡镇农会组织农村妇女经营副业的品牌。在创办初期会得到辅导单位的资助。

辅导部门主要的工作是培训，提高"田妈妈"的服务质量。台湾农业部门曾办理"田妈妈"进阶训练，初级阶段训练由名厨师父示范烹调技术，学员经过实践，提升烹饪水准，结束时，举行初阶成果发表会，进行评比，合格者再参加进阶训练，除继续学习厨艺外，增加保鲜技术、餐桌摆设、礼仪和餐厅环境装饰等，从总体上提升"田妈妈"的服务水平。

2. 评比、推介、展示 2003 年由桃园区农业改良场发起，以竹笋和莲为主题，以三低一高（低油、低糖、低盐、高纤维）、营养、卫生、创意为标准，组织地方料理竞赛，冠军由"田妈妈"夺得。

2006 年、2007 年台湾举办美食展均设有"田妈妈美食展售区"，介绍"田妈妈"地方田园餐饮品牌，还印发《休闲农场美食之旅手册》。由于"田妈妈"强调利用当地时令食材，烹饪地方风味菜肴，新鲜丰盛，受到民众的喜爱。2007 年在为期 4 天的台湾美食展中，13 家"田妈妈"的手工点心销售额近 90 万元。2008 年 8 月从 152 家"田妈妈"中选出 12 家，提供优质农特产品、手工点心及田园料理等共 43 项产品参加台湾美食展。

评比、参展、扩大了"田妈妈"的知名度，开拓了市场，增强了信心，也获得消费者更多的认同。

反璞旅游的深度

（2011 年 2 月）

有的文章论述"吃、住、行、游、购、娱"是旅游的要素。从休闲农业、乡村游的角度看，"愚"以为更应强调知识、文化、生态环境、身心健康的内涵和当地特色，以促进人与自然、城与乡的交流与和谐共处。为此，整理了下面的一组资料。

一、住 民 宿

乡村游带动农家乐、推动住农家屋、吃农家饭的民宿业。

民宿顾名思义是将家中的空房作为客房出租给旅游者居住。它起源于欧洲的 B&B，即提供住宿（Bed）和早餐（Breakfast）的家庭旅馆。一般说来，民宿价格比较便宜、灵活，游客能享受家庭的温馨，成为旅游者的优先选择。

我国台湾地区民宿业比较发达、多样，与当地景观环境、自然生态、田园风光、农土特产、文化设施结合，形成各自特色；有一套管理制度和要求，成为休闲农业主要组成部分，也是农村服务业的主体之一。截至 2010 年 6 月，经过登记的民宿已超过 3 000 多家。2009 年初台湾报纸曾介绍，宜兰民宿强调乡村风光，台中民宿多豪华型，花莲民宿则强调海岸景观。

宜兰有山有水，有农土特产，注重环保。在横山头休闲区，住民宿可以观赏横山头自然风光，民宿主人兼导游，开手扶拖拉机挂有座位的拖斗，带游客在乡间小路上游览。有的民宿主人是乡土米食高手，让游客品尝到真正的"宜兰妈妈的味道"。有的民宿被荷花及睡莲环绕、花香蛙鸣，极具特色；附近有青蛙馆，收集了当地约 20 种青蛙，游客可了解青蛙的生活史，丰富生物知识。有的民宿和上山步道相连，可以上山踏青，鸟瞰景色；在 4～11 月夜晚，可以看到生命仅有两周的萤火虫成群飞舞。据说台湾有 50 多种萤火虫，主人可以向客人提供萤火虫的生态资料和光碟。茶区的民宿可以了解茶树的生长，以及茶叶的采摘、加工知识，和主人一道品茗聊天，体验纯朴的茶农生活。因此，民宿充满农村野趣、田园美景，宁静舒适，具有浓厚的当地风情，游客可以调整心态，享受农家的温馨和丰富的生态知识。

在台湾东海岸，花莲、台东的民宿以海岸风光、花东纵谷鬼斧神工的景色、原住民习俗吸引游客。台东关山镇是优质米产区，住民宿可以看米、玩米、吃米、带米回家，让游客体验从大米生产到制作食品的全过程，也拓展了关山米的销路。许多原住民村落保留原住民传统生活与文化，如布衣族、阿美族的歌谣舞蹈、手工艺编织，让游客体验原住民的生活。在台中有一座欧洲乡村风格的法国庄园，里面有法式餐厅，环境优美宁静，营造了悠闲度假氛围。在台南垦丁有一家强调生态的"三叔公的家"民宿，白色建筑搭配屋外绿色草坪，可三面观看海景，入住后，主人带领住宿者参加当地生态游，是垦丁有特色民宿执照的民宿之一。

台湾民宿商机红火，民宿已从家里空屋出租转型为专业化民宿，住宿、生态、人文解说、建筑和设备，各有特色，需要分类分级管理，使资讯和实际相吻合，供旅游者选择。2010 年台湾有关部门拟将民宿分成 14 类，先在台南、高雄及垦丁试点，由民宿业者自由参加。

台湾民宿目前存在的问题是：

(1) 旅馆化倾向是发展的瓶颈。这几年台湾民宿快速发展，比设备、比装潢，将城市生活搬下乡，背离了民宿是农家与游客接触、使游客融入农村生活、分享田园之乐、了解农耕文化的初衷。所以有人认为民宿必须与城市星级旅馆区隔，否则就没有特色了。

（2）在设备陈设上相互模仿，处处雷同，缺少当地文化、环境特色和传统手工艺品；在软件上只有贴心、温馨，才能宾至如归，赢得顾客。

（3）在活动安排上应当灵活多样，不断调整重组活动线路，使游客常来常新。

（4）缺乏专业讲解员或相关资料。应当让游客充分了解、分享当地丰富多样的花鸟鱼虫、悠久有趣的文史掌故和传统的农土特产。

二、徒步行、自行车游

走马看花"上车睡觉，下车看庙"的传统旅游方式已渐行渐远，人们不愿意拖着原已疲惫的身躯去"赶集"。因此，徒步旅行、自行车游在不同的人群中逐步兴起，使人们走出户外，自由自在，亲近自然和社会，既节能减排又健康闲适。

走向户外是治疗"大自然缺失症"的良方，步行是最简易的方式。徒步可分为散步短距离漫游和较长途步行观光。散步对年长体弱者是最佳的休闲健身活动。中医认为：心要静、身要动；带着悠闲平静的心态，漫步于大街小巷或田间小径、林木之间，可保持血脉通畅，促进新陈代谢，抗衰老。坚持散步是最好的健身方法。不少高龄老人健康长寿的原因之一，就是坚持散步，因激烈的运动已不适合年长者，随心所欲地慢慢走走，谈天说地，看看周围的变化和发展，会有若干新体会，才不因年长体衰而脱离社会群体。我国休闲学创始人于光远老先生年龄九旬，行动不便，但"坐轮椅走社区"，在社区变化、社会进步中，使自己的精神"天天向上"。

另一种是徒步游。青年人背起行囊，结伴而行，长途跋涉，可以沿途停留，观光休息，体验他乡风光情趣。2006 年 4 月大连举办国际徒步大会，有 6 万多人报名参加，步行 5～30 千米不等。不少年轻夫妇抱着小孩，推着儿童车参加踏青、呼吸新春的气息。2000 年在欧洲成立了国际越野行联合会（International Nordic Walking Association）。芬兰是最早用专门设计的轻便越野手杖开展徒步游的国家。因此，这种方式被称为"北欧式的行走"，它便于交流、健身，减轻腿部压力，保护膝关节，对郊游、越野健身都有好处。

许多国家和地区修建步道，为徒步旅行者创造条件。瑞士步道有 5 万多千米。美国东部有一条贯穿南北、跨越 14 个州、长达 3 000 多千米的步道。我国台湾地区 2001 年决定建立全岛登山步道网，串连全岛旅游景点，以认识自然、了解乡土文化、推动生态旅游、促销山村特产、活络城乡交流为目的。步道沿线有休息场所、景观道路等公共服务、安全设施和鲜明的标志。这些设施的建筑要与当地环境协调，以展现当地民俗文化特色为原则。考虑到徒步者的体力，规划短程、中程和长程的步道游程，供徒步者选择。整个步道在分段规划、逐步建设中。2002—2005 年曾先后举办三次长途徒步游。

自行车游在低碳减排的理念下迅速兴起。与步行相比，旅途要远些，速度要快些，"开车太快，走路太慢，骑车正合适"，既健身又随意。2010 年 12 月浙江嘉善县有 150 名自行车爱好者，骑车 17 千米郊游。

我国台湾地区花东单车游，可以让游客慢活悠闲地看沿途风光，住民宿，体验农村生活，了解当地村落人文史料，心旷神怡。骑车游也给偏远乡村、民宿、餐饮、土特产带来商机。2009 年台湾有关部门制定"东部自行车路网建设计划"，统一规划，分段实施。

自行车游创新自行车设计和生产。有人发明"会议自行车"，坐七人，围在一起，其中六人边骑边谈，一人把握方向和踩刹车，最高时速可达 24 千米，发明者认为这种会议自行车适合全家出游、文化旅游、甚至可开讨论会。

三、生活慢速度

人们的生活是丰富多彩的，有动有静、有快有慢，在追求速度、快节奏的生活中，一切都匆匆走过。旅游：旅要快，便捷到达目的地；游要慢，才有闲逸的心情和时间去欣赏周围景色、异地新事，获得新知识，增添新体会。如果坐车观景，限时多点，匆匆走进，又仓促离去，只能"下车拍照"，到此一游，谈不上悠闲、体验。

慢游。山东烟台悟出"赶场式"的旅游让人疲惫，提出"慢游"，让游客多停留几天，放慢脚步，放松心情，自选行程，慢慢享受烟台的山水、海滩，品尝名优特产、鲁菜风味，体会风土人情和深厚的文化底蕴，给游客留下难忘的记忆和再来的愿望。上海提出"慢旅游"，突出文化游，把游变成交友、游学。要做好慢游，必须做好硬件如交通、旅店等，以及软件如多种资料的资讯服务，使旅客自愿地多停留多付出。

慢食。在快餐兴起的同时，慢食也在发展，还成立了国际慢餐协会。慢食（Slow Food）首先是进食慢，慢慢吃，细细品尝美味，享受生活。在医学上，细嚼慢咽使味蕾充分接触食物品尝美味，同时大量分泌唾液，降低食物中不良物质，提高免疫力；其次是烹饪速度慢，慢工出细活，成品是可口的美味佳肴。在意大利的慢餐店喝鸡汤要等两小时，进入慢餐店后，顾客手机交饭店保管，顾客在无外界干扰、放松心态的情况下等待进餐，同时享受餐馆为顾客准备的各种休闲设施，与亲朋好友欢乐共处。慢餐成为人们选择的一种慢而快乐的生活方式。

慢城。慢生活的理念在扩展，1986 年提出"慢餐"理念，1989 年成立慢餐协会，十年后衍生出"慢城运动"。全球有 24 个国家 135 个城镇加入了"世界慢城联盟"。2010 年"慢城"来到了中国。"慢城"

实际上是放慢生活节奏的城镇形态，人口在 5 万以下的村镇或社区，保留古镇风貌、古建筑和民居，有丰富的文史资源，无污染、无噪音、无机动车，只有步行街和自行车道；环境绿化，食品健康，手工操作；没有快餐店和大型超市，店铺中卖的是传统小吃和手工艺品。

"慢城"让人们从"不耐烦"、快节奏中找到新的平衡。2010 年 12 月 3 日人民日报海外版刊登一幅江苏高淳老街"慢城"的画面。该县淳溪古镇的一条建于明代的古街，两旁是砖木结构的房屋，商店摆满当地农副特产，"欢迎品尝，先尝后买"，反映当地人民生活节奏的舒缓、轻松、宁静、祥和。"慢城"有利于保留古村镇，传承传统民俗文化，并增添新的活力和内涵。

慢生活。放慢生活的步伐，不是懒惰，不是拖拉，是一种生活方式。人不能一直生活在紧张、急促的气氛中，久了会产生急躁不耐烦的心态。有慢有快，才有节奏，才有生活的浪花。慢生活是张弛有度中的弛，是劳逸结合中的逸，是一种休闲自得的生活。这样才能平静地对事、对人、对待自己，"耳顺""不逾矩"，一切均能宽容、和谐相处。"慢生活"会渐近人们的现实生活。

四、黑夜玩

自然界白天和夜晚循环相继出现，在白天，阳光普照，动植物有自己的生活和生长方式；在黑夜，只有月亮、星星，自然界有自己的夜生态。人们追求光明，发明了电，构建了灯火通明的城市，黑夜被一扫而光。特别是超高的地标性建筑，似一道刺向天空的光束。人类创造了文明，但又造成光害，毁坏了原有宁静的天空和夜生态。估计全球有 1/5 的人看不到天空的银河，几乎有 2/3 的人生活在光污染中。因此，无光的夜晚，欣赏、观察天空的星座，增加天文知识，了解自然界夜生态，成为人们休闲旅游、获得新知的方式。

在台湾台东县长滨乡竹湖山居自然生态休闲农场，占地 30 公顷，其中只有 10 公顷有少量的人工开发，其余均为原始森林及次生林地，到夜晚将人工光亮降至最低，没有光害，满天星斗，人们可以仰视银河，看星认星，享受以星空为大背景的舞台。人们可以观察周围动物、昆虫的夜间活动，有一种蜘蛛与一般的蜘蛛不同，夜间织网捕捉猎物，白天收网，人们可以看到在城市想不到的知识和自然界的奥秘。农场和学校联系举办"自然体验营"享受体验大自然。农场为了保护特定的自然环境，来访者要预约，每次不超过 25 人。

在新西兰南岛有一个镇叫特卡波，2005 年被联合国教科文组织提议建立"星光保护区"。这个小镇 1965 年为天文台观察服务，限制该镇及天文台周围 30 千米以内的公共和私人灯光，迎来无人工光害的夜晚，让这个仅有 800 多人的小镇拥有广阔的星空。

美国佐治亚州有一个天文村，面积 39 平方千米，远离大城市，安静空旷，人烟稀少，每当夜晚来临时，严格控制灯光，路灯只用柔和暗红色的灯，想尽一切方法遮蔽房屋灯光外散。由于排除了人造光源，远远望去一片黑暗，但保留了广阔的星空，成为天文观察爱好者的天堂，吸引大批天文爱好者前往。这个村因此造了许多房屋和测察站，"黑夜"是这个村的亮点，带来了商机。

为了满足人们欣赏广袤的天空，减少光污染，2009 年 6 月 21 日晚，香港 3 500 余座建筑，包括高 420 米的国际金融中心熄灯两小时，平时灯火灿烂的维多利亚港变成最大的观星平台，架起 100 多台天文望远镜引导市民观星。

这些地方的休闲旅游，哪怕只有短暂的几小时，却是以亲近自然、获取知识为取向的。就村镇自身而言，十分重视特色、开发教育功能。一般看来，黑暗带有负面的意义，但在这些地方黑夜带来知识、光明和商机。

稻区的休闲业

（2011 年 9 月）

休闲农业是适应民生需求，展现农业多功能，带动农民就业增收，推进城乡交流、农村综合发展的产业。从粮食安全考量，粮食产区发展休闲农业、开展农村游，不宜非粮化。我国台湾地区花东优质米产区开发农业休闲的做法值得关注。

一、创精品　提高米乡知名度

花东优质米产区由花莲县玉溪（玉里镇、卓溪乡）向南延伸至富里乡、台东县池上乡、关山镇、鹿野乡。这一带地处中央山脉与海岸山脉之间的花东纵谷，有秀姑峦溪、新武吕溪，溪水灌溉、土壤肥沃、日照充足，昼夜温差大，勤劳的农民将优良的品种培育出了优质米，在台湾多次优质米竞赛中名列前茅。

精品提高米乡知名度。台湾自 2004 年起，举办全台优质米竞赛，池上乡生产的池上米蝉联三届冠军，玉里镇、富里乡和鹿野乡生产的优质米也多次榜上有名。优质米拍卖，好米好价，农民增收。2005 年，池上乡和玉里镇的农民种植优质稻米获台湾"神农奖"。2006 年，台湾以生产优质安全农产品、品牌行销、企业化经营的业绩，评选十大绩优产销班，仅有的两名优质米产销班为花莲玉里镇、台东鹿野乡夺得。2007 年全台十大经典神农奖暨模范农民评选中，池上乡万安村农民因生产有机米名列其中。优异的成绩提升了花东优质米的价格和米乡的知名度。花莲富里乡的富丽米、台东鹿野乡的福鹿米、关山镇的关山米先后出口日本，进入国际市场。

二、由传承走向现代

为了保持和提升稻米品质，花东纵谷优质米产区组织有机米产销班，以自然、无毒、健康的方式，如用人工除草、种绿肥、施有机肥、稻田养鸭、禾鸭双收等方式生产有机米。花莲富里乡富山村生产有机米，良好的生产方式，使该村成为生产、生活、生态三结合的有机村。富里乡农会的展售中心也设在这里，展售当地生产的富丽米和用当地材料调制的美食，成为稻区休闲旅游的景点。池上乡万安村一眼望去，只见一片绿油油的稻田，看不到一根电线杆或障碍物，呈现大面积稻区情景。生产方式的转变，使花东不仅生产健康的有机食品，也营造了绿色宜居的农村，使传统农耕方式和现代生活相联结。

往昔的农舍、厩舍、农具、农业设施、挑夫走的山道，随着时光的流逝逐渐凋敝，淡出人们的视野，是丢弃、拆除，还是赋予新的内涵、恢复利用，找回失去的过去？花东纵谷优质米产区的一些乡镇农会采取后者，找回记忆，找回历史，走向当代。他们利用废弃的旧设施，改造成新的宣介、促销、体验、休闲的场所和步道，活络稻区生产劳动、休闲的田园生活。

池上乡万安村利用早年的旧仓库改造成稻米原乡馆，古朴的外貌，丰富的内容，可提供农村生活及米食体验，展示古农具、销售知名的池上米及当地农副特产，成为池上米食文化展览、解说的窗口，也是游客咨询、休息及村民活动的场所，使这座带着岁月痕迹的旧仓库，服务于休闲农业和农产营销，发挥新的活力。

关山镇以关山米闻名。该镇农会利用旧仓库成立以米为主题的多功能体验园区——"米国学校"，旅客可以看米（碾米过程）、玩米

（制米食体验活动）、吃米（品尝关山米和当地风味美食餐）、带米回家（关山米直销），发展休闲农业。

富里乡罗山村社区发展协会将荒废的池塘与当地景观配合，改造成荷花园，荷花盛开时迎来游人。协会还辅导 14 家农户发展休闲农业，住农家，吃当地生产的有机农产品制作的风味养生餐，品尝富丽米。村里设游客服务中心，提供有关资讯，免费提供露营设备。乡农会在邻近的四个村，推广罗山村的经验，成立"有机稻田学苑分校"，形成具有原住民文化特色的有机村，用本地建材修造 10 千米长的生态休闲步道，可以安排 1～3 天的旅游行程，成为乡村休闲景点。

台东县鹿野乡因产业转移，原先饲养梅花鹿的厩舍已经荒芜，为了找回昔日情景，便重新修整旧有的鹿舍，饲养梅花鹿，再现梅花鹿的出没。

三、设计彰显稻区休闲功能

稻区休闲设计是运用生态学、美学、农产营销、村史民俗、农村休闲旅游等知识和技术，围绕稻区生产、农民生活促进农业产销、彰显稻区休闲功能的策划和活动。

稻区离不开水源、溪流、塘堰、沟渠、田间小路、鱼、虾、荷、菱，动植物资源丰富，又具有湿地效应和四季不同的景观，加以创意设计，使花东纵谷优质米产区成为花海休闲胜地和负有盛名的大米产地。

结合水稻农事季节，策划稻区休闲活动是关键。

春耕前的花海。在二季稻收获后，沿主要交通干线，播种大面积的油菜、大波斯菊、向日葵等绿肥景观作物。春节前后，举办"花海祭"，吸引游客观赏大面积金黄色的菜花，促销当地农特产品。罗山有机村为迎接花海的到来，举办"家家户户整洁比赛"，搭建稻草屋，建

"富丽快乐农家假日集市",让游客体验有机村,尝有机养生餐,购买农副特产;还设立"稻草人区",游客制作稻草人,找回童趣。

稻田画。按一定的图案,用紫色、绿色的秧苗栽插形成彩色的稻田画。有的图案表现原住民生活风情,有的是优质米品牌和商标起广告作用。稻田画往往是乡镇休闲旅游中心附近的景点。

开镰前的文艺活动。收获季节是喜庆欢乐的节日。2009年11月,池上乡开镰割稻前,在稻田里举办"池上稻穗音乐节"庆丰收,让游客观赏当地特色。主办单位希望今后在春耕、夏耘、秋收、冬藏都有文艺活动,使文艺、教育和农事结合。

开镰后体验辛劳庆丰收。2010年12月,"台东好米收冬祭"作为客家节庆之一,连续三周的周六在池上乡举办。第一个周六是体验手工割稻,脚踩脱谷机脱粒,劳动一天后赠尝"割稻子饭"。不少外地大人、儿童赶来参加,体验农家的辛劳,热闹非凡。第二个周六是在客家文化园举办"稻情画家创作比赛",欣赏池上稻田风光及稻草工艺品。第三个周六是庆丰收有奖活动,把活动推向高潮。

收获后,品尝当地好米美食。由池上乡万安稻米原乡馆提供,用客家花布包裹着大碗丰盛食物,花布作为餐巾使用。在福原村到处可见到"池上饭包"招牌店,是旅客的驿站,在这里旅客能欣赏当地的好米、美食和文化。花莲罗山村用当地生产的黄豆,土法磨成豆浆,用火山泥卤水点成"泥火山豆腐"是当地特产,也使品尝者了解当地的地质地貌。

稻草编织艺术。秋收、冬藏之后,以稻草为素材,编织各种生活用具和不同主题的艺术品,点缀大地。2010年冬,有农村社区、学校学生、艺人组成的30个团队参加"稻草艺术创作竞赛",有12件艺术品获奖,其中的10件放置在花东纵谷优质米产区。稻草编织的艺术品主题多样,内容丰富,精致活泼,体现农耕文化,增添农村旅游观光内容。池上乡社团创制的"时光穗道"获第一名。"穗""隧"谐音,通过稻草编制的精品将游客带进池上乡历史发展的隧道。获第三名的"丰年祭",展现原住民头人、勇士、民众等活泼造型及欢乐庆丰收氛围。特别有趣的是小学生编织的"稻变金刚"获视觉趣味奖,富有童趣,受大众欢迎。学生们接触稻草,搓草绳,编织作品,是一种文化传承。

根据各村自然环境设计各有特色的乡间小路。池上乡万安村周边的步道,是村民从新武吕溪拾来的石头铺成的。关山镇有串连许多景点和稻田风光的环镇自行车专用道,道旁有民宿,提供餐饮,并为骑车人提供的免费服务。富里乡丰南村是阿美族居住的小村,生产有机米出了名,带动了休闲旅游业。他们保留原始河川风貌,沿灌溉溪流渠道,营造生态步道,沿途有休闲景点,溪水、稻田、小鱼体现原生态,有民宿及旅客服务网点,方便安排乡村游。

经过策划,依照稻区农事活动,利用田园风光和民俗民情,结合文化教育开展休闲活动,使产业、休闲、文化并举,以名产带动休闲,以休闲拓展精品,相辅相成,使这一带既是优质稻米产区,又是游客喜爱的乡村游景点。

四、多功能的区域规划

以农业多功能的理念制定区域规划,使玉溪至鹿野既是优质稻米产区,又是花东纵谷花海休闲区的一部分。

2007年的一篇报道中简介了2007—2009年台湾"东部永续发展纲要计划"(以下简称"计划")。该"计划"强调:研发农特产品,要注意增值、行销;发展地方产业文化;优化农村环境,提升休闲品质。"计划"规划由花莲玉溪南至台东鹿野乡为优质稻米产区,包括优质稻米产区在内,再南延至太麻里乡为"纵谷花海特区"。就优质稻米产区而言,突出了生产功能和休闲功能,因此,"计划"强调:生产、营销优质稻米，开发稻米文化，发扬地方特色，拓展休闲功能，形成优美农村生活；具体规划十多个生产、休闲园区（村），打造成有机、休闲、优质生活产业带。如今，有机园区（村），稻米文化园区，休闲农业区和农场，有的已建成，有的已有一定基础逐步完善。2010 年 7 月，台湾当局通过"农村再生条例"后，这一带成为介绍、参观、学习的重点地区。

台湾花东纵谷优质米产区突出优质米生产又开拓休闲事业，功能互补，相得益彰，探索出一条持续发展稻米主导产业和开展产粮区休闲事业的路子：

（1）抓紧稻米主导产业不放松。做好稻米精品生产，走优质、高效、产业化的路子，保持优质米乡持续发展。

（2）围绕优质米产业、稻区农事季节，开展产业文化、农产展销活动，活络稻区文化经济，创休闲特色。

（3）发掘当地文史，保留利用古迹，传承农耕文明、乡风民俗，突出当地优势。

（4）依靠交通干线，安排景点、园区，用当地建材、风格修建，由点到面，形成跨行政区划的旅游休闲区。

（5）以农业多功能的理念，制定粮食产区的发展规划，以求粮食主产区、粮食生产和二、三产业共同发展。

台湾的精致农业

（2012 年 7 月）

2008 年以来，台湾地区推行"小地主大佃农"计划，扩大经营规模；实施"农村再生条例"，培训本地农村人才，建设农村。2009 年 5 月颁布"精致农业健康卓越方案"。精致农业被列为六大新兴产业之一，预计在 4 年内投入 240 多亿元，予以支持。

何谓精致农业？它是以先进科技和管理，生产优质安全、富有市场竞争力的农产品，保障食品安全、人民健康，又能开拓市场的农业；它又是发挥农业多功能和农村特色，重视服务的休闲农业。台湾农业主管部门以生产安全农产品的健康农业、依靠科技创精品的卓越农业和绿色生态、农村休闲宜居的乐活农业作为精致农业的主要内容，预期 2012 年年底产值达 1 589 亿元。

健 康 农 业

1. 扩大生产安全优质农产品　强化验证标章制度　2007 年，台湾实施"农产品生产及验证管理法"，强调生产安全优质农产品及其标志识别。2008 年下半年恢复吉园圃、优良农产品（CAS）、有机农业和产销履历等标章和认证、验证制度，把好从农场到餐桌的食品安全关。这四种标章，各有不同的适用范围、作业规范、认证验证及检查制度。

吉园圃安全蔬菜水果标章适用于生鲜蔬菜、水果、杂粮，2011 年增加自产农产加工品和杭菊，主要是辅导农民安全使用农药并做完整的记录。吉园圃有 31 种蔬菜、水果品质标准及包装规格。农民初次申请合格后,有效期一年,再次申请合格后,有效期两年。申请合格后,才能使用吉园圃标章及可追溯条码,在超市设专柜,方便消费者选购。2010 年制定吉园圃新的标章,修订"吉园圃安全蔬菜水果标章管理作业规范",其中规定如一年内抽检有两次不合格者,则终止使用该标章,该产销班应接受安全使用农药教育。2011 年年底,有 1 950 个蔬菜水果产销班使用吉园圃标章,占台湾蔬菜水果产销班的 45%,生产面积达 2.3 万公顷、年产值约 103 亿元,比 2008 年增长近 1 倍。因吉园圃标章申请程序简单,仅交验使用农药记录及农药残留合格证,农民不负担费用。所以吉园圃标章成为台湾生产安全农产品制度的基础。

优良农产品标章(CAS)覆盖范围较广,包括种养业产品及其加工品,如果汁、肉品、酿造、米饭调制品、冷冻食品等 16 大类,是农产品及其加工品优良品质的代表标章。获得这个标章的产品必须符合台湾地区"卫生法规"及 CAS 标准。为简化送审资料及恢复重新验证等情况,2009 年台湾农业管理部门对 CAS 验证管理办法作了修改,规定一年内,若发现产品三次不合格,即取消使用 CAS 标章资格。2011 年通过 CAS 验证的厂家达 340 家,产品 6 449 项,年产值达 500 亿元。2011 年该标章在大陆注册。

有机农业是精致农业重要组成部分。生产有机农产品不得使用化学农资,还要管控土壤、水质和加工、储运、包装等环节,所以有机农业有严格的作业规范和检测制度。过去有机农产品及其加工品验证作业期限规定不超过一年,2011 年修改为不超过半年。考虑到周边环境,有机农业生产以专业区或专业村的方式推进。2011 年台湾有机农业种植面积为 5 015 公顷,验证合格农户 2 300 户,建立 10 个专业地区,成立"有机农业研究团队"辅导农民推广水稻、甘蔗、蔬菜、毛豆、番茄、茶叶、香蕉、凤梨等作物的有机栽培方案,改善储运条件,开拓市场。有机农业不使用化肥、农药,产量低,成本高,农产品外观较差，经营不易。所以，农民从事有机农业的意愿不高。有人认为，有机农业难以解决全球人口增长对农产品的需求，有局限性。

产销履历制度要求将产销全过程资讯变成条码贴在通过验证的农产品包装上，消费者可以通过网络查询。因验证过程复杂，费用高，价格又不易与传统产品区隔，农民和业者不易熟悉相关规定和操作，所以仅在出口有需要、价格有保障、市场有销路的原则下选择少数农产品实施这一制度。2007 年通过产销履历验证的农产品产值 4 亿元，2010 年增至 39 亿元。

2. 辅导与监控结合　保障安全生产　监控农资市场，取消不合格的商品。辅导农民选用推荐的农药及剂量。加强田间、集货场、果菜批发市场农药残留量的检测。2009 年年底，台湾有 53 处果菜批发市场，已有 31 处设农药残留检验站，这 31 处批发市场的果菜交易量占全台湾果菜批发市场交易总量的 95%。辅导乡镇农会、合作社设生化检验站，快速检测农药残留量。

辅导农民合理施用化肥，建立 404 个合理化施肥示范产销班，负责为农民测土配方，提倡使用有机肥，种植绿肥，减少化肥使用量。大面积种绿肥，还可美化景观，保护环境。

健全动植物病虫测报及防治制度，推动口蹄疫疫苗注射，提高免疫覆盖率，加强内外检。

2011 年台湾食物药物管理单位抽查 2 210 件农产品，有 232 件农药残留超标。因货源不清，不易追查源头，呼吁民众购买经过验证的安全优质的农产品。舆论认为在食品市场化、商品化运作下，追求利润已远离消费者的健康与安全，台湾当局应全面监控，不能有任何疏忽。

卓 越 农 业

卓越农业以科技进步和管理先进为基础，研发有市场潜力的农产品及其加工品，使农业向精致、优质转型，不断丰富人们的物质生活和精神生活。

1. 发展生技　瞄准潜力市场　发展生物技术，研发种苗、生物菌肥、生物农药、疫苗及疫病检疫技术等。在屏东建立"农业生物科技园区"，在台南建"台湾兰花生物科技园区"，已营运生产；强调保护知识产权，建立研发经营平台；成立产政学研相结合的花卉、热带水果、植物种苗、种畜种禽、观赏鱼类、优质稻米、有机农业、动物疫苗、节能减碳等十大研究团队，集中力量加速科研进度。

根据世界人口老龄化、人们崇尚休闲和高档商品的需求，开拓银发族餐饮、休闲养生市场、高所得精品场和节庆旅游伴手礼等有前景的市场。兰花产业及观赏鱼、石斑鱼养殖被列为精致农业的主要项目。

2. 科技产业化　民生优先　推广农业科技成果，与农民、农民组织、有关业者订立合同，成立产销专业区，转化为生产力。人民生活必需的农产品优先发展。2011年台湾建立稻米产销专业区42处，契作面积1.6万公顷，比2010年增加16%，平均每季稻每公顷农民增收约1.4万元；建立水果专业区21处，面积644公顷；胡萝卜、毛豆等蔬菜外销专业区9处，面积3 300公顷；花卉专业区19处，面积492公顷；建立产制销一体化经营的茶叶专业区15处，茶园面积231公顷。此外，辅导农民建立优质农产品产销示范田，包括花生、甘薯、芝麻、黑豆等。

稻米产销专业区是推广优质米产业的核心。产销专业区将优良稻米产区内有行销能力的农民团体或粮商、稻农、育苗业者、碾米厂商等以契约方式，连接成产制销一条龙经营。专业区内生产资材统一购买、病虫统一防治，以降低成本。专业区不缴公粮，营运主体按契约分级、加价收购稻谷，保证农民收益。2011年参加稻米产销专业区的农民比未参加的，每公顷多收入2万元。这样，粮食业者不愁货源，可以扩大经营规模；消费者可以放心选购，从而形成有地方特色和竞争力的稻米产销系统。2009 年，首次考核评比稻米产销专业区营运成绩。2010 年、2011 年继续进行。2011 年评出绩优稻米产销专业区、优良稻米产销专业区各 5 处，其营运主体有农会、碾米厂及米食公司，选出 8 家推广米制食品厂商及 3 所米制食品科研院校，评选出的单位均获奖。

茶是日常生活最普通又不可缺少的饮料。台湾产茶，名茶不少，主要是内销。推导茶叶产销班和制茶厂合作，以产制销一体化体系生产行销安全优质茶叶。茶菁、茶叶都要经过农药残留测定，茶叶包装上有产销履历条码和产地标章。除建立茶叶专业区外，通过茶叶产销履历验证的茶园有 1 230 公顷。台东分场以技术优势研发出红乌龙，在鹿野乡生产，成为台湾新兴的特色茶。

3. 卓越打造精品　销路成就卓越　从 2006 年起，台湾农渔会选出优秀产品，举办"百大精品展"。"百大精品展"已成品牌，建立标章制度。精品和行销互相推动。2012 年"百大精品展"包括日光鲜果、台湾茗茶、清醺佳酿、上选鲜味、百味美馔、在地好米、乐活饮食、原乡美食、精选组合等九大类产品[①]。入选的产品除品质优秀外，还考虑包装灵活与环保等因素。展销期间，举行义卖，捐赠社会，用于公益事业。创新技术提高品质，走精致农业之路，是开阔市场获取利润的必由之路。

兰花产业是精致农业重点发展的产业之一。台湾兰花品种繁多，2011 年年底，生产面积逾 640 公顷，设兰花专业区。台南设兰花生物科技园区，成立顾问团队，培育新品种，研发长途海运技术及蝴蝶兰催梗、抑梗技术等。兰花出口值逐年增长，2004 年为 2 339 万美元，估计 2011 年将达 1 亿美元。台湾兰花花期长、形态优雅，2010 年、2011 年参加英国皇家花艺协会举办的切尔西（CHELSEA）花展，分

---

① 台湾《农政与农情》杂志，2011 年第 12 期。

别获得银奖及金奖。蝴蝶兰出口额也由 2009 年的 98 万美元上升到 2011 年的 352 万美元。为表彰兰花育种者，2011 年举办"兰花育种优秀人才菁育奖"，有 12 人获奖。

养殖石斑鱼、观赏鱼也是精致农业积极辅导推广的产业。台湾有养殖石斑鱼的优良技术和适宜条件，特别是开放活鱼外销后，出口增加很快，截至 2012 年 3 月，石斑鱼出口比去年同期增长 40%。2011 年在屏东举行石斑鱼文化节，有 10 位先进工作者获荣誉奖。文化节还举办漫画、摄影、文艺比赛，品尝家政班烹调的石斑鱼菜肴。养殖观赏鱼，水土资源投入少，是依赖高科技、高产出的休闲产业。在屏东农业生物科技园区规划设置"外销观赏鱼及水产种苗研发、产销暨物流中心"。观赏鱼除了观赏消费外，还有教育、研究、景观、艺术、医疗等用途。2010 年台湾观赏鱼曾先后两次参加国际大赛，夺得 7 项冠军及亚、季军共 26 项奖的好成绩，其中，水晶虾、七彩神仙鱼尤为出色。近几年，出口观赏鱼总额在 8 000 万~1 亿元。全台湾大约有 400 家观赏鱼养殖场，产值约 20 亿元以上，如加上饲料、养殖器材等产业，约有 100 亿产值。

食品在营养、安全的条件下，特色美味是人们的首选。现代养鸡用配方饲料，机械化饲养，批量生产，追求利润，但鸡肉味均一、平淡。因此，一有特色风味鸡上市，就受到人们的青睐。台湾将 6~8 周龄的小公鸡去势，饲养 5~8 个月屠宰上市，鸡肉风味好，受到消费者欢迎，成为精致农业精品之一。有了好产品，还要有好的行销策略：创建品牌、名厨推荐、礼盒行销。建立"御凤"阉鸡品牌及四大地方品牌，装礼品盒上市，销售一空。

总之，卓越农业是依靠科技，创新产品品质，加上有效行销，开拓新市场，创造新价值，从而再发展新技术、新产品，循环运行。

4. 追求时尚　开拓未来　农业是人类衣食之源。食追求时鲜，衣追求时尚。羽绒业者认为，羽绒质轻、保暖、吸湿、透气，又可以生物分解再生利用，是优质被服材料。一只鸭鹅能生产 20～50 克精绒，精绒价高，有"软黄金"之称。台湾的水禽羽绒色白、新鲜、产绒量高、有弹性。目前，产量不大，但精致农业使农业生产向生活发展，农业精品强调时尚，羽绒业有开发前景，2010 年被列入精致农业"家禽精品计划"，加以推动。

乐 活 农 业

乐活农业包含农村休闲旅游和回归农村生活两种方式，以前者为主。但无论何种形式，农村风貌、人情习俗和作为伴手礼的当地名特产不可缺失。

1."归农"现象　金融海啸使台湾经济低迷，城市就业不易；或是由于看破台湾政局乱象，希望回归农村，享受田园生活等因素，一些在城市工作居住的人士，特别是退休老人愿意回归农村生活。这些人士虽有其他专业知识和行业经验，但从事农业还得从头学起。有的几经失败，凭着求知的热忱到农科所实习，到产销班劳动，闯出一片新生活。有人研制出用中药配方防治虫害，生产有机草莓；有的推广有机农业，帮助农民建立宅配流程。有一对曾是广告业者的夫妇，改进大米包装纸袋，打响当地大米品牌，由产品市场走向礼品市场。有的子女听从父母召唤回乡种茶，从种茶、采茶、制茶、品茶一路学起，他们运用电脑，学习行销等知识，设计新品牌、新包装，通过国际论证，扩大外销。

有的地方为了缓解中、高龄人员失业状况，租用台糖公司土地再分租给他们种植，帮助购买农资、沟通产销，但承租者担心政策能否延续，不敢轻易投资。不少退休老人愿意走出户外，申请参加市民农园，当半天农夫，既可以吃到自己种的菜，也有益健康，但有的地方因农地有限，限定 65 岁以上老人才能登记，只能排队等待。

这种愿意回归农村生活的现象，是对都市文明的反思行动。

2. 农村深度游　台湾农村休闲旅游事业发展较早。"乐活农业将发展农业深度游与农业精品"。一是全面发挥农林牧渔业的休闲功能。除早已开发的农牧业、农村、牧场休闲旅游外，逐步建设林区步道，开展森林生态游；开放渔港渔区，发展海港渔业游，让人们享受不同的休闲方式，体验人与自然的和谐。二是串联休闲旅游点形成合适的旅游线路和旅游休闲区。如 2011 年 11 月，举办为期 30 天的台中市新社花海游，跨 6 个乡镇的休闲区，旅游路线往返不重复。与交通部门合作、安排舒适的旅程。三是活跃农村旅游风采，促进地方特产精品化、礼品化，提高附加值；辅导"田妈妈"料理，推广当地时鲜饮食，增加农民收入。四是注意科普活动，如设立水土保持户外教学区、生态馆、博物馆，展示介绍当地自然生态、风土礼俗、文史物产等，注意解说和文字图片宣传。五是结合农村再生计划，培训当地人力资源，提升服务品质，改进农村面貌。六是不断完善休闲农业管理。2011 年修订的"休闲农业辅导管理办法"中，明确休闲农业是"农业之转型""休闲农场农业用地面积不得低于 90%……，以从事农业经营为目的"，避免休闲农业非农化。

回溯精致农业①

（2012 年 9 月）

农业是人类衣食之源，繁衍的基础。人们在满足基本生存需求之后，追求更高的消费。需求拉动市场，催迫农业转型调整结构：由产量的增长转向品质的提升，由传统的劳动密集型转向科技与资本密集型，由满足单一的物质生活转向与精神生活相结合的个性化、多元化的选择，持续地彰显农业的功能。

台湾光复后，采取一系列政策恢复发展生产。稻米供应由不足到供大于求。1984 年开始实施两期共 12 年的稻田转作计划，减少水稻种植面积 28 万公顷，水稻总产减少近 80 万吨，以求供需平衡。与此同时，因应由"吃得饱"转向"吃得好"的需求，于 1985 年起实施两期共 6 年的"精致农业"计划。

精致农业（Quality Agriculture）是指"科技密集、品质优良、有市场潜力，又能维护生态环境的农林渔牧事业"（《台湾农业》第 26 卷第 5 期，1990 年 10 月），具体包括设施农业、提高农产品品质、发展农产品加工、开发新产品和观光农业五个方面。

科技密集是提高农产品在产、加、销过程中的科技含量，提升农产品的品质，这需要农业科研机构加强研发工作。台湾设有 6 个试验所，即农业、林业、水产、畜产、家畜卫生、农药毒物试验所；6 个区域性农业改良场，即桃园、台中、台南、高雄、花莲、台东农业改

---

① 本文主要参考资料有《台湾农业》26 卷第 2、4、5 期，27 卷第 3、5 期，28 卷第 2、4、5、6 期，29 卷第 2 期，以及《农家要览综合篇 农作篇（一）》。

良场；3个专业性改良场，即蚕蜂业、茶业、种苗改良繁殖改良场。在农业试验所下设嘉义农业试验分所、凤山园艺试验分所。有的区农业改良场下设工作站或分场。机构设置稳定，分工明确：全台性、基础性的问题由试验所研究；地区性问题，实用性的试验、繁殖、推广由区农业改良场进行，同时提升区农业改良场的推广课为推广中心，加强推广工作。根据所、场的任务不同配备人员。在稻田转作期间，各区农业改良场针对辖区的情况进行种植制度的试验，提出最佳的转作方案，供农民选择。机构稳定、分工明确的农业科研体系对台湾农业发展具有深远的影响。

实施精品计划，生产优质农产品是精致农业的目的。以推广种植良质米为例说明如下：首先是产业重点由稻米产量的提升转向品质的提高。早在1971年台中农业改良场便建立米质研究室，在重产量的情况下，品质未受到重视，在稻米供过于求时，才逐步受到关注。1985年该室配合精致农业，投入良质米产销计划，发挥了作用。其次是培育推广优良品种。在两期精致农业计划（1985—1991年）期间，先后登记命名推广的粳稻品种9个，籼稻品种4个（到1988年止）。第三是良种良法一起推，强调省工、省成本和调节产期的耕种技术。鼓励农民种植优良品种，辅导农会、碾米厂和农民订立合同，高于市价收购，产、加、销相结合。第四是1987年补贴部分乡镇设置谷物干燥中心，解决水稻收获时晒谷的困难。农民交售湿谷，统一干燥后入仓，提高稻米品质，减少生产成本，服务农民，稻作生产全程机械化，也增加农会自营小包装粮食上市。第五是确定良质米的标准。凡农民采用科研单位推荐的良种良法生产的稻米，符合1987年修订的糙米及白米标准一、二等的均为良质米。第六是加强检验，提高良质米商品价值，促进销售。1988年制定"特级良质米现行检验标准"，1992年又制定"CAS特级良质米外观品质规格标准，"方便消费者识别。这些标准的确定，保障了消费者购买良质米的品质，良质米小包装上市，

1987 年良质米月消费量占总消费量的 22%。

拓展技术密集的园艺特产品是精致农业的重要项目。有两个主要内容：一是开发新品种，二是发展设施园艺。改良品种是提升园艺特产品品质的基础，对开发地方特产、调节产期、适应市场的变化起关键性的作用。如台南区农业改良场 1981 年育成的洋香瓜台南 8 号，果实圆球形，外观网纹优美，芳香多汁，甜度高，品质好，产量高。桃园区农业改良场 1989 年命名的草莓桃园 1 号适合新竹、苗栗地区栽培。凤山园艺试验分所 1985 年选育的早熟芒果 1 号、2 号调节产期，避免采收期集中；木瓜台农 5 号抗红蜘蛛和病毒病；凤梨 11 号适应由制罐外销转向鲜食内销的市场需求等。设施园艺可以突破环境限制，是发展精致农业的重要手段，需要综合配套技术。设施园艺产品包括蔬菜、水果和花卉等。通过设施，可以预防 11 月至翌年 3 月的寒潮低温以及夏季的高温、高湿和阳光。当时推广简易大型本土化结构、不同高度的大棚、网室，以抗低温、防雨、遮阴、抗风。除上述设施外，还采用滴灌、无土栽培、组培育苗、穴盘育苗等技术，建立专业化种苗供应体系，如供应香蕉、柑橘脱毒组培苗，建立花卉专业化育苗场。

发展食品加工业是精致农业的举措之一。这是一项系统工程，需要提高和改进从原料供应、加工、储藏、运销各个环节的技术和操作，才能提升加工品的品质和形象。这个时期的农产品加工业有两个特点：一是推广运用先进加工技术，如脱水、冷冻、榨汁、罐装的同时，注意农村传统食品加工，如榨菜、梅干菜、腌黄瓜、萝卜干等。二是辅导农民、农会发展农村小型食品加工产业。既推广先进的加工技术，又做强本地特色的传统食品加工，带动农村产业结构的调整。具体有几种不同的做法：鼓励农民独资或合股成立农产品加工站，生产销售其产品；农会成立运销中心，农民将加工品交农会运销，农会收取手续费；亦有农会成立加工厂与农民订立合同保价收购原料，由农会加工销售；以及由农产品加工厂和农会、农民订立合同，由农会（农民）

生产半成品交由食品厂加工成成品销售。与此同时，逐步推行优良农产品标识制度。从 1985 年实施精致农业开始至 1990 年 6 月，共辅导63 个乡镇发展农村小型食品加工事业，产品有竹笋、食用菌、果汁、米粉、农村传统优良食品、冷冻食品、休闲食品等共 80 多种，活络农村经济。

推动休闲农业，由观光农园延伸为产业观光带。1983 年先在交通便利、有地方特色、较具规模的农林特产产区规划观光农园，利用田园风光、自然景观、农耕文化、农林特产、多元化经营推动休闲农业。1992 年研究吸收民间资金，加速森林游乐区的开展和发挥植物园的教育功能。到 1991 年年底已完成 35 个乡镇 16 种作物（如柑橘、荔枝、梨、桃、莲雾、文旦、草莓、红枣、茶、蝴蝶兰、香菇等）观光农园规划建设，面积达 1 200 多公顷。为了方便旅游采摘，观光农园均标明开放时间及附近风景名胜。如台南地区东山观光农园产柑橘，开放时间 10 月下旬至 12 月下旬；楠西观光农园有 12 公顷杨桃，开放时间是 1 月上旬至 3 月下旬。随着观光农园的增多，发展产业观光带，突出教育和农特产品展销功能，活络农村文化经济。如台东县鹿野乡高台茶区茶业展售中心，既可品茗浏览山川风光，陶冶心情，又了解茶叶的产制过程，销售当地名茶。

表彰奖励推行精致农业好的县市。1989 年度评审结果：团体奖 3名，分别是屏东县、台南县、嘉义县，各奖励 50 万～150 万元不等；单项成绩优良奖 5 名，分别是南投县的茶叶冷藏及加工、云林县的养兔业、嘉义县的花卉、花莲县的观光茶园和彰化县的花蛤产销。